中国教育法律的
司法适用

ON JUDICIAL APPLICATION OF
CHINA'S EDUCATION LAW

段斌斌 著

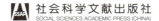

社会科学文献出版社
SOCIAL SCIENCES ACADEMIC PRESS (CHINA)

目　录

绪　论

"徒善不足以为政，徒法不能以自行。"

——孟子

第一节　问题的提出

改革开放以来，我国教育法律从无到有，立法步伐不断加快。当前，8部教育法律加上 16 部教育行政法规、79 部教育行政规章和 200 多部地方性教育法规，共同构成了教育法律体系的基本框架，奠定了教育法治和司法适用的法制基础。① 尽管教育立法成就斐然，但实施和适用状况并不理想，②未完全发挥法律的规范作用。诚然，教育法律实施状况不尽理想是多重制度逻辑相互作用的结果，但教育法律难以司法适用是其中极其重要的原因。③ 教育法律只有适用尤其是司法适用，才能有效保障合法权益、发挥治理功效、实现立法目的，完成从"法定权利"向"实有权利"的转变。也唯有如此，才能有效约束和监督行政权力和管理行为，规制权力行使的专

---

① 参见申素平、段斌斌、贾楠《新时代我国教育法治建设面临的问题与对策》，《复旦教育论坛》2018 年第 1 期。

② 参见段斌斌《教育法"软化"：制度成因与逻辑重构》，载劳凯声、余雅风主编《中国教育法制评论》第 14 辑，教育科学出版社，2017。

③ 参见秦惠民《走向社会生活的教育法——中国教育法律的适用状况分析》，载劳凯声主编《中国教育法制评论》第 5 辑，教育科学出版社，2007。

断、擅断和武断，推动教育法律从"法律文本"走向"实然生活"。此外，作为法律适用的最重要方式，司法适用不仅是贯彻落实教育法律的主要途径，也是考察教育立法质量的重要窗口，能够间接反映教育法律的立法质量和水平。

正因司法适用具有如此重要的法治价值，秦惠民教授等学者开始关注和探讨教育法律的司法适用，[①] 但系统研究仍然较少，尚未探讨"实践面貌"及影响因素，也鲜有从适用视角审视教育立法质量的研究成果。当然，要客观揭示教育法律司法适用的实践面貌本身就较为"棘手"，因为要揭示适用现状势必须借助大样本的教育案例，而对这些案例的检索和分析则是一项浩大的工程。或许正是由于案例难觅、数据海量与工程浩大，才导致相关研究付之阙如。鉴于仍缺乏与其重要程度相匹配的系统研究，本书尝试通过系统严谨的研究设计，揭开教育法律司法适用的"神秘面纱"，进而推动研究不断走向精细和深入。为此，本书拟在系统阐释教育法律司法适用的法理精义和法制框架的基础上，通过援引教育法律的诉讼案件管窥教育法律的司法适用，重点探讨教育法律司法适用的实然面貌、影响因素及其对立法和司法的启示，希冀为加强教育法律的司法适用与修改完善教育法律提供实证支撑与决策参考，助力建设动态开放的互动型教育法律体系。

第二节 文献综述

一 国内研究现状述评

目前，国内关于教育法律司法适用的研究主要集中于意义探讨与司法适用状况的"推测"上。一些学者从教育法治建设的高度阐述了教育法律司法适用的法治价值及现实意义。如秦惠民教授认为，教育法律解决教育领域中的矛盾和纠纷是通过法律适用尤其是司法适用实现的，如果缺少

---

① 参见秦惠民《走向社会生活的教育法——中国教育法律的适用状况分析》，载劳凯声主编《中国教育法制评论》第5辑，教育科学出版社，2007。

从抽象到具体的适用过程，不能与具体的人和事以及行为与情节进行关联，那么法律再好也无意义。① 正因如此，立法后的司法运用，才让法律鲜活起来，从而赋予其生命力。② 如果不能司法适用，教育法律无疑会沦为摆设。③ 然而，目前确实存在"司法部门不愿、不常引用教育法律的现象"。④ 鉴于此，有学者认为，加强教育法律的司法适用是我国教育法治建设的应有之义，是破解教育法律无力困境的主要出路。⑤ 与此相适应，"教育法研究要全面转向规范法学，要高度重视教育法律适用，要从立法主义转向法律适用主义"。⑥ 尽管教育法治实践深切呼唤推动教育法律司法适用的学理研究，但对这一领域的系统研究仍然较少，是一块有待深耕的学术沃土。

　　相较司法适用研究，学界在教育法律的立法层面进行了相对深入的研究，成果丰硕，着重探讨了教育法律体系、立法质量与法律需求等议题。秦惠民认为，虽然中国特色社会主义教育法律体系初步成型，但相较依法治教要求仍不完善，横向上覆盖周延性差、纵向上缺乏配套支持，明显欠缺学前教育、家庭教育、终身教育等方面的法律；⑦ 王大泉从我国教育改革发展形势与任务变化出发，认为新时代教育立法应从价值取向、调整关系、规制重心与立法技术等层面作出战略调整；⑧ 另外，学界对立法资源稀

① 参见秦惠民《走向社会生活的教育法——中国教育法律的适用状况分析》，载劳凯声主编《中国教育法制评论》第 5 辑，教育科学出版社，2007。

② 参见杨克瑞、李双双《美国教育法的司法执行力——基于"萝莉案"的法学分析》，《复旦教育论坛》2018 年第 3 期。

③ 参见叶阳永、尹力《教育法的可诉性探析》，《北京师范大学学报》（社会科学版）2012 年第 5 期。

④ 孙霄兵：《教育法律的法理性质及其法学价值》，载劳凯声主编《中国教育法制评论》第 6 辑，教育科学出版社，2009。

⑤ 参见蔡金花《论教育法可诉性的提高》，《教育发展研究》2010 年第 3 期。

⑥ 周光礼、黄容霞：《传承与创新——华中科技大学教育科学研究院教育政策与法律研究三十年回顾》，《高等教育研究》2010 年第 9 期。

⑦ 参见秦惠民、谷昆鹏《对完善我国教育法律体系的思考》，《北京师范大学学报》（社会科学版）2016 年第 2 期。

⑧ 参见王大泉《新时代教育立法理念与任务的变化》，《中国高教研究》2019 年第 3 期。

缺①、立法理念滞后②、立法技术不高③、立法评估体系尚未建立④等问题进行了专门探讨；基于此，申素平教授认为，要全面认识教育法律的目的与功能，加强规划协调、建立修法机制、重视法律解释、改进立法技术，以推进教育法治现代化。⑤ 除了从整体层面探讨教育立法外，学界也以单行教育法律的制定与修改为契机，对《学前教育法》⑥《职业教育法》⑦《教师法》⑧《学位条例》⑨等单行教育法律的制定或修改进行了学理探讨。

综上所述，现有研究零星探讨了教育法律司法适用的法治价值及适用性不强的现实，并对教育法律的立法质量与立法需求等议题进行了研究，为本书提供了学理积累与智识启发，但现有研究仍存在以下两方面不足。

一是缺乏有关教育法律司法适用的实证研究，难以把握我国教育法律司法适用的整体图景与实然状态，也无法揭示教育法律规范的适用差异。虽然已有学者指出我国教育法律的司法适用现状堪忧，但这些认识大多是基于经验的观察而非严谨的研究，学者们除笼统指出司法适用状况较差外，并不能翔实揭示教育法律司法适用的诸多细节，也无法回答教育法律的哪些条款适用性强、哪些条款适用性差、哪些条款完全欠缺适用性等一系列问题。

---

① 参见管华《教育法治四十年：回顾与展望》，《法学评论》2018 年第 4 期。
② 参见任海涛、张玉涛《新中国 70 年教育法治的回顾与前瞻》，《教育发展研究》2019 年第 17 期。
③ 参见湛中乐、靳澜涛《新中国教育立法 70 年的回顾与展望》，《首都师范大学学报》（社会科学版）2019 年第 5 期。
④ 参见侯健《改革开放四十年教育立法的经验和问题》，《国家教育行政学院学报》2018 年第 12 期。
⑤ 参见申素平《对我国教育立法的思考》，《中国教育学刊》2018 年第 6 期。
⑥ 参见薛二勇、傅王倩、李健《学前教育立法的政策基础、挑战与应对》，《中国教育学刊》2019 年第 12 期。
⑦ 参见陈鹏、薛寒《〈职业教育法〉20 年：成就、问题及展望》，《陕西师范大学学报》（哲学社会科学版）2016 年第 6 期。
⑧ 参见任海涛《教育法学者关于〈教师法〉修改的争鸣》，《湖南师范大学教育科学学报》2019 年第 5 期。
⑨ 参见周佑勇《法治视野下学位授予权的性质界定及其制度完善——兼述〈学位条例〉修订》，《学位与研究生教育》2018 年第 11 期。

二是欠缺从微观视角对教育法律立法质量的关注，也少有从司法适用层面审视教育法律的立法质量。尽管现有研究从法理层面与单行教育法律的角度探讨了教育法律的立法问题及改善对策，但其分析大多停留于宏观层面，并未深入教育法律条款内部，也未提出衡量教育法律立法质量的具体标准。事实上，司法适用状况是考察教育立法质量的重要窗口，如能根据司法适用状况区分高被引条款、低被引条款与零被引条款，并进一步分析零被引条款的规范特征与立法问题，就能将教育立法研究的对象下沉到具体法律条款，进一步推动研究走向精细。

二　国外研究现状述评

20 世纪 50 年代以来，在世界范围内兴起了一场教育立法运动，各国纷纷制定成文教育法律来调整教育关系、规范教育生活。历来有制定成文法律传统的大陆法系国家自不待言，而在强调遵循判例的英美法系国家也加大了成文法律的制定力度。如美国在此期间制定了《国防教育法》（*National Defense Education Act*）、《高等教育法》（*Higher Education Act*）、《不让一个孩子掉队法》（*No Child Left Behind Act*）与《家庭教育权与隐私权法》（*Family Educational Rights and Privacy Act*）等教育法律，英国则制定了《教育改革法》（*Education Reform Act* 1988）、《继续教育与高等教育法》（*Further and Higher Education Act* 1992）、《学校督导法》（*School Inspections Act* 1996）、《教育法》（*Education Act* 2005）等法律。

这些法案的制定在一定程度上为纠纷解决提供了法律依据。由于美国社会对诉讼情有独钟，法院几乎涉及了教育领域的方方面面，尤其是 20 世纪 70 年代针对学校提起的法律诉讼甚至超过了以往 70 年的总和，大多数司法干预是为了保护公民权利与维护族群平等。20 世纪 80 年代以来，有关特殊教育的诉讼案件开始迅猛增长。面对残疾学生的不良行为，学校经常处以停学或开除，致使围绕残疾学生的惩戒纠纷层出不穷，诉讼理由是认为停学或开除等处分变更了残疾儿童的教育安置。① 同样，如果以法

---

① 　A. G. Osborne, *Legal Issues in Special Education*, Boston: Allyn and Bacon, 1996.

律不允许的理由解雇教师也会引发诉讼，尤其是出于私人恩怨、外在压力与另类生活方式而解雇教师时更是如此。① 但与此同时，美国联邦最高法院也开始尊重立法机关与行政机关的裁决，不再频繁扩展民权法律的适用范围。②

美国学生与教师起诉学校是如此普遍，以至于人们常说美国是过度诉讼的社会，这在某种程度上是真实的，由于担心遭到起诉，学校与教师常常犹豫是否去做从教育角度应该做的事情。③ 另外，涉及学校的争议如果可以通过立法或行政途径解决，法院也不会过多干预。美国联邦最高法院在一起案件中指出，司法机关缺乏专业的知识和经验，不应过早地干预州及地方教育机构作出的有理有据的判断。因此，有些涉及学校的争议会通过行政途径加以解决，而不会诉至法院，并且在大多数情况下，法院一般要求穷尽行政救济，方可提起法律诉讼。④ 虽然美国的司法体系和法治传统与中国有着截然不同的运作逻辑，但美国在教育法案制定及适用方面仍给我们提供了启示和借鉴。

第三节　研究思路

本书将教育法律的司法适用置于中国教育法治建设背景下进行考察，通过分析援引教育法律的诉讼案件管窥我国教育法律司法适用的现状与问题，并根据法律规范的适用差异审视教育法律的立法质量，进而以推动立法与司法的良性互动为抓手，探索构建动态开放的互动型教育法律体系的具体路径。具体思路如下：其一，从法理层面探讨教育法律司法适用的含义、价值及其限度等问题，为后文的分析提供理论依据；其二，从历史考察和社会发展等维度探讨教育法律司法适用的法制基础及法治理念，为实证分析及修法动议奠定学理基础；其三，借助中国裁判文书网等司法案例

---

① Micheal Imber, Tyll Van Gell, *Education Law*, Lawrence Erlbaum Associates Inc., 2011.

② A. G. Osborne, *Legal Issues in Special Education*, Boston: Allyn and Bacon, 1996.

③ Micheal Imber, Tyll Van Gell, *Education Law*, Lawrence Erlbaum Associates Inc., 2011.

④ Nelda H. Cambron-McCabe, Martha M. McCarthy, Stephen B. Thomas, *Public School Law: Teachers' and Students' Rights*, Pearson Education Inc., 2014.

库，检索司法实践中援引教育法律的诉讼案件，从审判程序、法院地域、裁判数量、文书类型、法院层级等维度描述样本案例的分布特征，并从整体考察与内部剖析两个层面揭示教育法律司法适用的现状与问题；其四，从教育立法质量、法院受案范围与经济发展水平等维度解释教育法律司法适用的条款差异、案由差别与地域差距，进而探究教育法律司法适用的影响因素及作用机制；其五，基于对教育法律司法适用的问题揭示与影响因素探讨，从增强维权意识、提高立法质量、扩大受案范围、提升教育法律素养等维度提出加强教育法律司法适用的政策建议；其六，从立法与司法互动的角度，探讨司法如何促进立法，并选取《教师法》为个案进行具体分析。为此，本书拟遵循"问题提出—法理探讨—法制奠基—案例搜集—实证分析—现状揭示—差异归因—立法反思—改进建议"的逻辑路径（见图1）。除绪论和结语外，本书包含以下8章内容。

第一章　教育法律司法适用的法理精义。本章拟从司法适用是现代法治国家法律所具有的基本特征出发，从法理层面系统阐述教育法律司法适用的内涵外延、法治价值及现实局限。该章旨在从法理层面厘清教育法律司法适用的基本理论问题，为后文的实证分析奠定理论基础。

第二章　教育法律司法适用的法制基础。立法是司法的前提和基础，没有立法，司法就是"无源之水、无本之木"。基于此，本章拟系统回顾我国教育法律的立法史并反思其中的不足，然后探讨新时代教育立法如何回应教育发展和法治进程的要求，既为教育法律的司法适用提供依据，也为教育法律的修订提供参考。

第三章　我国教育法律司法适用的现状考察。本章旨在通过系统严谨的研究设计，客观揭示我国教育法律司法适用的实然面貌，从而弥补学界对这一领域研究不足的缺憾。具体而言，该章拟通过中国裁判文书网的"法律依据"栏，检索该案例库中所有援引教育法律的诉讼案件，并通过对这些援引案件的整理、挖掘和分析，从纵向对比、适用规范、适用案由、适用性质等维度全面而客观地揭示我国教育法律司法适用的现状与问题。

第四章 教育立法质量与教育法律司法适用的条款差异。本章拟在第三章的基础上，进一步探讨我国教育法律司法适用的条款差异及其具体表现，并从法律规范类型的角度解释这一差异，进而探讨教育立法质量如何影响教育法律的司法适用。

第五章 法院受案范围与教育法律司法适用的案由差别。在探讨和解释教育法律司法适用的条款差异后，本章进一步探讨和分析教育法律司法适用的案由差别。为此，本章首先呈现援引案件的案由分布，然后通过实证数据检验法院受案范围与援引案件案由之间的关系。在此基础上，探讨法院受案范围与教育法律司法适用之间的互动关系及作用机制。

第六章 经济发展水平与教育法律司法适用的地域差距。为了检验经济发展水平与教育法律司法适用之间是否存在关联，本章选取地区生产总值与援引教育法律的诉讼案件以及人均产值与教育法诉讼率两组指标，以考察经济发展水平与教育法律司法适用之间的关系，进而探讨地域经济发展水平如何通过影响当事人诉讼观念、教育法律认知状况与高等学校地域布局，从而间接作用于教育法律的司法适用。

第七章 加强教育法律司法适用的政策建议。该章拟从教育法律司法适用不甚理想的现实出发，参考教育法律司法适用的影响因子，提出加强教育法律司法适用的针对性建议。即提升师生维权意识是加强教育法律司法适用的前提，扩大教育案件受理范围是加强教育法律司法适用的关键，提高教育立法质量是加强教育法律司法适用的必然要求，提升法官教育法律素养是加强教育法律司法适用的根本举措。

第八章 通过司法促进立法：以《教师法》为例的分析。立法与司法不是单向的线性关系，而是处于频繁互动之中。立法为司法提供裁判依据，司法在适用法律的过程中也能发现立法存在的问题与不足，进而促使立法在发现和解决问题中不断走向完善。基于此，本章拟进一步探讨司法对立法的促进功能，并以《教师法》为例具体分析司法如何促进立法，进而提出《教师法》修改的具体建议，供立法部门决策参考。

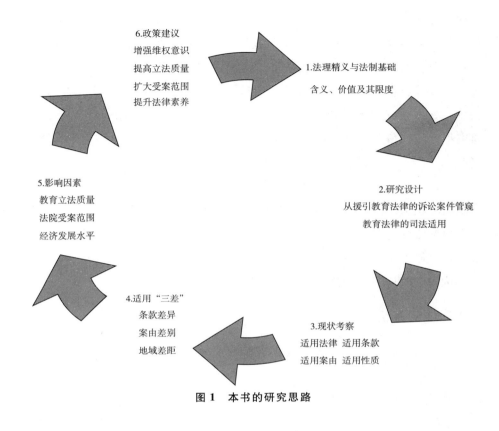

图 1　本书的研究思路

第四节　研究意义

一　理论意义

一是有助于深化对教育法律司法适用的现状与问题的学理认知。尽管教育法律的司法适用具有重要的法治价值，但当前有关教育法律司法适用的研究尚处于起步状态，已有成果仅零星探讨了司法适用之于教育法治建设的价值。本书通过对援引教育法律的诉讼案件进行实证分析，翔实揭示了我国教育法律司法适用的现实图景与具体问题，从而为有针对性地加强司法适用与提高立法质量提供了启发借鉴。

二是有助于为教育立法研究提供新视角，将教育立法研究的对象从"法律"延伸至"条款"。如前文所述，当前关于教育立法的研究主要是从法理层面或单行教育法律的角度进行探讨，鲜有聚焦具体条款的研究，也欠缺从适用层面反思教育立法的研究成果。本书根据教育法律规范的司法适用状况考察教育法律的立法质量，从立法技术、行为模式、规范主体与确定程度等维度揭示零被引条款的规范特征与立法问题，并以《教师法》为例，具体分析了《教师法》该如何修订。这种研究进路既可为教育立法研究提供新视角，也可将研究对象拓展至具体条款，丰富和深化教育立法研究。

三是互动型教育法律体系理念的提出，有助于打破立法与司法研究相互割裂的状态，推动立法与司法之间形成良性互动。本书不是从封闭维度研究教育法律的司法适用，而是将其置于法治运行系统中进行考察，认为司法可以促进乃至倒逼立法，从而深化了教育立法与司法适用相互关系的理论认知，为互动型教育法律体系的构建提供了学理依据。

二　实践价值

一是助推提升依法治教与依法治校的水平。推进依法治教与依法治校需要适切的教育法律制度及落实机制作为保障，本书通过研究教育法律的司法适用并从适用层面探讨立法改进，可以为修改完善教育法律、提升法律适用程度提供学理建议，助推良法善治体系的建立健全，从而推动依法治教与依法治校迈上新台阶。

二是为立法者按照裁判规范要求创制和修改法律提供参考。本书根据司法适用状况对教育法律条款（尤其是高被引条款与零被引条款）的对比研究，揭示出高被引条款的规范特征与零被引条款的立法问题，从而可以为立法机关有针对性地修改相关法条提供参考。

三是为法院和法官认识教育法律司法适用的现状与问题提供素材。本书通过对教育法律司法适用的实证研究，可以全面客观地呈现教育法律司法适用的实际状况，以及不同地域和不同层级法院适用教育法律的差异，助力各级各类法院尤其是西部地区法院正视教育法律司法适用存在的问题，进而为加强教育法律司法适用、提高教育案件审理质量提供智识启发。

第五节　研究方法

一　文本分析法

本书在研究过程中既需研读裁判文书，也需对 8 部教育法律进行文本分析，因此文本分析法是本书的主要研究方法。其中，对援引教育法律的裁判文书进行文本分析，意在揭示教育法律司法适用的现状与问题；而对 8 部教育法律（尤其是零被引规范）进行文本分析，则旨在考察教育法律的立法质量。

二　案例分析法

案例分析法是通过分析个案事实与阐释法律规范，揭示案例意义的一种研究方法。事实上，诉讼案例本身就是考察教育法律司法适用的主要载体和研究素材。为此，本书需要对援引教育法律的诉讼案件进行深入的分析，以揭示教育法律司法适用的整体样态和关键要素。另外，在解释教育法律司法适用的案由差别时，也分析了法院不予受理或驳回起诉的相关案例，以考察法院裁定的理由、论证与逻辑。

三　比较研究法

本书多处运用比较研究法，如比较教育法律与其他部门法律的司法适用状况，比较 415 条教育法律条款的司法适用状况，比较教育法律在中国不同地区法院的适用状况，比较高被引条款与低被引条款的规范特征与立法问题，比较大陆法系国家与英美法系国家的教育法治传统与法律适用模式，等等。

第一章　教育法律司法适用的
法理精义

"法官就是法律由精神王国进入现实王国控制社会生活关系的大门。法律借助法官而降临尘世。"

——〔德〕拉德布鲁赫

在探讨教育法律司法适用及影响因素之前，有必要就教育法律司法适用的含义、价值及限度等问题进行法理分析。那么，什么是教育法律的司法适用？法律的司法适用对于教育法治建设而言具有哪些价值？既然教育法律的司法适用具有如此重要的法治价值，那么教育法律的司法适用是不是越强越好？厘清这些基本问题，不仅是本章研究的重点，也是展开后续研究的基础。鉴于此，本章拟在厘清教育法律司法适用含义的基础上，重点探讨教育法律司法适用的法治价值及制约因素，为后续章节奠定理论基础。

第一节　教育法律司法适用的含义

作为法律实施的主要方式，教育法律的司法适用是指人民法院依据法定职权和程序，运用教育法律等规范解决教育纠纷的专门活动。它是司法审判权的必然延伸，其实质是法院在查清案件事实的基础上，通过正确适用教育法律规范解决具体的教育纠纷。要准确理解教育法律司法适用的内涵与外延，需要从以下层面进行把握。

一　适用主体：人民法院

广义的法律适用是指国家机关、法律法规授权组织与各社会主体依据和运用法律规定处理具体纠纷的活动，它是法律实施的主要方式之一。[1] 例如，在调解、申诉、复议与仲裁等纠纷解决程序中都可以适用教育法律，从而实现广义的教育法律适用。然而，司法适用才是实施和适用教育法律的最重要方式，因为其中立的价值取向、缜密的程序设计、娴熟的适用技术，使司法天然成为权利的守护神与纠纷的裁决者。正如有学者所言，司法的天职就是以公平正义的方式解决各种社会纷争，并使每一个为维护权益而诉诸司法的人都能获得公正对待。[2] 正是在这个意义上，教育法律的司法适用就是指当教育法律所规定的权益遭受侵害或义务遭到违反时，纠纷当事人可以通过诉讼渠道实现教育法律赋予的权利。因此，如果将诉讼渠道排除在教育纠纷的解决方案之外，不仅意味着司法失去了独立存在的价值，也意味着教育法律丧失了最为重要的适用方式。当然，任何成熟的纠纷解决机制都不会轻易将司法诉讼排斥在外。由此可见，适用主体的不同是区分司法适用与其他适用方式的主要标志。人民法院作为专职处理纠纷的国家机关，其对教育法律的司法适用是通过诉讼程序实现的，并要求"以事实为根据，以法律为准绳"。需要注意的是，虽然纠纷当事人在诉讼程序中也会援引教育法律进行说理或辩护，但其对法律的援引与法官依据职权适用法律有本质区别，且受个人立场与法律知识"盲点"等影响而有可能误引法律。

二　指向对象：教育纠纷

在司法实践中，教育法律的司法适用是与教育纠纷的解决紧密相连的。也就是说，教育法律的司法适用并不是一项独立的活动，离开了有待裁决

---

[1]　参见谢维雁《论宪法适用的概念——以司法中心主义的法律适用概念为基础》，《四川大学学报》（哲学社会科学版）2014 年第 5 期。

[2]　参见苏力《关于能动司法》，《法律适用》2010 年第 Z1 期。

的具体纠纷，教育法律的司法适用就成了无源之水、无本之木。在目前的司法体制下，诉讼的发起往往源于具体纠纷，法院不能受理针对法律规范提起的诉讼，因为《行政诉讼法》等法律规定抽象行政行为是不可诉的。由此可见，正是为了判断教育纠纷的是非，作为纠纷解决依据的教育法律才有适用余地和可能，离开了具体纠纷，法律适用就成了"水中月、镜中花"。当然，只有查清案件事实，法院才能准确地适用法律。因此，法官的目光总是在案件事实与法律规范之间来回穿梭：法律适用就是不断将法律规范运用于具体案件的过程，依法裁判也是在大前提与小前提之间建立合理联系的过程。

三　适用规范：教育法律

相较其他诉讼案件，教育诉讼案件有一个显著特征，即适用规范必有教育法律。然而，现实存在的教育纠纷往往纷繁复杂，牵涉面广、法益众多，这就导致教育诉讼案件除援引教育法律外，还需要援引其他部门法律，这在教育诉讼案件中比比皆是。另外，"宜粗不宜细"的立法传统，也为下位立法与地方立法预留了填补漏洞的空间，导致纠纷解决程序中适用教育法规、教育规章及参照不违反上位法规定的校纪校规的情况普遍存在。因此，绝大多数教育诉讼案件需要同时适用教育法律、教育法规、教育规章、校纪校规、司法解释及其他部门法律等规范，才能有效解决教育纠纷。例如，教师劳动争议虽是典型的教育纠纷，但在纠纷解决过程中除适用《教育法》《教师法》等教育法律外，还需要适用《劳动法》《劳动合同法》《民事诉讼法》等劳动法律和程序规范。另外，为了指导和规范下级人民法院审理劳动纠纷，最高人民法院也发布了一系列有关劳动争议案件适用法律问题的解释，这些司法解释也是人民法院审理教师劳动争议案件时必须遵循的规范。由此可见，虽然教育案件有可能适用不同维度、不同位阶、不同性质的规范，但无论适用多少规范，只要适用教育法律，就可作为援引案例加以研究。

四　适用前提：主动起诉

司法奉行"不告不理"，没有纠纷当事人主动将纠纷提交法院裁决，法院就不可主动介入纠纷，教育法律的司法适用也就无从谈起。就此而言，纠纷当事人的主动起诉是启动教育法律司法适用的前提与必要条件。事实上，我国教育法律司法适用状况不甚理想的原因固然众多，如法院受案范围过窄、立法质量不高等，但当事人的维权意识不强与诉讼观念不彰才是重要原因。受几千年封建观念的影响，公民尤其是师生的"厌诉"情节极其严重，当与学校、教育行政机关或其他主体发生纠纷时，大多不愿诉诸公堂。这一状况直到进入 21 世纪后才有所改观，受"田永诉北京科技大学拒绝颁发毕业证、学位证案"等经典案例的鼓励，师生的维权意识与诉讼观念有了明显提升，越来越多的师生选择对簿公堂，教育诉讼也不再被视作稀罕事。与此同时，法院也开始修正"特别权力关系理论"，依据法律法规授权组织和重要性理论，创造性地解决了公立高校难以成为行政诉讼被告的问题，司法的阳光开始照进大学殿堂。这些因素相互作用，共同推动了教育纠纷的司法解决，也为教育法律的司法适用创造了前提条件。

五　配套效果：附带释法

长期以来，人们认为司法就是一台"自动售货机"，输入的是案情，吐出的是判决。随着司法改革的推进与法院功能的拓展，这一观点越发难以立足。事实上，制定法是人类有限理性的产物，试图将纷繁复杂的社会生活用高度抽象的法条加以概括，以达到规则之治的目的。然而，教育生活是鲜活的，立法者理性再高也无法预见未来发生的所有纠纷，立法语言的弹性更是拉大了法律规定与社会生活的距离，当高度抽象的教育法律适用于具体纠纷时必然需要对教育法律进行解释。在立法解释长期缺位以及法官不得拒绝裁判的约束下，法官要结合案件事实对教育法律作出合乎情理的解释。如尽管《教师法》第七条第四项赋予了教师寒暑假带薪休假的权利，但该规定较为笼统，导致实践中对带薪休假的薪酬标准有不同判断，究竟是按月平均工资、基本工资还是当事人约定发放，仍需要法官作出解释。正因如此，司法适用在某种程度上起着发现法律问题、弥补法律漏洞的作用，进而倒逼教育法律的修改与完善。这也是司法适用不容忽视的价值。

第二节　教育法律司法适用的法治价值

作为连接立法与司法的纽带、文本与实践的桥梁，司法适用是将"纸面之法"置换成"运行中法"的枢纽，是推动教育法律从"规范文本"走向"法治实践"的引擎，在保障合法权益、约束恣意权力、公正解决纠纷、增强法律生命力等方面具有重要的法治价值。

一　依法保障教育权益的需要

美国著名法理学家 E. 博登海默曾说："法律对于权利来讲是一种稳定器……从法律上对自由和平等进行规定的目的，就在于确使今天所赋予的权利不会在明天就剥夺掉。"① 正因如此，教育法律制定之时就注重对学校师生的合法权益进行法律确权，如《教育法》第二十九条与第四十三条、《教师法》第七条、《民办教育促进法》第三十四条等条款分别赋予了学生、学校、教师与民办学校相应权利，实现了从伦理权利到法定权利的转变。然而法谚有云，"有权利必有救济"，没有救济的权利便是虚假的权利。教育法律所赋予的权利如缺乏有效救济，势必沦为"纸面权利"。尽管申诉、复议等纠纷解决程序也能救济合法权益，但司法救济才是法治社会最切实和有效的救济，因此对权利最可靠的保护势必是司法状态下的保护。法官在规范与事实之间的来回穿梭，确保权利规定不至于落空，使得违反法律规定的侵权行为得到制止，从而在法律规定与教育生活之间架起了一座桥梁。

20 世纪 90 年代末期以来，随着特别权力关系理论在教育领域逐步得到修正，一些校生纠纷与校师纠纷逐渐被法院受理。司法救济的介入有效改变了教育治理的生态，不仅保障了学生的人身权、财产权、受教育权与依法获得学业学位证书等权利，也有效救济了教师获得薪酬待遇、寒暑假带薪休假与参加进修培训等权利，使师生权利正从"法定权利"向"实有权利"转变。此外，法院在高校学生管理尤其是学位授予案件中恪守的谦抑

---

① 〔美〕E. 博登海默：《法理学：法律哲学与法律方法》，邓正来译，中国政法大学出版社，1999，第 293 页。

立场与低密度审查原则，尊重了高等学校的办学自主权，从而在司法救济与自主办学之间维持了必要的平衡。由此可见，教育法律的司法适用不仅保障了当事人的合法权益，也使教育法律从书面走向了生活。当教育法律能够得到较好的司法适用，则教育法律必将成为权利的守护神；相反，一旦教育法律难以适用，则维权之路布满荆棘，法律规定形同具文。

二　有效约束行政权力的要求

从理想层面来说，教育法律作为行政法的一个分支，应通过规范行政权力来保障学校师生的合法权益；但从教育实践层面来看，无论是受教育权还是自主办学权抑或是教师专业权利，始终面临恣意权力的侵权风险。就此而言，权力受到多大限制，权利便会得到多大实现。[①] 要实现对行政权力的规制，既需要借助立法来规范权力行使的范围和边界，也需要通过司法审查来纠正违规用权。如果说立法为正当行使权力绘制了蓝图，那么司法则构筑了控权机制，使控权规定得以落实。从这个意义上说，只有能够司法适用，控权条文才不会被架空，控权机制才能启动；否则，司法监督行政的理念必然受挫。因此，除保障教育权益外，司法适用的价值还在于约束恣意权力。

如果说前文论述只是一种学理阐释而缺乏经验支撑的话，那么下文基于高教诉讼案例的分析则更能雄辩地说明教育法律司法适用的控权价值。众所周知，20 世纪 90 年代末期以前，我国虽已制定了《学位条例》《高等教育法》等几部高教领域的法律，但由于受到"特别权力关系理论"的掣肘，公立高校一直难以成为行政诉讼的"适格被告"。虽然"高校管理的恣意并非个案，管理权力的专横也绝非孤例"，[②] 但受到行政诉讼受案范围的限制，这些高教法律在行政诉讼中始终欠缺适用机会，也使得高等学校的管理权力长期被视为与法治绝缘的"飞地"。1998 年的"田永诉北京科技大学拒绝颁发毕业证、学位证案"率先开辟了对高校管理权力进

[①]　参见徐显明《论"法治"构成要件——兼及法治的某些原则及观念》，《法学研究》1996年第 3 期。

[②]　段斌斌：《〈普通高等学校学生管理规定〉修订历程及其启示》，《思想理论教育》2017年第 8 期。

行司法审查的先例，随后开除学籍、退学处理、招生不录取、学位不授予等行为也逐步接受司法审查，司法审查的介入有效规制了管理权力，警示权力必须正当行使。正如秦惠民教授所言，如果没有司法审查，通过法律来调整和规范学校教育就毫无意义，法治不过是一句空话。[①]

三　公正解决教育纠纷的保障

制定法律本是为了解决纠纷，因而在任何法治发达的社会，法律都是纠纷解决的基本依据。教育法律作为由全国人大及其常委会制定的一类领域法，因严密的立法程序与畅通的民意吸纳渠道，保障了教育法律的科学性与民主性，体现了教育客观规律与依法治理的基本要求。当然，教育法律的制定只是为纠纷解决提供了法制框架，教育纠纷能否得到公正解决取决于纠纷解决机构能否将教育法律正确适用于具体纠纷，以实现法律之善与纠纷事实的匹配；否则，法律即便制定得再公正，也于事无补。因此，在解决教育纠纷的过程中，事实认定与法律适用至关重要，直接关系到教育纠纷的公正解决。

虽然申诉、复议与诉讼都是解决教育纠纷的重要途径，但申诉与复议在性质上属于行政救济，其客观性、中立性与救济的有效性常常受到质疑。司法诉讼则以组织的中立性、人员的专业性和程序的正义性，成为法治社会最值得信赖的救济方式，常被视作社会公平正义的最后一道防线，被纠纷当事人寄予厚望。事实上，查清案件事实、正确适用法律，不仅是司法机关的职责所在，也是诉讼相较申诉与复议的优势所在。就此而言，虽然申诉与复议机关也可通过适用法律来裁决纠纷，但在事实认定与法律适用的精准度方面仍与法院有一定差距。因此，法院在查清案件事实基础上的法律适用，是公正解决教育纠纷的保障。

四　增强教育法律生命的关键

长期以来，教育法律因实效不佳而被戏称为"软法"。[②] 这固然受到立

---

① 参见秦惠民《当前我国法治进程中高校管理面临的挑战》，《清华大学教育研究》2001年第2期。

② 此处所说的"软法"，是指法律实效不甚理想。事实上，"软法"称谓也好，"软化"之说也罢，都旨在说明教育法的法律实效性低。

法质量不高、教育执法不严等因素的影响，但适用性差才是法律"软化"的根本原因。事实上，即便立法不理想、执法不严格，法院如能在诉讼程序中适用法律来裁决纠纷，那么在公正解决纠纷的同时，也能有效约束公权、保障私权；相反，即便立法完美无缺、执法无可挑剔，如果不能司法适用，那么法定权利不免成为"画中之饼"、权力约束难免沦为"纸上谈兵"。正因如此，有学者认为如果法律不能成为权利人主张权利的武器与法院裁决纠纷的依据，那么其公信力将逐步丧失。[①] 因此，衡量教育法治的关键不在于制定多少教育法律，而在于制定出台的法律究竟得到多大程度的实施和适用。[②]

由此可见，教育法律的生命在于适用，尤其是司法适用。如不能在教育生活中被具体适用，那其只是一堆"毫无生气"的词语。所以，只有当民众感受到教育法律的存在，并成为法定权利的救济依据、恣意权力的约束依据、违法行为的追究依据与定分止争的适用依据时，教育法律才有鲜活生命力。也就是说，教育法律的生命在于通过具体适用融入纷繁复杂的教育生活，解决现实存在的教育纠纷。[③] 因此，提升教育法律的生命力固然需要立法努力与执法行动，但加强司法适用才能实现与个案的水乳交融，发挥规范功效，实现立法目的。也唯有如此，才能从"纸面之法"走向"行动中法"，从"死法"走向"活法"，从"软法"走向"硬法"。

五　提升教育立法质量的抓手

司法适用除具有保障私权、约束公权、解决纠纷等功能外，还是考察立法质量的重要窗口。司法实践表明，频繁适用的法律规范大多行为模式明确或法律后果明晰，而疏于规范权义关系的法律规范则较难适用。由此可见，司法适用间接反映了法律的立法质量和水平。正因如此，司法适用不仅是贯彻落实教育法律的重要途径，也是检验教育法律立法质量的"试

---

① 参见秦惠民《走向社会生活的教育法——中国教育法律的适用状况分析》，载劳凯声主编《中国教育法制评论》第 5 辑，教育科学出版社，2007。
② 参见段斌斌《走向教育生活还是与教育生活脱节：我国教育法律司法适用的现状考察》，《高等教育研究》2019 年第 3 期。
③ 参见段斌斌《走向教育生活还是与教育生活脱节：我国教育法律司法适用的现状考察》，《高等教育研究》2019 年第 3 期。

金石"，是连接立法与司法的桥梁和纽带。立法质量好不好，终究要在适用中进行检验，只有历经司法适用的审视和纠偏，法律方能获得经久不息的生命力。

除此之外，司法适用还可推动法律的修改和完善。教育立法就是用简洁抽象的语言来概括教育生活的规范，但受立法语言与有限阅历的影响，任何制定法都是有限理性的产物，不可能事无巨细地规定所有细节，只能对重要事项作出原则规定。教育关系的变动不居，进一步拉大了法律规范与教育生活的距离，导致法律在适用过程中势必出现或大或小的问题与漏洞。从这个意义上说，教育法律的完善是相对的，而不完备则是绝对的。即便教育法律规范不明，"不得拒绝裁判"的原则也要求法官裁决纠纷，司法此时既弥补了法律规范的不足，也起到了完善和发展教育法律的作用。

第三节　教育法律司法适用的现实祛魅

既然司法适用具有如此重要的法治价值，那么教育法律的司法适用是不是越强越好，甚至所有条文都应加以援引和适用？从学理上看，这固然是令人期盼的理想；但从实践层面来看，又不切实际。这是因为，纠纷主体选择、教育纠纷属性、法院受案范围、教育立法质量等因素都在影响法律适用。就此而言，包括教育法律在内的任何法律都不可能得到完全司法适用，这在大陆法系国家尤其如此。

一　教育纠纷属性影响教育法律适用

教育立法是对事关教育发展全局的事项进行明文规范，司法则是运用法律规范裁决是非争议的活动，因而司法适用总与纠纷解决紧密相连，法律适用必以纠纷为载体。尽管法院是专职处理纠纷的国家机关，但不是所有纠纷都适宜法院裁决，过分涉及政治或行政争议的案件往往令法院力有不逮。[①] 具体到教育领域，虽然大部分校生纠纷与教师劳动争议可交由法院

---

① 参见陆永棣《从立案审查到立案登记：法院在社会转型中的司法角色》，《中国法学》2016年第 2 期。

审理，但涉及财政投入、宏观政策等行政争议时又令法院束手无策，这些争议牵涉面广、政策性强，而非针对特定对象施加的具体行政行为，即便法院介入，也无法实质解决纠纷，因为这些争议已超出司法能力范围。因此，在目前体制下，只能依靠行政命令与上级监督来推动问题的实质解决。

事实上，此类纠纷还有很多，如转制教师待遇问题、改制之后教师身份的认定问题、地方没有足额提供教育经费以及教师工资水平低于当地公务员平均工资水平等问题。显然，这些纠纷需要政府部门制定政策进行调整，而非指望个案裁判予以解决，即便是司法机关，对于这类纠纷也鞭长莫及、力有不逮。由此可见，并非所有教育纠纷都适宜由法院审理，进而依据法律规范进行个案裁判，以此推动教育法律的司法适用。因此，尽管平等受教育机会是《教育法》规定的重要原则，足额拨付教育经费也是地方政府的法定义务，但由于这类纠纷不宜进行司法审查，与此相关的法律规定便无从司法适用。①

二　受案范围广度制约法律适用程度

法院受案范围与教育纠纷属性实际是问题的一体两面。教育纠纷属性是从性质上判断某类纠纷是否适宜由法院审理，而法院受案范围则是从操作层面界定法院可以受理的案件范围。前者属于应然的学理探讨，后者则是实然的明文规定。

教育纠纷属于法院受案范围是启动教育法律司法适用的前提。如果某类教育纠纷不属于人民法院受案范围，法院就无权受理此类教育纠纷，援引教育法律的机会就会显著降低；相反，只有某类教育纠纷属于法院受案范围，法院才能受理案件，进而援引教育法律进行说理和裁判。当然，在某些不予受理或驳回起诉的裁定中，法院也会援引教育法律的某些条款进行说理，以增强拒绝受理的正当性，但这毕竟是小概率事件。从这个意义上说，法院受案范围的广度影响法律适用的频率与密度。受案范围较宽，就意味着更多纠纷可以进入司法程序，便会增加与此相关的法律条文的适

---

① 平等受教育机会、政府经费保障义务等条款都是法院从未援引的零被引教育法律条款，参见本书第三章和第四章。

用概率；受案范围较窄，就意味着很多纠纷不能被法院受理，相关条文的司法适用频率也必然降低。因此，受案范围就像一个"控制阀"，不仅管控着纠纷进入司法的通道，也决定了相关条文的司法适用。

虽然最高人民法院曾酝酿出台关于教育行政案件受案范围的司法解释，但因种种原因而未能实现。目前，仍欠缺关于教育案件受理范围的统一规定，关于教育案件的受理分散在相关法律及司法解释之中，并受三大诉讼法关于管辖、起诉条件、受案范围的拘束。如《教育法》第四十三条规定，受教育者有权对学校、教师侵犯其人身权、财产权等合法权益的行为，提出申诉或者依法提起诉讼，这实际上是赋予学生诉权，既为学生起诉学校与教师提供了法律依据，也为法院适用教育法律的相关条款铺平了道路。相较而言，虽然《教师法》并未明确赋予教师诉权，但《最高人民法院关于人民法院审理事业单位人事争议案件若干问题的规定》等司法解释将事业单位与其工作人员因辞职、辞退、履行聘用合同等纠纷明确纳入人民法院人事争议案件受案范围，这意味着具有事业单位身份的公立学校与其教师发生的上述争议也可适用上述司法解释，进而为法院适用《教师法》的相关规定扫清了制度障碍。另外，最高人民法院通过发布指导性案例与提审相关案件等方式，也为各级各类法院受理教育案件及适用法律提供了指导。如通过发布指导性案例38号、39号与提审"甘露诉暨南大学违法开除学籍案"，就为各级法院受理和审理公立高校与学生之间的退学处理、开除学籍与毕业证学位证授予等纠纷指明了方向，使教育法律的相关条文摆脱受案范围的限制，而得以频繁适用。

通过司法能动的努力，教育案件的受理范围正逐步拓宽，也促使教育法律的部分条文得以司法适用。然而，相较教育主体旺盛的诉讼需求以及大量未予适用的教育法律条款，教育案件尤其是教育行政案件的受案范围仍然较窄，一些涉及学生转学、转专业、留级、降级、警告、记过、留校察看以及教师人事争议等纠纷仍然不被法院受理。由此可见，教育案件受案范围的局促已成为教育法律司法适用的掣肘因素。

三　教育立法质量左右教育法律援引

立法是司法的基础，司法是运用相关法条解决具体纠纷的活动。当立法为纠纷解决设立明确依据，法院就会援引相关法条作为裁判依据，以彰显裁判的形式合法性和实质正当性。当立法未提供依据或规定本身较为粗糙，无法为裁判提供正确指引时，法官会另行寻求原则、惯例、学说甚至政策等进行裁判。此时，这些法条将被弃用，因其无法为纠纷认定和解决提供依据。就此而言，检验立法质量的重要标准，就是看其能否为纠纷认定与解决提供依据或参照。显然，那些立法质量较好的条款，即规范纠纷认定与解决方案的条款，会有较高的司法适用频率；而那些倡导性条款或事实陈述条款，因难以为纠纷解决提供依据，被援引和适用的概率就非常低。由此可见，立法质量将显著影响法律适用。

以此为标准检视教育法律的立法质量可以发现，我国教育法律的很多条文不符合裁判规范的基本要求，既缺乏明确的行为模式与法律后果，也欠缺具体的解纷途径，因而难以在纠纷解决程序中适用。事实上，教育法律中的倡导性规范与陈述性条款俯拾皆是。其中，"国家鼓励""国家倡导""国家支持""国家根据""国家扶持"等倡导性规范多达77条，占教育法律条款总数的18.6%。另外，教育法律还包含大量事实陈述条款，如"每年9月10日为教师节""国家实行职业教育制度和继续教育制度"等。由于这类条款旨在表明国家的政治态度或政策倾向，或者倡导公民为或不为一定行为，缺乏对权义关系和解纷途径的明晰规定，基本不具备司法适用的潜质。

需要指出的是，由于任何一部法律都要考虑系统性和完整性，因此教育法律除内容翔实的分则外，还有起统领作用的总则以及起补充作用的附则。① 尽管总则与附则条款对法律周延性与逻辑严密性具有重要作用，但这些条款并不是按行为规范或裁判规范要求设计的，这就注定了除法律适用与概念解释等条款外，其余总则或附则条款很少能够被司法适用。从这个意义上说，即便抛开立法质量与受案范围等因素，总则与附则的存在也决定了某些条款注定与司法适用绝缘。当然，相较其他法律尤其是民事法律，教育法律在总则与附则部分的立法质量也有一定差距，法律原则直接照搬

---

① 总则条款主要规范立法目的、适用范围、基本原则等事项，而附则条款则主要规定术语解释与施行时间等事项。

教育政策规定，缺乏立法界定，这就导致总则与附则条款在形式上作为一部法律的组成部分尚可，但要想像其他法律的总则与附则条款在纠纷解决中发挥"规则缺位、原则补位"的功能则强其所难。

四 纠纷主体选择决定法律适用启动

司法奉行"不告不理"，除非纠纷当事人主动起诉，否则法院不会越俎代庖地主动介入纠纷，这是司法被动性的体现。既然没有可供裁决的案件，那么司法适用自然无从谈起。就此而言，纠纷主体的主动起诉是法院介入教育纠纷的前置条件，也是教育法律司法适用的前提和基础。离开了当事人的主动起诉，无论受案范围再宽、立法质量再好，作为纠纷解决依据的教育法律也难以司法适用。因此，要使教育法律走向司法适用，就必须有提交法院裁决的教育案件，否则法律适用就是"水月镜花"。然而，在20世纪90年代以前，维权意识尤其是诉讼观念的淡薄是教育系统的真实生态，师生的"厌诉"情绪浓厚，即便其权利受到学校或教育行政部门的侵犯，学生与教师也大多选择沉默或忍受。

20世纪90年代以后，随着《教师法》《教育法》《高等教育法》相继出台，愈来愈多的师生在面对教育纠纷时不再沉默，拿起法律武器成为他们的不二选择。一些经典案例不仅通过正确适用法律维护了当事人的受教育权等合法权益，而且在师生群体中起到了鼓舞与示范作用，使师生认识到学校绝非法外之地。① 受经典案例尤其是胜诉案例的鼓舞，师生对司法救济的需求与日俱增，将教育纠纷主动提请法院裁决不再是个别现象，而成为普遍性需求。与此同时，教育案件的受案范围逐步扩大，推动了相关条款的司法适用。近年来，高校学生的受教育权纠纷以及教师劳动人事争议都呈激增态势，这些纠纷也成为提升教育法律司法适用的突破口和关键点。由此可见，师生诉讼观念的变化，使法院逐渐敞开大门，也让教育法律逐步从"纸面"进入"生活"，成为当事人主张与答辩以及法院裁决的主要依据。

---

① 参见段斌斌、孙霄兵《从"管理法"迈向"控权法"——基于三版〈普通高等学校学生管理规定〉的文本分析》，《现代大学教育》2017年第5期。

第四节　本章小结

在深入推进"依法治国"的背景下，教育法治建设的水平也亟待提高，如何让教育法律从纸面走向生活、从法制转向法治成为中国教育法治建设面临的重大课题。作为法律实施的重要方式与法治实践的引擎，司法适用在推进法律实施、保障私权、规范公权、化解纠纷、完善法律等方面具有重要作用。尽管司法适用具有如此重要的法治价值，但这不意味着所有条文都有适用的可能，教育纠纷属性、法院受案范围、教育立法质量、纠纷主体选择与教育法律认知等因素都会不同程度地影响法律适用。认清上述现实，有助于破除对司法适用的盲目崇拜，树立正确的思想认识，指引教育法治实践朝正确方向前进。

因此，厘清教育法律司法适用的含义、价值及限度等基本理论问题，不仅是本章研究的重要使命，也是后续研究展开的基础。只有从法理层面厘清上述问题，才能为后文研究奠定坚实的理论基础。那么，我国教育法律司法适用的法制基础与适用现状究竟如何呢？这些问题，本书将在第二章与第三章展开具体讨论和分析。

第二章　教育法律司法适用的法制基础

> "法发展的重心不在立法、不在法学，也不在司法判决，而在社会本身。"

——〔奥〕埃利希

立法是司法的前提和基础，没有立法，司法就是无源之水、无本之木，这在成文法系国家尤其如此。正因如此，20世纪80年代以来，我国开始大规模创制教育法律，相继制定8部教育法律。这些法律的创制初步解决了教育领域无法可依的问题，也为教育法律的司法适用奠定了法制基础。但相较20世纪八九十年代，我国现阶段经济体制、主要矛盾、法治进程、行政理念与维权意识均有显著变化，需要对教育法律进行修改完善，以满足社会发展与依法治教的需要，而这些修改和调整显然会影响其司法适用。有鉴于此，本章拟在系统梳理我国教育法律创制40年历程的基础上，通过分析我国教育法制建设宏观背景的变化，探讨新时代教育法律如何回应社会发展与依法治教的需要，以期为正在进行的立法工作建言献策，也为教育法律的司法适用奠定法制基础。

第一节　中国教育法律创制40年的回顾与反思

历史是现实的起点，是未来发展的指南。要审视中国教育法律的现存问题与发展方向，就要对教育法律的创制修订史进行系统梳理和深入考察。新中国的教育法律史大致可以分成两个阶段：第一阶段从 1980 年至 2002 年，是教育法律建章立制时期，进行了大规模教育法律创制活动，制定了 8 部教育法律；第二阶段从 2003 年至今，是教育法律的"修法时代"，对先前创制的教育法律进行大范围修订，目前仍未制定任何新法。

一　1980～2002 年：教育法律的艰难创制及历史意义

党的十一届三中全会拉开了拨乱反正与改革开放的序幕，尘封已久的"法律之门"重新开启，教育法律的制定由此起步。1980 年 2 月 12 日五届全国人大常委会第十三次会议审议通过《中华人民共和国学位条例》（以下简称《学位条例》），规定了学位授予的主体、条件、程序以及学位委员会、学位评定委员会、学位论文答辩委员会的权限、组成与议事规则等事项。作为新中国颁布的第一部教育法律，《学位条例》的制定施行不仅标志着学位制度正式确立，而且预示着学术授予工作开始走向法制化和规范化。[①] 为提升国民素质、扫除青壮年文盲，1986 年 4 月 12 日六届全国人大第四次会议审议通过《中华人民共和国义务教育法》（以下简称《义务教育法》），通过法律形式明确规定实施九年制义务教育，并进一步规范了义务教育的培养目标、实施范围、管理体制、各方义务、延缓与免试入学的条件等事项。虽然法律规定较为原则笼统，但其颁布实施普及了九年义务教育、提高了科学文化素质、保障了亿万儿童受教育权利。

进入 20 世纪 90 年代，用法治思维和法治方式推进教育改革发展成为时代呼声，教育立法逐步驶入"快车道"，几乎每隔两年就有一部教育法律出台。为建设专业师资队伍、助力教育事业发展，1993 年 10 月 31 日八届全国人大常委会第四次会议审议通过《中华人民共和国教师法》（以下简称《教师法》），该法立法技术有所进步，开始分章进行规范，主要规范教师的权利义务、资格任用、培养培训、考核、待遇、奖励与法律责任等事项。《教师法》的颁布和实施有利于规范教师执教行为、促进教师队伍建设，但

---

① 参见刘延东《在纪念〈中华人民共和国学位条例〉实施三十周年纪念大会上的讲话》，《学位与研究生教育》2011 年第 3 期。

与此同时存在聘任规定严重滞后、申诉诉讼渠道不畅等问题，导致"保障教师合法权益"的立法目的难以落到实处。① 虽然《学位条例》《义务教育法》《教师法》的颁布施行初步解决了教育领域"无法可依"的问题，但教育领域的基本法迟迟未能出台。1995 年 3 月 18 日，作为教育基本法的《中华人民共和国教育法》（以下简称《教育法》）终于在八届全国人大第三次会议审议通过。该法不仅确立了教育优先发展的战略地位，而且全面规范了学校、教师、学生的权利义务以及教育内外部关系，对于落实教育优先发展战略、促进教育改革发展、全面推进依法治教具有深远意义。

教育基本法出台之后，教育立法的重要任务是加快制定单行教育法律，以填补法律规范漏洞，形成教育法律体系。在此背景下，《中华人民共和国职业教育法》（以下简称《职业教育法》）于 1996 年 5 月 15 日审议通过，该法着重规范职业教育的地位作用、举办责任、管理体制、经费来源、师资保障等事项，其颁布施行奠定了现代职业教育体系的基本框架，促进了职业教育规范发展。② 针对高等教育缺乏专门法律规范的问题，1998 年 8 月 29 日九届全国人大常委会第四次会议审议通过《中华人民共和国高等教育法》（以下简称《高等教育法》）。该法不仅授予高等学校自主办学权利，而且重点规范了高等学校的设立程序、组织活动、经费投入与条件保障等事项。该法的颁布实施不仅落实和扩大了高等学校办学自主权，也保证了高等教育事业持续健康发展。③

迈入 21 世纪以后，创制教育法律的步伐并未停歇。2000 年 10 月 31 日，《中华人民共和国国家通用语言文字法》（以下简称《国家通用语言文字法》）颁布施行，该法规定了国家通用语言文字的含义、使用、管理及监督，有利于进一步普及文化教育、增进各民族交流沟通、增强中华民族凝聚力。④ 为填补民办教育的法律缺口，2002 年 12 月 28 日九届全国人大常委

① 参见尹力《〈教师法〉实施 10 年：守望与期待》，《教育理论与实践》2005 年第 3 期。
② 参见陈鹏、薛寒《〈职业教育法〉20 年：成就、问题及展望》，《陕西师范大学学报》（哲学社会科学版）2016 年第 6 期。
③ 参见陈至立《贯彻实施〈高等教育法〉推进我国高等教育事业的改革和发展》，《中国高等教育》1999 年第 2 期。
④ 参见王湛《认真宣传贯彻〈国家通用语言文字法〉，为新世纪社会主义现代化建设事业的发展营造良好的语言文字环境》，《语文建设》2001 年第 1 期。

会第三十一次会议审议通过《中华人民共和国民办教育促进法》（以下简称《民办教育促进法》）。该法着重规范了民办学校办学行为与政府管理行为，构建了法人治理结构与监督管理制度，细化了奖励扶持措施与准入退出机制，① 其制定出台有助于促进民办教育健康发展、规范民办学校办学行为、保障师生合法权益。综上所述，历经22年艰苦卓绝的努力，教育法律实现了从"零的突破"到"渐成体系"的转变，为依法治教奠定了法制基础，开启了教育发展的新篇章。②

二　2003 年至今：社会发展与教育法律的修改完善

随着社会转型加速，教育法律也亟待修订。为回应高等教育快速发展与学位授予实践的变化，2004 年 8 月 28 日十届全国人大常委会第十一次会议修订了《学位条例》。该条例第九条要求"学位论文答辩委员会必须有外单位的有关专家参加，其组成人员由学位授予单位遴选决定"。2006 年 6 月29 日《义务教育法》修订通过。修订后的《义务教育法》分为 8 章，共 63条，且新增 10 条法律责任规定，使得立法精神更加科学、立法结构愈加严谨、法律条文更为充实，深受学界和社会好评。③ 2009 年 8 月 27 日全国人大常委会审议修订了相关法律条文，直接删去《教育法》第五十七条第三款与第五十九条等明显不适应市场经济与刑法发展要求的规定，并将《教师法》第三十六条"依照刑法第一百四十六条的规定"修改为"依照刑法有关规定"。

为适应简政放权与行政审批制度改革的需要，2013 年 6 月 29 日《民办教育促进法》第二十三条修订通过，删去"民办学校聘任校长需报审批机关核准"的规定；2015 年 4 月 24 日全国人大常委会审议修改了《义务教育法》第四十条，将教科书定价权由"国务院价格行政部门"下放至"省、自治区、直辖市人民政府价格行政部门"。为提升修法效率，教育部门决定

---

① 参见韩民、张力《〈民办教育促进法〉颁布实施的意义及其政策课题》，《教育研究》2004年第 4 期。

② 参见劳凯声《改革开放 30 年的教育法制建设》，《教育研究》2008 年第 11 期。

③ 参见湛中乐《公民受教育权的制度保障——兼析〈义务教育法〉的制定与实施》，《华南师范大学学报》（社会科学版）2016 年第 3 期。

将 4 部教育法律打包进行"一揽子"修订。2015 年 12 月 27 日《教育法》《高等教育法》率先修订通过，在培养目标方面增加了为人民服务、具有社会责任感等内容，进一步明确学术委员会法定职责，细化办学水平与质量评估制度，改革经费投入机制与专科学校设立审批权，新增促进教育公平与制定学前教育标准等规定，删除不得营利条款。[①]

2016 年 11 月 7 日，《民办教育促进法》历经激烈讨论与多方博弈之后终于得以修订通过。此次修订旨在破解民办教育发展的制度瓶颈，以推动民办教育持续健康发展。[②] 为此，新法增加了加强民办学校党建规定，删除合理回报条款，开始对民办学校进行分类管理，实施差别化奖励、扶持与监管措施，等等。为推进"放管服"改革、扩大高等学校办学自主权，2018 年 12 月 29 日全国人大常委会审议修改了《高等教育法》第十七条，删除"高等学校调整修业年限需报主管教育行政部门批准"的规定。据统计，自 2004 年以来，教育法律已累计修订 10 次，修订条款 113 条，其中《学位条例》与《教师法》各有 1 次小的修补，而《义务教育法》《教育法》《高等教育法》《民办教育促进法》均历经 1 次大的修订与 1 次小的修补。

三　对教育法律创制的总结和反思

第一，应急修补式立法居多，缺乏对教育法律的整体规划。回顾教育法律的制定历程可以发现，每部法律的出台都有特殊背景，都是为了解决某一时期或特定领域的现实问题。这种应急修补式立法虽能回应和解决部分现实问题，但也导致了法律之间缺乏系统衔接与逻辑关联，难以实现"不重不漏、相得益彰"的体系功效。现有教育法律主要是按教育阶段或教育类型进行创制，但《学位条例》《国家通用语言文字法》《教师法》则属于教育活动或教育主体维度。现有法律分处不同维度，难以构成和谐统一的法律体系，也限制了教育法律的覆盖领地与调整范围。一方面，法律规

[①] 参见苏春景、张济洲《〈高等教育法〉修改亮点和大学治理法治化》，《中国高等教育》2017 年第 21 期。

[②] 参见徐绪卿《贯彻落实〈民办教育促进法〉新法的若干思考》，《复旦教育论坛》2017 年第 2 期。

定之间存在交叉重复，浪费了有限的立法资源；另一方面，亟须规范的领域却存在立法空白，面临"无法可依"问题，如按教育阶段进行分类就明显缺失学前教育法、高中教育法、终身教育法等法律。[①]

第二，教育法律的创制速度滞后于社会需求与立法规划，立法任务依然繁重。随着依法治教逐步深入，教育实践对教育法律的需求也日趋旺盛，制定各类法律的呼声不绝于耳，但教育法律的创制速度不仅跟不上社会的立法需求，而且滞后于国家立法规划。《国家中长期教育改革和发展规划纲要（2010-2020年）》（以下简称《教育规划纲要》）与《依法治教实施纲要（2016-2020）》分别提出了"六修五立"与"四修三立"[②]的立法目标，但修法进程不尽如人意，"五立之法"更是一部未立。[③]当然，教育法律创制的艰难缓慢，主要是由立法体制决定的。虽然上述立法项目都事关教育改革发展全局，具有立法必要性和紧迫性，但立法资源的有限性决定了立法机关须对所有立法项目进行排序取舍，分配给教育领域的立法机会自然有限。这就要求教育部门抓住"窗口期"和关键节点，加紧调研起草，提升起草质量，争取早日送审。

第三，教育法律虽注重遵循教育规律，却忽略对立法本身规律的把握。现代立法理念呼唤法律按照科学立法要求进行创制。所谓科学立法，是指"立法要尊重和体现法律所调整的社会关系的客观规律和立法活动自身的规律"。[④]因此，教育立法既应把握教育活动的规律，也应遵循立法本身的规律。鉴于教育部门更熟悉教育事务和教育改革发展情况，由教育部门牵头起草教育法律已成为立法惯例。这有利于教育法律更好地把握教育规律，

---

① 参见秦惠民、谷昆鹏《对完善我国教育法律体系的思考》，《北京师范大学学报》（社会科学版）2016年第2期。

② 《国家中长期教育改革和发展规划纲要（2010-2020年）》提出"六修五立"的教育立法规划，即"修订教育法、职业教育法、高等教育法、学位条例、教师法、民办教育促进法，制定有关考试、学校、终身学习、学前教育、家庭教育等法律"。《依法治教实施纲要（2016-2020年）》提出"四修三立"的教育立法规划，即"加快推进《职业教育法》修订、《学前教育法》起草、《学位条例》修订以及《终身学习法》等法律草案的起草工作，适时启动《教师法》修订工作，配合做好《家庭教育法》起草工作"。

③ 参见申素平、段斌斌、贾楠《新时代我国教育法治建设面临的问题与对策》，《复旦教育论坛》2018年第1期。

④ 湛中乐：《论我国教育法规范体系的完善》，《中国高等教育》2019年第8期。

但也带来了因部门利益与立法技术等因素掣肘而导致的法律规范性差的问题。纵观 8 部教育法律不难发现，教育法律政策化倾向明显，笼统原则的宣示条款与倡导性规范俯拾皆是，影响法律实施适用，被戏称为"软法"。

第四，教育法律回应社会发展需求的能力日益弱化，亟须根据社会发展与法治进程进行重构和修订。回应社会发展需求是教育法律的优良传统，每部教育法律的出台均具备这一特征，旨在解决制约教育改革发展的重大问题或为经济社会发展服务，如《学位条例》旨在解决学位授予实践蓬勃发展的需要，《义务教育法》意在扫除青壮年文盲、提高国民素质，《职业教育法》则旨在解决劳动者素质不高等问题。然而，随着社会转型速度加快以及经济增长"提质换挡"，教育领域出现了很多新动向与新问题，教育法律却难以作出有效回应，调节作用捉襟见肘。虽然教育法律已累计修订 10 次，但很多修订都是"小修小补"式的应急之举或者简单贯彻上级的政策指令（像 2006 年《义务教育法》那样的大修属凤毛麟角），立法理念、体例结构、规范内容并未随着社会发展加以变革。教育法律滞后于社会发展与法治进程的现状未得到根本扭转，亟须根据新时代教育法治建设宏观背景的变化予以重构和修订教育法律。

第二节　我国教育法律创制的宏观背景分析

教育法律的创制虽初步解决了无法可依问题，但相较全面依法治教要求仍不完善。当前，中国特色社会主义进入新时代，教育法律创制的宏观背景也发生了显著变化，这对教育法律的创制提出了新挑战。只有深刻把握社会发展与法治进程的变化趋势，才能制定出反映时代需求、体现人民意志的教育法律。

一　经济体制：从"计划经济"走向"加快完善市场经济"

考察中国教育立法的发展不能忽略经济因素的作用。虽然党的十四大提出"我国经济体制改革的目标是建立社会主义市场经济体制"，但其建设需要较长过程，直到 21 世纪初期中国仍处于从计划经济向市场经济的转轨时期。① 制定于此时的教育法律虽具备市场经济的某些特征，但更多带有典型的计划经济痕迹。计划经济的本质是政府通过无所不包的指令计划控制包括教育活动在内的一切社会事务，政府在计划经济体制中是"一家独大"、凌驾于社会之上，而社会主体则要无条件接受行政指令的支配，行为自由处处受限。② 毋庸讳言，计划经济体制深刻影响了我国教育法律的创制。从立法理念看，教育法律被视作政府管控教育的工具，具有浓厚的"管理法"特征；从立法需求看，计划经济最迫切需要教育管理与行政干预等方面的法律，而对规范平等主体间关系的法律规范则需求不大；从立法内容看，注重凸显国家教育管理权力，忽视社会和家庭对教育的参与，压抑甚至排斥教育选择权利。

进入新时代，经济转轨基本完成，"加快完善社会主义市场经济体制"进入攻坚期。虽然市场经济下也存在政府干预，但这种干预更多是通过宏观调控与清单管理进行的。"负面清单"之外，社会主体可以自主进入，"法不禁止皆自由"；"权力清单"之外，政府再无法外权力，"法无授权不可为"。因此，市场经济呼唤意思自治、行为自由以及尊重市场主体的选择和判断。具体到教育领域，由于受市场观念与事业单位体制改革的影响，学生越来越具有教育消费者身份，教师则从"事业单位工作人员"变为承担特定公务的"学校雇员"，学校与师生之间的法律关系正从命令服从式的管制关系走向意思相对自治的契约关系。另外，随着学生与父母选择意识的增强，受教育的自由权属性不断凸显，正从福利国家背景下被动接受的"社会权"向更加尊重教育选择的"自由权"转变，③ 尤其是择校、就近入学、在家上学等教育选择纠纷不断涌现更是凸显了现有法律规定与父母教育选择之间的冲突。因此，面对日益成熟的社会主义市场经济以及在此背景下成长起来的学生父母，简单忽视甚至压抑教育选择显然是不明智的。

---

① 参见刘晓静、戴建兵《从破到立：国家—单位保障向国家—社会保障——中国计划经济转型时期社会保障改革政策评析》，《河北学刊》2018 年第 5 期。

② 参见高明华《计划经济制度下的政府：权力超越权利》，《经济评论》2000 年第 5 期。

③ 参见秦惠民、申素平等《教育法治的问题及建设研究报告》，中国人民大学教育学院课题组，2016。

如何建立与社会主义市场经济要求相适应的教育法律体系是摆在立法者面前的艰巨任务。

二 主要矛盾：从"日益增长的上学需求与教育资源紧缺的矛盾"到"日益增长的接受优质教育的需求与教育发展不均衡不充分的矛盾"

20世纪八九十年代，社会主要矛盾是"人民日益增长的物质文化需要同落后社会生产之间的矛盾"，[1] 具体到教育领域就是"人民群众日益增长的上学需求与教育资源紧缺的矛盾"，此时教育立法的中心任务就是保障教育投入，使受教育者"有学可上"。为此，国家一方面通过制定《教育法》《义务教育法》《教师法》《高等教育法》等法律明确各级政府的举办职责与投入责任，另一方面则通过出台《民办教育促进法》鼓励社会资本参与教育，缓解公办教育经费不足的难题。显然，这些法律的制定和实施使教育投入得到保障、学生入学机会得以增加、教育优先发展战略落到实处。

但进入新时代以来，我国社会主要矛盾已经转化为人民日益增长的美好生活需要与不平衡不充分发展之间的矛盾，而教育主要矛盾则转变为人民日益增长的接受优质教育的需求与教育发展不均衡不充分之间的矛盾。一方面，"有学上"问题基本解决之后，"上好学"开始成为社会关切，人民群众对优质教育的需求日趋强烈；另一方面，历经改革开放40年的努力，我国教育虽有显著进步，但相较人民群众对优质教育的旺盛需求，其发展水平仍然有限，优质资源分布不均，区域、城乡与校际差异依然存在，教育发展不充分不均衡问题日益凸显。如何缩小差距、促进公平仍是教育法律面临的棘手任务。因此，教育法律应回应教育主要矛盾变化，为构建更为优质、更加公平的教育体系提供法律支撑与制度保障。

三 法治进程：从"恢复法制"走向"依法治国"

"文化大革命"的十年动荡致使中国千疮百孔，社会秩序遭到极大破坏。噩梦醒来，社会痛定思痛，恢复法制成为时代呼声，尘封已久的"法

---

① 赵中源：《新时代社会主要矛盾的本质属性与形态特征》，《政治学研究》2018年第2期。

律之门"重新开启。十一届三中全会以后，我国法制建设逐步驶入"快车道"，教育领域也借此东风建章立制，相继创制 8 部法律，使"无法可依"成为历史。然而，因尚未厘清法制与法治的联系与区别，教育法制建设仅注重在静态层面创制规则，却忽视了教育法律的实施适用，导致教育法律原则有余、精细不足，操作性差、规范力弱。虽然教育法律也赋予教育主体相应权利，却未提供周全有效的救济途径，再加上社会法治观念不彰，很多权利沦为"纸面权利"。当然，那时面对不法侵害，教育主体大多选择"沉默"，因此这些原则规定当时并未成为突出问题。

随着"依法治国，建设社会主义法治国家"正式写进宪法，特别是十八届四中全会提出建设"法治中国"以来，中国加速进入全面依法治国的新时期，公民的法治观念与权利意识有了明显改观。当受教育权等合法权益受到侵犯时，教育主体不再沉默而是选择依法维权，甚至不惜为 1 元钱而对簿公堂。当然，在"走向权利的时代"，司法发挥了重要作用。尽管教育法律未明确规定受教育权遭受侵害时公民是否可以寻求司法救济，但通过司法能动的努力，部分教育权益纠纷已被纳入司法救济范畴。当前，法律规定的原则性与权利保障的急迫性、立法先行与司法能动的张力依然存在，需要教育法律因应法治进程进行修改完善。此外，随着公民权利意识的觉醒，有关在家上学权、教育选择权等新型权利的纠纷不断见诸报端，立法者应当对这些法律未规定而实际应享有的伦理权利予以关注和回应。

四　行政理念：从"简政放权"走向"依法行政"

20 世纪 80 年代中期以前，我国行政体制呈现"政府包办、中央集权"的特征，政府在社会管理中享有绝对权力。具体到教育领域，就是政府过度管控教育，过多干涉微观教育活动，学校缺乏办学活力，甚至部属高校修建厕所也要中央部委审批。① 随着改革开放的推进与市场经济的确立，亟须改变"过度统包"状况，实行 简政放权，赋予省级政府教育统筹权与学校办学自主权。1985 年《中共中央关于教育体制改革的决定》指出要"坚决

---

① 参见秦惠民《从渐进放权走向法治——对高教简政放权的趋势解读》，《探索与争鸣》2017年第 8 期。

实行简政放权，扩大学校的办学自主权"，1993 年《中国教育改革和发展纲要》进一步指出"在政府与学校的关系上，要按照政事分开的原则，通过立法，明确高等学校的权利和义务，使高等学校真正成为面向社会自主办学的法人实体"。在此背景下，《教育法》《高等教育法》等法律对简政放权的改革成果进行了确认，其中《高等教育法》第三十二条至第三十八条分别赋予了高等学校自主招生、自主设置和调整学科专业、自主组织实施教育教学活动、自主开展科学研究与社会服务、自主开展科学技术文化交流与合作、自主确定内部机构的设置与人员配备、自主管理和使用财产与资助等权利，进一步落实和扩大了高等学校的办学自主权。

党的十八大尤其是十八届四中全会以来，建设法治政府成为国家战略，依法行政不断推进，"刀刃向内"的革命加速到来。2015 年中共中央、国务院印发《法治政府建设实施纲要（2015—2020 年）》，强调加强对行政权力的制约监督，把权力关进制度的笼子，全面提高依法行政能力。2016 年教育部印发《依法治教实施纲要（2016—2020 年）》，指出要"形成政府依法行政、学校依法办学、教师依法执教、社会依法评价、支持和监督教育发展的教育法治实施机制和监督体系"。显然，人们日益认识到法治社会不仅应借助法律来管理民众，更当通过法律来约束权力。因此，如何回应依法行政要求，将包括政府权力在内的各项公权力全面纳入法治轨道，促使教育法从"管理法"向"控权法"转变是教育立法亟须解决的时代命题。

五 社会转型：从"农业社会"走向"信息社会"

1980 年制定《学位条例》时，中国整体城镇化率仅为 17.92%，部分西部地区的城镇化率甚至低于 10%，绝大多数地区仍处于传统农业社会。到 2002 年制定《民办教育促进法》时，中国整体城镇化率也仅为 39.09%，这意味着超过 60% 的公民仍生活在自给自足的农业社会。① 农业社会最大的问题是生产力低下、资源匮乏以及由此引发的观念落后，我国教育法律正是在此背景下创制的。当时教育领域最突出的问题是教育资源匮乏与忽视教

---

① 佚名：《1949 年~2017 年，中国人口 5.4 亿~13.9 亿，城镇化率 10.64%~58.52%》，百家号，https://baijiahao.baidu.com/s? id = 1592514726052894807&wfr = spider&for = pc，最后访问日期：2018 年 8 月 30 日。

育作用，因此彼时立法重在解决上述问题。一方面，为解决教育资源尤其是公办教育经费短缺问题，国家通过制定《教育法》《民办教育促进法》等法律明确规范各级政府财政投入责任，引导社会资本参与教育，构建多渠道经费筹措机制；另一方面，为解决地方政府不太注重发展教育的问题，国家将"教育事业优先发展"写进法律，要求各级政府落实"三个优先"规定。此外，为解决家长忽视教育的问题，国家专门制定了《义务教育法》，要求父母无条件送适龄儿童入学完成九年义务教育。显然，这些法律规定抓住了教育发展的"命脉"，推动了教育改革，保障了人民群众受教育权利。

进入新时代，教育外部环境变化显著，新矛盾、新问题、新纠纷不断涌现，法律回应信息社会的能力日益捉襟见肘。新时代教育体系类型多样、形态复杂，网络教育、营利教育、跨境教育大量出现，存在诸多安全隐患与违规办学问题，亟待立法进行规范。另外，随着"互联网+教育"时代的到来，各种线上培训风起云涌，如何确定线上培训的法律地位、规范引导线上培训行为、保障学生家长合法权益成为亟待解决的问题，等等。显然，制定于农业社会的教育法律已难以回应有偿网络授课的法律性质，也难以应对"互联网+教育"带来的模式创新与治理难题，还无法规范跨越国境的教育行为。[1] 由此可见，随着社会转型加剧，教育领域再度出现"无法可依"的窘境，亟待教育法律作出回应。

六　维权意识：从"极端厌诉"走向"依法维权"

20世纪90年代以前，中国绝大多数地区仍处于传统农业社会，大家生活在彼此熟知且紧密联系的"乡土社会"，各种血亲、姻亲与邻里关系把人们牢牢限定在"熟人网络"之中，公民"厌诉"情绪极其浓厚，一般不愿将纠纷诉诸政府尤其是法院裁决。因为将纠纷诉诸政府和法院意味着"熟人"之间"撕破脸皮"，即便胜诉也会影响人际评价，谁都不想被贴上"逞勇好斗"的标签进而被疏远和隔离。这种自古流传的"厌诉"情绪深深影

---

[1] 参见申素平、段斌斌、贾楠《新时代我国教育法治建设面临的问题与对策》，《复旦教育论坛》2018年第1期。

响着教育领域，导致师生与学校发生纠纷时大多选择沉默，不愿与学校撕破脸皮乃至对簿公堂，因此 21 世纪以前教育纠纷不仅总量少而且类型寡，主要是学生伤害事故等民事纠纷。正因如此，《教育法》《高等教育法》等法律创制时并未着重规范纠纷解决方式，《教师法》甚至未赋予教师提起诉讼的权利。

随着依法治国全面推进，公众维权意识日渐高涨，越来越多的人选择以诉讼方式解决纷争。教育诉讼也不再被视作稀罕事，而跟其他诉讼一样成为常态。[①] 进入 21 世纪以来，教育纠纷愈发呈现"井喷"之势，校生纠纷逐渐被法院受理，高等学校"无诉"成为历史，高教行政诉讼正成为教育诉讼的新类型。统计数据显示，2018 年仅教育部处理的行政复议申请就高达 124 件，办结行政诉讼案件 90 件。[②] 从纠纷性质看，现有纠纷囊括民事、行政、刑事、执行各个领域，以民事、行政纠纷居多；从纠纷主体看，涉及政府、学校、教师、学生、监护人、培训机构及其他社会组织与个人等；从纠纷类型看，学生伤害事故、教育培训纠纷、教师劳动人事争议、教育行政机关不作为、高校信息公开、学生管理纠纷成为纠纷主要类型。因此，教育法律如何回应依法维权进程、重构周全有效的救济途径也亟须思索和破解。

第三节　社会发展与法治进程呼唤
教育法律进行战略调整

相较 20 世纪八九十年代，我国目前的经济体制、主要矛盾、社会阶段、法治进程、行政理念与维权意识都发生了翻天覆地的变化，需要教育法律根据社会发展与法治进程进行战略调整。否则，教育法律就难以跟上时代步伐、解决现实问题、回应社会关切，也难以发挥法律的各项功能。

[①] 参见申素平、周航、郝盼盼《改革开放 40 年我国教育法治建设的回顾与展望》，《教育研究》2018 年第 8 期。

[②] 《教育部关于 2018 年法治政府建设年度工作情况的报告》（2019 年 2 月 5 日），中华人民共和国教育部，http：//192.168.73.130/m.sohu.com/a/305943297_243614，最后访问日期：2019 年 10 月 3 日。

一　建设完善市场经济呼唤教育法律尊重选择

长期以来，由于受到计划经济体制的影响，我国教育法律具有典型的"管理法"特征，强调管控思维，凸显权力逻辑。受此支配，教育法律按管理逻辑创制，强调管理需要，忽略社会参与，轻视选择权利，"一刀切"倾向较为明显。但是，市场经济强调个性发展、自由选择与权利本位，认为教育工作的出发点和落脚点是实现人的全面发展，因此市场经济呼唤认真对待教育选择与充分尊重个性发展的教育法律。[①] 正因如此，修订后的《民办教育促进法》放弃"合理回报"规定转而赋予举办者选择权，让其自主选择登记为"营利性"或"非营利性"民办学校，并据此进行"分类管理"和实施"差别化"扶持措施。

另外，市场经济条件下的教育管理相较一般行政管理具有一定特殊性，集中表现为学校需要自主办学权利。这就要求教育管理者保持审慎、节制和谦抑，不可过多过度干预教育活动，特别要减少对专业领域、学术事项与微观活动的干预，但这些内容在现有法律中未得到充分体现。[②] 虽然《教育法》第二十九条与《高等教育法》第三十二条至第三十八条以列举方式规定学校享有自主办学权利，但未进一步规定保障自主办学的法律措施以及政府违法干预的救济机制，使得自主办学权在实践中难以完全落实，过度干预乃至违法干涉时有发生，亟须法律予以救济和保障。面对急剧转型与高度选择的社会，教育法律不仅要尊重学生家长的教育选择，更要保障学校的自主办学权，使其办出特色、办出水平。因此，建设完善的市场经济呼唤立法者重新考量教育法律的价值取向，肯定选择权利，尊重自主办学，保障合法权益，吸纳合理诉求。

二　发展的不均衡呼唤教育法律有效促进公平

教育公平是社会公平的基础，教育公平的关键在于机会公平。基于

[①] 参见申素平、段斌斌、贾楠《新时代我国教育法治建设面临的问题与对策》，《复旦教育论坛》2018 年第 1 期。

[②] 参见秦惠民、申素平等《教育法治的问题及建设研究报告》，中国人民大学教育学院课题组，2016。

此，《教育法》第九条、《义务教育法》第四条、《高等教育法》第九条等法律条款明确规定公民依法享有平等受教育机会以及依法不受歧视的权利。这些规定对于保障公民依法享有平等受教育机会，避免因民族、性别、财产与身体状况等因素受到歧视对待，实现"入学机会面前人人平等"发挥了重要作用，是巨大的历史进步。但这些规定保障的是入学机会的形式公平而非实质公平，由于我国经济发展与教育水平仍存在显著的地域差异和城乡差异，仅对弱势群体进行平等对待仍难以扭转其不利处境，有时甚至会使这种差距长期存在乃至不断扩大。因此，从法律上平等对待弱势群体虽能保障受教育机会的形式平等，却难以实现实质公平。唯有采取补偿或救助措施方能使弱势群体摆脱不利处境，阻断贫困代际传递，真正实现教育公平。

如果说我国教育法律初创之时重在保障受教育机会的形式公平，那么进入新时代如何实现受教育机会的实质公平则是教育法律需要重点考虑的议题。正因如此，《教育规划纲要》强调资源配置应向农村、边远贫困及民族地区倾斜，扶持困难群体，加快缩小教育差距。为贯彻《教育规划纲要》精神，重点高校相继出台了面向农村和贫困地区的专项招生计划。这些措施虽增加了农村和贫困地区学生获得优质高等教育资源的机会，但也面临着极大争议和法律风险。面向弱势群体实施的专项招生计划是否构成对其他群体尤其是优势群体的"逆向歧视"，以及政策执行中衍生的"奶油层"① 与"高考移民"问题一直是争议的焦点。因此，教育法律既应为专项招生计划提供合法依据，也要完善制度设计防范潜在风险。当然，实质公平的实现最终取决于教育资源的合理配置。因此，从法律层面保障有利于合理配置教育资源的机制，引导各级政府履行教育投入职责，惩处和纠正不履行教育投入职责的行为也是教育法律的重要使命。

---

① 有学者研究发现，在专项招生计划实施过程中，能够被重点大学录取的群体大多是农村和贫困地区优势阶层（如公务员、教师、企业管理者等）的孩子，而真正贫困家庭的孩子则少有人从中受益。因此，有学者将这些优势阶层称为"奶油层"，以形象地说明优势阶层对专项招生计划录取名额的挤占。

三　走向权利时代呼唤教育法律加强私权保障

权利保障水平是衡量法律良善程度的重要标志，但制定于 20 世纪八九十年代的教育法律大多秉持工具主义立法理念，强调行政威权与管理秩序，不太注重权利保护与法律救济。有学者指出，教育法律规范中"以管理为主要内容的立法占 90% 以上，体现出浓厚的对管理、秩序的偏好，对自由、权利的疏离"。[①] 一方面，教育法律对管理职权及管控方式进行了淋漓尽致的列举，但规定其程序义务与法律责任的条款凤毛麟角；另一方面，教育法律虽不乏宣示教育主体权利的条款，但真正明确法律保障的条款少之又少，且大多数权利条款操作性差，欠缺正当程序保障，缺乏周全救济途径，致使很多规定流于形式。随着依法治国的全面推进，"走向权利的时代"悄然来临，如何制定与"权利时代"相适应的教育法律已迫在眉睫、刻不容缓。

为此，应摒弃工具主义立法理念，重拾教育法律的公共性价值，加大教育法律对教育主体尤其是弱势群体的权益保障力度。具体来说，一是对于人民群众合理正当的教育诉求适时进行权利宣告（如父母教育选择权、在家上学权等），使其从"伦理权利"升格为"法定权利"，确保今天所赋予的权利不会在明天被剥夺掉。[②] 二是增强权利规定的操作性，明确权利行使的主体、范围、程序、边界及救济途径，让"有权利必有救济"成为教育法治常态，促使"法定权利"能够转换为"实有权利"。当然，保障权利的另一方面是约束公权。保障教育主体的合法权益势必要对公权力施加必要的约束和限制。为此，应明确权力边界、施加程序约束、严格法律责任，规避权力的任性与恣意妄为，为权利享有和行使创造良好的制度条件。

四　依法行政理念呼唤教育法律有效约束公权

法律本质上是对专断权力的一种限制。[③] 就此而言，教育法律不仅要约

---

① 参见余雅风《教育立法必须回归教育的公共性》，《北京师范大学学报》（社会科学版）2012 年第 5 期。

② 参见〔美〕E. 博登海默《法理学：法律哲学与法律方法》，邓正来译，中国政法大学出版社，1999，第 293 页。

③ 参见〔美〕E. 博登海默《法理学：法律哲学与法律方法》，邓正来译，中国政法大学出版社，1999，第 233 页。

束学生、教师等私权主体，更要规范政府与学校行使公权力的行为。为此，亟须制定一部规范教育行政权力的教育组织法，明确各级教育行政部门的职责权限，构建科学有效的监督制约体系，防止行政权力过度干预教育活动，引导政府依法行政和学校依法治校。[1]

当然，除制定一部规范教育行政权力的教育组织法外，还要对新一轮的简政放权成果进行法律确认，以便将权力行使纳入法治轨道。当前，教育综合改革正在稳步推进，改革主线是下放中央和地方的教育管理权限。自2013年以来，中央已取消地方对于校外学习中心（点）审批、高等教育自学考试专科专业审批、教育网站网校审批等14项教育行政审批事项。[2]由此可见，无论是"放管服"新政还是"管办评"分离抑或是扩大省级政府教育统筹权等改革措施，均旨在通过简政放权最大限度地减少政府尤其是中央政府对微观活动的干预，扩大学校办学自主权与省级政府教育统筹权，构建尊重教育规律的外部治理体系，实现治理体系和治理能力的现代化。因此，教育法律的创制应以此为契机，通过法律形式巩固权力下放成果，落实"管办评"分离具体要求，推动"放管服"改革进一步走向深入。

五 社会转型加剧呼唤教育法律直面现实问题

问题导向是教育立法的基本原则和方法。[3] 虽然教育法律初创之时也规范了经费投入、管理体制等问题，但整体而言问题导向仍不够突出。法律条文偏重"宏大叙事"，疏于规范热点、难点问题，致使法律的规范作用受到抑制。随着社会转型加剧，新问题、新矛盾、新纠纷不断涌现，更加凸显现有法律回应能力的不足，亟待根据社会发展进行调整变革。社会快速转型呼唤教育法律强化问题导向、直面重大问题，从完善制度、健全规则、规范行为入手，着力破解教育领域热点难点问题，实现从"宏观叙事"向

---

① 参见秦惠民、申素平等《教育法治的问题及建设研究报告》，中国人民大学教育学院课题组，2016。

② 《2013年以来取消的中央指定地方实施的教育行政审批事项清单》，中华人民共和国教育部，http://www.moe.gov.cn/s78/A02/A02_ztzl/ztzl_zxzk/xzzk_sxqd/201702/t20170209_295925.html，最后访问日期：2019年10月11日。

③ 参见王大泉《教育立法研究对教育立法实践的影响分析》，《华东师范大学学报》（教育科学版）2018年第2期。

"微观规范"转变，更好地发挥教育法律对教育生活的调整和规范作用。①

当前，线上培训、教师教育惩戒、学前教育普惠发展、"管办评"分离与"放管服"改革都是教育领域亟待破解的热点、难点问题，也是教育法律创制修改时可以着墨之处。虽然这些领域是否立法取决于政治判断或宏观决策，但决定法律品质的必定是对具体问题的把握和研究。因此，这一方面要求立法者树立问题意识、改进立法方式、加强专题研究，对专业性较强的立法事项也可委托教育智库和研究机构代为起草，以提升教育法律的质量和水平；另一方面则要求教育研究者掌握教育实践中的真问题，加强学理研究，采用适切方法，提出高质量的立法动议与政策建议，为立法部门提供决策参考。

六　维权意识高涨呼唤教育法律有效解决纠纷

法律的制定本是为了解决纠纷，因此纠纷解决程度是衡量立法质量的重要标尺。但是，现有教育法律规定解纷途径的条款却仅有两条，即《教师法》第三十九条与《教育法》第四十三条。其中，教师对侵犯其合法权益的行为仅可申诉，却无权起诉；受教育者虽有诉讼权利，但诉讼标的是侵犯人身权、财产权等合法权益的行为，而受教育权是否可诉则未言明。②随着公众维权意识日渐高涨，新纠纷与新诉求层出不穷，不断考验现有纠纷解决方式的有效性，部分纠纷已难以通过法定方式得到解决。尽管通过司法解释及法院努力，教师因辞职、被辞退及履行聘用合同等发生的争议被纳入受案范围，涉及受教育者的开除学籍、退学处理、招生录取、学位授予与撤销纠纷也开始接受司法审查，但教育案件狭窄的受案范围仍难以满足教育诉讼的旺盛需要。当然，教育纠纷的特殊性、专业性和复杂性决定了不是所有纠纷都适宜接受司法审查，涉及专业判断和学术自治的事项就应诉诸调解、仲裁与专业裁量等方式加以解决。司法对此要保持尊让、谦抑与节制，防止司法过度审查学术和过多干预教育活动，避免越俎代庖

---

① 参见王大泉《新时代教育立法理念与任务的变化》，《中国高教研究》2019 年第 3 期。
② 参见段斌斌《走向教育生活还是与教育生活脱节：我国教育法律司法适用的现状考察》，《高等教育研究》2019 年第 3 期。

进行专业判断和学术评价。[①]

基于此，应充分发挥非诉机制的重要作用，建立尊重教育规律的多元解纷机制。应厘清诉讼与其他解纷方式的衔接关系，科学设置诉讼前置程序，让诉讼成为重大权益纠纷的最后解决渠道。具体而言，一是建立健全教育纠纷调解制度，从国家层面出台《教育调解办法》，指导基层依法调解，减少纠纷解决的对抗性，让其成为纠纷解决的第一渠道；二是健全教育申诉制度，制定《学生申诉办法》与《教师申诉办法》，明确申诉主体、对象、范围、时限、程序与救济等重要事项，指导各级各类学校依法开展申诉工作，让申诉成为教育诉讼的前置程序，提升申诉制度的公正性和有效性，争取将部分纠纷化解在申诉阶段；三是完善教育行政复议制度，健全复议案件"台账"机制，规范教育行政复议办案流程，改变书面审查传统，厘清申诉与复议的衔接关系，将不导致师生在学（编）身份丧失的纠纷纳入行政复议终局解决机制；四是明确教育诉讼受案范围与立案标准，引导和分流教育诉讼需求，秉持合法性审查与程序审查原则，尊重自主办学权利，谨慎介入学术纠纷；五是在招生、职务评聘、专业评价、学术不端行为认定等领域，探索专业裁量或仲裁机制，提升纠纷解决的专业性和公信力，扭转过度依赖司法解决的不良倾向。[②]

第四节　本章小结

立法是司法的前提，而社会则是立法的基础。法律要回应社会发展与法治进程的需要，而非要求社会回应法律，希冀借助国家强制力创制人为的法律秩序。[③] 目前，我国教育法律回应社会发展的能力日益弱化，亟待教育法律进行战略调整，以回应社会发展与法治进程的需要。加快完善市场

[①]　参见秦惠民、申素平等《教育法治的问题及建设研究报告》，中国人民大学教育学院课题组，2016。

[②]　《依法治教实施纲要（2016－2020年）》，中华人民共和国教育部，http://www.ndrc.gov.cn/fzgggz/fzgh/ghwb/gjjgh/201706/t20170615_850957.html，最后访问日期：2019年11月2日。

[③]　参见苏力《二十世纪中国的现代化和法治》，《法学研究》1998年第1期。

经济要求教育法律尊重选择，发展不均衡的矛盾呼唤教育法律促进公平，走向权利的时代呼唤教育法律加大权利保障力度，依法行政理念要求有效约束公权，社会转型加剧呼唤法律直面问题，维权意识高涨要求法律有效解决纠纷。因此，新时代呼唤尊重选择、促进公平、保障权利、约束公权、直面问题、解决纠纷的教育法律。为此，教育立法应把上述 6 个方面作为基本理念，细化到教育法律条文之中，为加快推进教育现代化、建设教育强国、办好人民满意的教育提供法律支撑与行为指引，也为司法实践提供更为适切的教育法律。

第三章 我国教育法律司法适用的
现状考察

> "只要法律具有可诉性，那么，司法便是任何法律运行的必备要素和任何法律纠纷判断的最权威象征。"[1]

——谢晖

第一节 问题的提出

如前文所述，历经 40 载的努力，中国特色社会主义教育法律体系基本成型，为教育法治与司法适用提供了法制基础，而司法适用在推动法律实施、保障私权、规范公权、化解纠纷、完善法律等方面具有重要作用。既然具有如此重要的法治价值，那么我国教育法律司法适用的状况究竟如何呢？虽然已有学者指出我国教育法律司法适用的状况堪忧，[2] 但这些认识大多基于经验观察，而非严谨研究。除笼统指出适用状况较差外，并不能翔实揭示教育法律司法适用的诸多细节，也无法回答哪些条款适用性强、哪些条款适用性弱、哪些条款又完全欠缺适用性等一系列问题。当然，这些问题无法通过实践观察就能予以回答，需要基于翔实数据，方能得出精确结论。但从操作层面来说，要考察教育法律司法适用的状况却面临诸多困

---

[1] 谢晖：《独立的司法与可诉的法》，《法律科学》1999 年第 1 期。
[2] 参见劳凯声《改革开放 30 年的教育法制建设》，《教育研究》2008 年第 11 期。

局，不仅要尽可能网罗所有援引教育法律的诉讼案件，而且对这些案件的整理和分析本身又是一项浩大的工程，这也许是相关研究至今仍付之阙如的重要原因。值得庆幸的是，随着裁判文书公开制度的推进和"中国裁判文书网"等司法数据库的发展，为直接以司法实践中形成的裁判文书为对象的实证研究，提供了便利的技术条件。[①] 有鉴于此，本章拟将"中国裁判文书网"作为案件来源的检索工具，通过严谨设计客观揭示教育法律司法适用的现实状况，从而为影响因素的探讨提供依据和素材。

第二节　研究设计

本章的基本思路是从援引教育法律的诉讼案件入手考察教育法律司法适用的整体面貌与实然图景。为此，需要进一步明确检索工具、检索样本案例、拟定分析维度、明确数据统计原则。

一　检索工具的选取

从逻辑上说，要揭示教育法律司法适用的整体图景和实然状况，首先需要寻找援引教育法律的诉讼案件，而要寻找符合条件的案件，则须选择适切的检索工具，如此方能事半功倍。尽管目前司法案例库琳琅满目（如北大法宝、北大法意、中国裁判文书网等），但只有"中国裁判文书网"才支持"法律依据"的检索，这意味着只要在"法律依据"检索栏中分别输入 8 部教育法律的名称，那么，该案例库中所有适用教育法律的诉讼案件都会自动"浮出水面"，省去逐一研读裁判文书带来的烦琐与不便，极大地提高了检索效率。另外，"中国裁判文书网"作为最高人民法院负责运营的全球最大裁判文书网，其案件来源的权威性与全面性不言而喻。

二　样本案例的取得

检索工具选定后，接下来在"中国裁判文书网"打开"高级检索"栏，

---

① 参见冯健鹏《我国司法判决中的宪法援引及其功能——基于已公开判决文书的实证研究》，《法学研究》2017 年第 3 期。

选择"法律依据"检索项,"裁判日期"的起止时间从"1980 年 1 月 1 日"至"2018 年 2 月 27 日","法院层级"与"文书类型"均选择"全部",然后在"法律依据"栏分别输入 8 部教育法律的名称,即《学位条例》《义务教育法》《教师法》《教育法》《高等教育法》《职业教育法》《国家通用语言文字法》《民办教育促进法》进行检索,得到检索结果分别为:25 条、84 条、165 条、182 条、55 条、7 条、14 条与 624 条。剔除重复案件并合并同一案件的不同审级,得到 808 起援引教育法律的诉讼案件,即本书的样本案例。需要指出的是,由于"中国裁判文书网"直到 2013 年才开始运营,且此前案例未悉数收录入库,因而司法实践中实际援引教育法律的诉讼案件应当超过本书的样本案例。马超等学者基于大数据的分析也认为,当前"中国裁判文书网"所公布文书约占全国司法裁判文书总量的一半。① 尽管如此,相较其他司法案例库的检索结果,本书样本案例仍具有足够代表性和权威性。

三 分析维度的拟定

作为中国特色社会主义法律体系的一部分,教育法律的司法适用状况究竟如何,显然需要置于中国法律序列中进行讨论。虽然教育法作为独立法律部门的"身份"尚存争议,但为了研究便利,我们暂且视教育法为独立部门法,并将其与民商法、刑法、行政法、社会法、经济法、宪法及宪法相关法、诉讼及非诉讼程序法的司法适用状况进行横向比较,以期从宏观角度揭示教育法律适用的整体图景与适用位次。当然,为深入考察教育法律司法适用的状况,仍需要从微观层面深入分析援引教育法律的 808 起诉讼案件。鉴于每部法律、每个条款、案件类型与援引情形均存在适用差异,因而拟从适用法律、适用条款、适用主体、适用性质等维度进一步探讨教育法律的适用状况。如果说与其他部门法的比较旨在描绘教育法在中国法律序列中的适用态势,那么基于 808 起诉讼案件的分析则意在揭示 8 部教育法律的内部适用差异。

---

① 参见马超、于晓虹、何海波《大数据分析:中国司法裁判文书上网公开报告》,《中国法律评论》2016 年第 4 期。

四　数据统计的说明

本章的数据统计主要遵循以下 4 个原则。

第一，诉讼案件的整理"只进一扇门"。具体而言，虽然某些诉讼案件同时援引了两部或两部以上的教育法律，但在统计时仅以其援引的主要法律为依据，将其归入适用某法的案件。如"高某某与陕西国际商贸学院行政管理纠纷案"① 同时援引《学位条例》与《高等教育法》等法律规范，但该案对《高等教育法》的援引只起辅助说理的作用，而《学位条例》才是裁判的主要依据，因此我们将其归入援引《学位条例》的诉讼案件，这样既突出了援引案件适用的主要法律，也避免了数据统计的重复。

第二，对共同诉讼案件进行累加统计。在援引教育法律的 808 起诉讼案件中，有多起共同诉讼案件。所谓共同诉讼案件是指当事人一方或者双方为两人以上，因同一行为或者法院认为可以合并审理的诉讼案件。虽然共同诉讼案件的诉讼标的及援引规范基本相同，这是对类案进行合并审理的前提条件，但裁判文书系分别给出，因此对这类案件主要依据裁判文书进行累加计算，而不是作为一起案件进行统计。

第三，以条为单位统计法律规范的适用。在法律规范的援引上，虽有裁判文书具体到"款"或"项"，但绝大多数案件只列明了"条"。为了使统计标准一致并便于后续比较，我们在统计法律规范的适用时通常以"条"为单位。另外，某些裁判文书只援引了法律名称却未列明具体条款，对于这类援引，只能统计到法律名称，无法具体到条款。

第四，根据援引主体或阶段的不同分类统计援引频次。裁判文书对教育法律规范的援引和适用，主要发生在 4 个阶段或部分：一是诉讼原告援引教育法律主张权利；二是诉讼被告援引教育法律进行答辩；三是法院援引教育法律进行说理；四是法院援引教育法律进行裁判。基于此，在统计法律规范的援引频次时，分别依据原告援引、被告援引、文书说理援引和裁判依据援引进行分类统计，以揭示当事人与法院、原告与被告、文书说理

---

① 高某某与陕西国际商贸学院行政管理纠纷案，陕西省咸阳市中级人民法院二审行政判决书，（2015）咸中行终字第 00016 号。

与裁判依据之间的援引差异。当然，当援引的法律条款需要作为一个整体呈现时，则以裁判文书援引为统计单位，不区分具体阶段和援引主体。

第三节　样本概述：808件援引案件的分布特征

一　审判程序：一、二审案件分别占66.21%与30.82%

表3-1是808件援引案件的审判程序类型分布。从表3-1可知，在援引教育法律的808件诉讼案件中，一审案件535件，二审案件249件，再审案件19件，非诉执行案件5件，一审、二审、再审与非诉执行案件分别占案件总数66.21%、30.82%、2.35%与0.62%。由此可见，97.03%的诉讼案件均发生在一审和二审程序，这与我国二审终审体制有很大关系。除非启动再审程序，否则未上诉的一审裁判和发生效力的二审裁判即为终审判决。另外，有5起非诉执行案件援引了《义务教育法》《教育法》《民办教育促进法》的相关规定。在"李某某与吴川市振文镇低垌小学建设工程施工合同执行纠纷案"中，执行异议人低垌小学援引《义务教育法》第四十九条规定，意在证明法院冻结义务教育公用经费、教师绩效工资、贫困生生活补助等经费的做法违反《义务教育法》;[①] 在"大方县教育局非诉执行审查案"中，法院通过适用《教育法》第二十七条等规范，论证了大方县教育局对被执行人申兰作出的行政处罚决定合法，从而准予强制执行;[②] 在"苏州市吴中区教育局非诉执行申请财产保全案"等案件中，法院通过援引《教育法》第二十七条与《民办教育促进法》第十一条等规定，论证了苏州市吴中区教育局对被申请人未经批准而非法办学的行为进行行政处罚的合法性，从而准予强制执行。[③]

---

① 李某某与吴川市振文镇低垌小学建设工程施工合同执行纠纷案，广东省吴川市人民法院执行裁定书，（2015）湛吴法执异字第8号。

② 大方县教育局非诉执行审查案，贵州省大方县人民法院一审行政裁定书，（2016）黔0521行审34号。

③ 苏州市吴中区教育局非诉执行审查案，苏州市吴中区人民法院行政裁定书，（2014）吴非诉行审字第0008号。

表 3-1 808 件援引案件的审判程序类型分布

单位：件

教育法律名称	审判程序类型				合计
	一审案件	二审案件	再审案件	非诉执行案件	
《学位条例》	7	10	2	0	19
《义务教育法》	48	4	0	2	54
《教师法》	64	54	2	0	120
《教育法》	83	46	3	2	134
《高等教育法》	22	18	4	0	44
《国家通用语言文字法》	3	1	0	0	4
《职业教育法》	4	3	0	0	7
《民办教育促进法》	304	113	8	1	426
合计	535	249	19	5	808

资料来源：本表系笔者根据援引教育法律的 808 件诉讼案件整理得来。本书中的图表，如无特别说明，都是依据援引教育法律的 808 件诉讼案件整理得来。

需要注意的是，虽然从整体上看援引教育法律的一审案件是二审案件的 2.15 倍，但适用《学位条例》的案件系例外。从表 3-1 可知，援引《学位条例》的一审案件（7 件）就少于援引《学位条例》的二审案件（10 件）。从形式上看，这说明援引《学位条例》的案件相较其他案件更有可能进入二审乃至再审程序。但从实质上看，这反映了学位纠纷的争议性与复杂性。既涉及学位授予单位的学术自由与自主办学，也事关学生的切身利益，不管法院作出什么裁判都难令双方满意。当一审判决于己不利时，无论是原告还是被告均倾向于上诉，从而导致学位纠纷更多进入二审程序。正因如此，即便二审终审，如裁判结果于己不利，纠纷当事人尤其是学生也想方设法谋求再审，这就解释了为什么援引《学位条例》案件的再审比例（10.53%）远高于其他案件的再审比例（2.15%）。此外，援引《教师法》《高等教育法》《职业教育法》的一审案件与二审案件基本持平，反映了上述纠纷也具有较高的上诉率。

二　法院层级：64.60%的援引案件由初级法院审理

表 3-2 是 808 件援引案件的裁判法院层级分布表，其中初级人民法院裁

判的援引案件 525 件，中级人民法院裁判的援引案件 269 件，高级人民法院裁判的援引案件 14 件，最高人民法院则未裁判援引案件。也就是说，这 808 件援引案件中，64.98% 由初级人民法院审理，33.29% 由中级人民法院审理，1.73% 由高级人民法院审理。这与我国实行"二审终审"与"四级两审"制度息息相关。按照法院的管辖，绝大多数教育案件均由初级人民法院进行一审，如果当事双方对一审裁判都无异议或在法定时限内均未上诉，那么一审裁判即为生效裁判；只有当事一方或双方不服一审裁判并在法定期间提起上诉时，相关纠纷才会提交二审法院进行审理（通常情况下，由中级人民法院负责审理二审案件），此时中级人民法院才有援引教育法律进行裁判的机会。当然，即便二审裁判为终审判决，部分不服生效裁判的当事人仍会寻求再审，实践中有少数案件会进入再审程序并由高级人民法院或其指定的下级人民法院进行再审，这就给高级人民法院援引教育法律提供了可能。

表 3-2　808 件援引案件的裁判法院层级分布

单位：件

教育法律名称	法院层级				总计
	初级人民法院	中级人民法院	高级人民法院	最高人民法院	
《学位条例》	7	9	3	0	19
《义务教育法》	48	6	0	0	54
《教师法》	61	59	0	0	120
《教育法》	84	46	4	0	134
《高等教育法》	22	20	2	0	44
《国家通用语言文字法》	3	1	0	0	4
《职业教育法》	4	3	0	0	7
《民办教育促进法》	296	125	5	0	426
总计	525	269	14	0	808

需要注意的是，在高级人民法院裁判的 14 起援引案件中，援引了《学位条例》《教育法》《高等教育法》《民办教育促进法》的相关规定。这 14

起由高级人民法院审理的案件中有 13 起是再审案件，但从裁判结果看绝大多数再审申请均被驳回。在"刘某某与石河子大学不服教育行政行为纠纷案"中，新疆维吾尔自治区高级人民法院认为，石河子大学依据《中华人民共和国学位条例》及《中华人民共和国学位条例暂行实施办法》的授权所制定的《石河子大学学士学位评定实施细则》是合法有效的，且石河子大学授予学位的条件与程序也不违反法律、法规的相关规定，因而驳回了刘某某的再审申请。[①] 同样，在"石某与湖北中医药大学教育行政管理纠纷案"中，湖北省高级人民法院认为，湖北中医药大学对未修满规定学分的学生不予颁发毕业证书、学位证书的行为符合《中华人民共和国高等教育法》《中华人民共和国学位条例》《普通高等学校学生管理规定》的相关规定，不予授予毕业证、学位证的行为并无不当，从而驳回了石某的再审申请。[②] 在 14 起由高级人民法院审理的援引案件中，有 1 起是二审案件，虽然不授予毕业证、学位证纠纷通常由初级人民法院进行一审，只有当事人不服一审判决时才由中级人民法院进行二审，但在"廖某诉华东理工大学不履行授予学士学位法定职责纠纷案"[③] 中，一审法院是抚州市中级人民法院，二审法院则是江西省高级人民法院，但裁判文书并未对此进行解释和说明，其原因和具体考量无从得知。

三 文书类型：判决书是裁定书的 8.73 倍

表 3-3 是 808 件援引案件的裁判文书类型分布。所谓裁判文书，是指"法院在刑事、民事、行政诉讼中，代表国家行使审判权，就案件实体和程序问题依法制作的具有法律效力的诉讼文书"。[④] 从表 3-3 可知，在这 808 份裁判文书中，判决书 725 份，裁定书 83 份，但没有调解书。也就是说，89.73% 的裁判文书是以判决形式作出的，并对当事人之间的实体纠纷进行

---

① 刘某某与石河子大学不服教育行政行为纠纷案，新疆维吾尔自治区高级人民法院生产建设兵团分院再审行政裁定书，（2015）新兵行监字第 00014 号。

② 石某与湖北中医药大学教育行政管理纠纷案，湖北省高级人民法院再审行政裁定书，（2015）鄂行申字第 00048 号。

③ 廖某诉华东理工大学不履行授予学士学位法定职责纠纷案，江西省高级人民法院二审行政判决书，（2015）赣行终字第 16 号。

④ 梁洪霞：《我国法院援引宪法说理的实施问题研究》，《政治与法律》2017 年第 7 期。

了裁判；而另有 10.27% 的裁判文书则是裁定书，意在裁定不予受理、驳回起诉、再审申请与强制执行等。由于判决书的基本作用在于裁判实体纠纷，而裁定书的主要功能则在于处理不予受理或驳回再审申请等程序事项，因此可以推测九成左右的援引案件进行了实体审理，而 7.3% 的援引案件则未进入实体审理阶段（除去 19 起再审案件以及 5 起非诉执行案件）。从具体类型来看，在 725 份判决书中，民事判决书占 598 份，行政判决书占 123 份，刑事判决书占 4 份；而在 83 份裁定书中，有 38 份民事裁定书与 45 份行政裁定书。由此可见，相较教育民事纠纷，教育行政纠纷由于受到行政诉讼受案范围以及行政权与司法权关系的制约，较难进入实体审理阶段。

表 3-3　808 件援引案件的裁判文书类型分布

单位：份

| 教育法律名称 | 裁判文书类型 | | | | | | | | 合计 |
| | 判决书 | | | | 裁定书 | | | | |
	民事	行政	刑事	小计	民事	行政	刑事	小计	
《学位条例》	1	14	0	15	0	4	0	4	19
《义务教育法》	44	3	2	49	3	2	0	5	54
《教师法》	73	19	0	92	10	18	0	28	120
《教育法》	85	35	0	120	6	8	0	14	134
《高等教育法》	22	12	0	34	2	8	0	10	44
《国家通用语言文字法》	4	0	0	4	0	0	0	0	4
《职业教育法》	7	0	0	7	0	0	0	0	7
《民办教育促进法》	362	40	2	404	17	5	0	22	426
合计	598	123	4	725	38	45	0	83	808

　　总的来看，虽然援引教育法律的判决书是裁定书的 8.73 倍，但各法律之间还存在一些差异。如援引《学位条例》《教师法》《高等教育法》的案件中，判决书相较裁定书的比例分别为 3.75 倍、3.29 倍、3.4 倍，而援引《义务教育法》《民办教育促进法》的案件中，判决书相较裁定书的比例则高达 9.8 倍与 18.36 倍。这说明援引《义务教育法》尤其是《民办教育促进法》的案件更易进入实体审理阶段，而援引《学位条例》《高等教育法》特别是《教师法》的案件则较难进入实体审理阶段。其中原因在于，援引

《学位条例》或《高等教育法》的案件，主要是发生在公立高等学校与受教育者之间的学历学位、招生录取与教育行政管理等纠纷，这些纠纷在性质上属于行政纠纷，受到行政诉讼受案范围的拘束较大，被裁定不予受理或驳回起诉的概率也相应提高。援引《教师法》的诉讼案件较难进行实体审查的原因在于该法第39条规定，实践中对于侵犯公立学校教师合法权益的行为，法院通常要求涉事教师向有关部门申诉，而不是向法院起诉。虽然随着《最高人民法院关于人民法院审理事业单位人事争议案件若干问题的规定》（法释〔2003〕13号）等司法解释的出台，法院开始将公立学校及其教师因辞职、辞退及聘用合同发生的纠纷纳入受案范围，但除此之外的人事争议仍被排斥在受案范围外，导致大量学校与教师之间的纠纷以及政府与教师之间的纠纷无法通过司法途径解决，即便当事人提起诉讼也会被裁定不予受理或驳回起诉。

如在"黄某某与巴东县教育局、巴东县民族职业高级中学人事争议案"中，法院认为"原巴东县教育委员会作出的《关于对王某某等七名教师作自动离职处理的决定》（巴教字〔2000〕72号）针对原告作出的自动离职处理决定属于单位内部的人事奖励、惩处行为，不是平等主体间的民事法律关系，不属于民事案件的受案范围"。[1] 即便当事人变换诉讼途径，对于因不满开除、辞退、除名等处分措施而直接提起的行政诉讼，法院也会援引《教师法》第三十九条规定拒绝受理，并要求当事人通过申诉途径解决纠纷。如在"符某某诉海南省琼中黎族苗族自治县教育局、海南省琼中黎族苗族自治县人力资源和社会保障局教育辞退纠纷案"中，法院根据《教师法》第三十九条第二款认为，"原告被被告琼中县教育局辞退，其应当向同级人民政府或者上一级人民政府有关部门提出申诉，而不能向人民法院提起诉讼"。[2] 同样，在"向某某与洪江市教育局人事争议纠纷案"中，法院也认为，上诉人向某某作为一名教师，对洪江市教育局对其作出的开除

---

[1] 黄某某与巴东县教育局、巴东县民族职业高级中学人事争议案，湖北省巴东县人民法院一审民事判决书，（2017）鄂2823民初2427号。

[2] 符某某诉海南省琼中黎族苗族自治县教育局、海南省琼中黎族苗族自治县人力资源和社会保障局教育辞退纠纷案，海南省琼中黎族苗族自治县人民法院一审行政裁定书，（2016）琼9030行初9号。

处理不服，属于人事处分行为，应向相关部门提出申诉，直接提起行政诉讼于法无据。①

四　年裁判数量：以 2015 年为拐点呈"倒 V 形"分布

808 件援引案件的年裁判数量分布，如图 3-1 所示。援引教育法律的诉讼案件最早可追溯至 1998 年，即"田永诉北京科技大学拒绝颁发毕业证、学位证案"，在该案中，北京市海淀区人民法院不仅创造性地解决了公立高等学校作为行政诉讼被告资格的问题，而且还援引了《学位条例》与《教育法》的相关规定作为实体裁判的主要依据。鉴于其开创意义，2014 年经最高人民法院审判委员会讨论通过，该案被收录进最高人民法院指导案件第 38 号，供各级人民法院参照。从图 3-1 可知，2013 年以前援引案件的增速非常缓慢，1998~2011 年每年援引的案件均在个位数徘徊，而 1999~2007 年甚至没有援引教育法律的诉讼案件。当然，需要说明的是，上述数据仅反映了样本案例的分布情况，并不代表司法实践的整体面貌，更不意味着 1999~2007 年全国就没有援引教育法律的诉讼案件。本书呈现的样本案例之所以增长缓慢，主要原因在于当时尚未实行裁判文书公开，导致部分援引案例尚未收录入库。

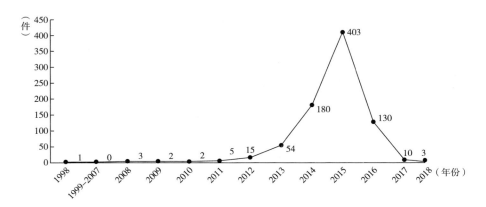

图 3-1　808 件援引案件的年裁判数量分布

---

① 向某某与洪江市教育局人事争议纠纷案，湖南省怀化市中级人民法院二审行政裁定书，（2015）怀中立行终字第 3 号。

2013 年，随着裁判文书公开制度的确立与中国裁判文书网的开通运营，援引案件逐步呈现"井喷"之势，2013～2015 年分别有 54 件、180 件与 403 件案件被收录入库，但 2016～2018 年又急剧"下坠"，2016 年收录的案件降到 130 件，2018 年收录的案件更是降到个位数。这与 2015 年收录较多类案[①]以及裁判文书公开的滞后性有一定关系。实践中，裁判文书并非生效即公开，需要集中进行讨论审查、信息处理并统一公开，这就导致裁判文书的公开存在一定的滞后性，尤其是近一年的生效文书可能还未"上网"。

第四节　研究发现：教育法律司法
适用的五重实践面向

遵循研究设计，分类整理援引教育法律的 808 件诉讼案件，并与适用宪法及宪法相关法、经济法、行政法、民商法、刑法、社会法、诉讼及非诉讼程序法的诉讼案件进行比较分析以及对适用法律、适用条款、适用性质等指标进行统计分析发现，我国教育法律的司法适用呈现如下五重实践面向。

一　整体情况：教育法是司法适用频率最低的部门法

如图 3-2 所示，我国在 1980～2002 年共制定了 168 部法律，其中教育法律 8 部、宪法及宪法相关法律 30 部、经济法律 43 部、行政法律 42 部、社会法律 14 部、民商法律 25 部、诉讼及非诉讼程序法律 5 部、刑事法律 1 部。由此可见，在立法资源高度紧张且各行各业都对立法有旺盛需求的背景下，国家仍投入了相当多的立法资源给教育领域，这说明改革开放以来尤其是 20 世纪 90 年代以来，国家逐步意识到通过法律调整教育、借助制度约束权力的意义，这为中国教育从"革命教育"走向"正规教育"提供了法制保障。与此同时，它也表明教育法律在中国法律版图中的重要性日益凸显，社会对教育法律的需求正逐步增加。

---

① 事实上，据笔者统计，2015 年援引教育法律的共同诉讼案件高达 175 件，但即便减去这 175 件共同诉讼案件，2015 年援引教育法律的诉讼案件仍有 228 件，依然是援引教育法律的诉讼案件最多的年份。

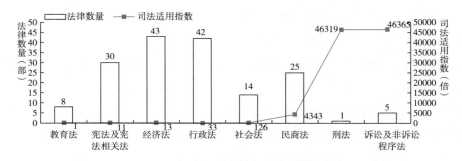

图 3-2   1980～2002 年我国制定的部门法数量及司法适用指数

资料来源：各部门法的数据来源于中国人大网的法律法规数据库，而司法适用指数则是笔者自行计算得来。

但是，教育立法的成就无法掩盖司法适用的疲软。如图 3-2 所示，教育法律的司法适用指数①是宪法及宪法相关法的 1/11、经济法的 1/13、行政法的 1/33、社会法的 1/126、民商法的 1/4343，甚至不到刑法、诉讼及非诉讼程序法的 1/40000。也就是说，当教育法律司法适用 1 次，宪法及宪法相关法、经济法、行政法、社会法、民商法、刑法、诉讼及非诉讼程序法分别适用了 11 次、13 次、33 次、126 次、4343 次、46319 次、46365 次。显然，教育法律的司法适用不仅难以与民商法、刑法、诉讼及非诉程序法相提并论，也远远滞后于社会法、行政法与经济法，甚至与存在司法化争议的宪法及宪法相关法也有一定差距。当然，教育法之所以是司法适用频率最低的部门法，其原因除立法质量欠佳、受案范围狭窄外，还与教育法律较少为公众和法官熟知紧密相关。据李晓燕教授介绍，某校长在一起涉及学校的法律诉讼中援引《教育法》的相关规定为自己辩护，但法官竟然

---

① 司法适用指数是笔者为了便于比较各部门法的适用情况而自行创设的一个概念。它的计算公式为：某部门法的司法适用指数＝该部门法律平均适用案件的数量/教育法律平均适用案件的数量。具体而言，首先计算出每部部门法律平均适用案件的数量（即每部教育法律、宪法及宪法相关法律、经济法律、行政法律、社会法律、民商法律、刑事法律、诉讼及非诉讼程序法律的平均适用案件数分别为 101 件、1065 件、1339 件、3377 件、12769 件、438647 件、4678181 件、4682855 件），然后依据计算公式分别计算各部门法的适用指数（如行政法的适用指数＝行政法律平均适用案件的数量/教育法律平均适用案件的数量＝3377/101＝33）。

不屑地说："教育法是什么法，我不知道。"① 应当说，这一法律适用的"笑话"不是个别现象，这在基层法院尤其普遍。如果作为法律适用者的法官尚且对教育法律如此缺乏认知，那么教育法律司法适用的窘态便不难理解了。

二　纵向比较：教育法律的适用状况略好于教育法规与教育规章

表3-4是808件援引案件援引的法律规范的频次分布。从表3-4可知，808件诉讼案件总计援引法规范8920次。其中，教育法律被援引2196次，占总援引规范的24.62%；教育法规被援引413次，占总援引规范的4.63%；教育规章被引305次，占总援引规范的3.42%；校纪校规被援引173次，占总援引规范1.94%；其他法律②被引4014次，占总援引规范的45.00%；其他法规规章③被引429次，占总援引规范的4.80%；规范性文件被引393次，占总援引规范的4.41%；司法解释被援引997次，占总援引规范的11.18%。由此可见，教育纠纷的解决涉及多方面的规定，不仅在横向层面牵涉其他法律部门及相关司法解释，而且在纵向层面也涉及教育法规、教育规章、校纪校规及教育规范性文件，凸显教育纠纷解决的复杂性与法源的多重性。尽管这808件援引案件是教育纠纷类案件，但在案件审理过程中其他部门法及司法解释对裁判结果起着更为重要的作用，尤其是《劳动法》《劳动合同法》《侵权责任法》《食品安全法》等实体法律更是对裁判结果产生了决定性影响。法律本是为了解决纠纷而存在的，因此能否为纠纷解决提供法律依据是衡量立法质量的重要标尺。从这个意义上说，相较其他部门法律尤其是民事法律，教育法律的立法质量仍有提升空间。

需要注意的是，尽管国家已制定16部教育行政法规与79部教育行政规章，但司法实践中仅援引了其中的5部与14部（具体参见表3-5和表3-6），被援引条款分别只有30条和84条。也就是说，教育行政法规和教

---

① 李晓燕、巫志刚：《教育法规地位再探》，《教育研究》2014年第5期。.
② 本书所称的"其他法律"是指除教育法律以外的其他法律规范。
③ 本书所称的"其他法规规章"则是指除教育法规和教育规章以外的其他法规和其他规章的统称。

育行政规章的整体适用率①为 31.25% 与 17.72%，条款适用率②为 7.46% 和 4.34%。相较教育法律的 100% 适用率与 38.80% 的条款适用率而言，的确有不小差距。这意味着，立法者苦心制定的教育行政法规与教育行政规章在司法实践中多数处于悬置状态。这一发现令人意外，因为教育法规与教育规章作为细化和落实教育法律的配套规定被人们寄予厚望，希冀为行为人提供具体行为指南并为纠纷解决提供规范依据。那么，造成其适用困境的根源何在呢？笔者认为，虽然法规、规章的立法质量并非完美无缺，但相较教育法律而言，其更为具体和可操作，也适宜成为纠纷解决的依据。也许有人会说，在司法裁判中，规章只能参照适用，但参照适用不等于不能适用，只要不与法律法规相抵触，援引进行说理是符合司法规范的。更何况法规在诉讼中具有与法律同等的地位，可以成为案件裁判的依据。就此而言，教育法规与教育规章适用不力的根源，或许源自认知层面，即当事人和法官不知悉相关规定。

表 3-4　808 件援引案件援引的法律规范的频次分布

单位：次

援引分类	法律规范类型								合计
	教育法律	教育法规	教育规章	校纪校规	其他法律	其他法规规章	规范性文件	司法解释	
诉讼原告援引	226	55	47	31	171	85	71	15	701
诉讼被告援引	231	28	76	54	132	30	155	32	738
文书说理援引	1140	195	164	88	632	236	167	215	2837
裁判依据援引	599	135	18	0	3079	78	0	735	4644
援引合计	2196	413	305	173	4014	429	393	997	8920

---

① 本书所称的"教育行政法规的整体适用率"是指教育行政法规的适用部数与教育行政法规总量之间的比例，即教育行政法规的整体适用率=教育行政法规的适用部数/教育行政法规的整体数量×100%＝5/16×100%＝31.25%。同样，教育行政规章与教育法律的整体适用率也可依此计算得出。

② 本书所称的"条款适用率"是指适用条款与总条款之间的比例，如教育法律的条款适用率=教育法律的适用条款/教育法律的总条款×100%＝161/415×100%＝38.80%。依据同样的方法，也可依次计算出教育行政法规和教育行政规章的条款适用率。

从表 3-5 可知，808 件诉讼案件援引了 5 部教育行政法规。其中，《民办教育促进法实施条例》有 19 条被引条款，援引频次达到 322 次；《教师资格条例》有 2 条被引条款，援引频次为 6 次；《关于教师法若干问题的实施意见》有 2 条被引条款，援引频次为 24 次；《学位条例暂行实施办法》有 5 条被引条款，被引频次为 58 次；《社会力量办学条例》有 2 条被引条款，援引频次为 3 次。从表 3-6 可知，808 件诉讼案件援引了 14 部教育行政规章。其中，《学生伤害事故处理办法》有 11 条被引条款，① 被引频次为 45 次；《普通高等学校学生管理规定》有 36 条被引条款，② 被引频次为 169 次；《幼儿园管理条例》有 9 条被引条款，③ 被引频次为 35 次；《国家教育考试违规处理办法》有 3 条被引条款，④ 被引频次为 8 次；《高等学校信息公开办法》有 5 条被引条款，⑤ 被引频次为 6 次；《教育行政处罚暂行实施办法》有 5 条被引条款，⑥ 被引频次为 20 次；《教师资格条例实施办法》有 2 条被引条款，⑦ 被引频次为 5 次；《学校卫生工作条例》有 4 条被引条款，⑧ 被引频次为 5 次。不难发现，《普通高等学校学生管理规定》是司法实践中较常被适用的教育行政规章。

需要指出的是，《学生伤害事故处理办法》的适用状况虽不及《普通高等学校学生管理规定》，但相较其他教育法规与教育规章而言，其适用状况尚可。这一发现颇令人意外，因为学界通说认为在《侵权责任法》第 38~40 条等条款对学生伤害事故作出明确归责的情况下，作为部门规章的《学生伤害事故处理办法》难以在司法实践中发挥应有的规范作用，但本书的实证研究揭示，《学生伤害事故处理办法》不仅被诉讼当事人频繁援引，也被一些法院

---

① 即《学生伤害事故处理办法》第二条、第五条、第八条至第十条、第十二条至第十五条、第二十七条、第三十七条。
② 即《普通高等学校学生管理规定》第三条至第六条、第十一条至第十四条、第十六条、第二十一条、第二十七至第三十一条、第三十三条、第三十五条、第四十五条、第五十二条至第六十九条（此条款均为 2005 版《普通高等学校学生管理规定》的条款内容）。
③ 即《幼儿园管理条例》第四条、第六条至第八条、第十一条、第十二条、第十八条、第二十二条、第二十七条。
④ 即《国家教育考试违规处理办法》第六条、第九条、第十二条。
⑤ 即《高等学校信息公开办法》第二条、第九条、第十条、第二十六条、第二十七条。
⑥ 即《教育行政处罚暂行实施办法》第四条、第五条、第九条、第十条、第十二条。
⑦ 即《教师资格条例实施办法》第十六条、第二十条。
⑧ 即《学校卫生工作条例》第五条、第七条、第十一条、第十二条。

作为说理与裁判的依据。此外，虽然当事人在诉讼中未援引《普通高等学校招生违规行为处理暂行办法》《学校卫生工作条例》《普通高等学校毕业生就业工作暂行规定》《学校艺术教育工作规程》《义务教育法实施细则》《中小学教材编写审定管理暂行办法》，但法院援引这些规章进行了说理。

表 3-5　808 件援引案件援引的教育行政法规及频次

教育行政法规名称	援引分类							
	诉讼原告援引		诉讼被告援引		文书说理援引		裁判依据援引	
	条款（条）	频次（次）	条款（条）	频次（次）	条款（条）	频次（次）	条款（条）	频次（次）
《教师资格条例》	0	0	1[1]	2	2[2]	3	1[3]	1
《关于教师法若干问题的实施意见》	2[4]	5	2[5]	4	2[6]	14	1[7]	1
《民办教育促进法实施条例》	11[8]	43	7[9]	10	16[10]	141	10[11]	128
《学位条例暂行实施办法》	3[12]	7	5[13]	12	6[14]	35	4[15]	4
《社会力量办学条例》	0	0	0	0	2[16]	2	1[17]	1
总计	16	55	15	28	28	195	17	135

注：1. 被告直接援引《教师资格条例》2 次。

2. 文书说理直接援引《教师资格条例》1 次，第二条 2 次。

3. 裁判依据援引《教师资格条例》第十四条 1 次。

4. 原告直接援引《关于教师法若干问题的实施意见》3 次，第八条 2 次。

5. 被告直接援引《关于教师法若干问题的实施意见》3 次，第二条 1 次。

6. 文书说理直接援引《关于教师法若干问题的实施意见》8 次，第八条 6 次。

7. 裁判依据援引《关于教师法若干问题的实施意见》第八条 1 次。

8. 原告直接援引《民办教育促进法实施条例》1 次，第十五条、第十六条、第十八条、第四十四条、第四十九条、第五十条、第五十一条各 1 次，第八条 2 次，第二十八条 16 次，第五条 17 次。

9. 被告直接援引《民办教育促进法实施条例》3 次，第十六条、第二十条、第四十七条、第四十九条、第五十条各 1 次，第五十一条 2 次。

10. 文书说理直接援引《民办教育促进法实施条例》5 次，第五条、第九条、第十五条、第十八条、第二十二条、第四十六条各 1 次，第二十条、第二十四条、第三十七条、第四十四条、第五十条各 2 次，第四条、第五十一条各 3 次，第十六条 5 次，第八条 109 次。

11. 裁判依据援引《民办教育促进法实施条例》第九条、第十六条、第十七条、第二十条、第三十七条、第四十六条各 1 次，第四条、第二十四条各 2 次，第五条 12 次，第八条 106 次。

12. 原告直接援引《学位条例暂行实施办法》4 次，第三条 2 次，第四条 1 次。

13. 被告直接援引《学位条例暂行实施办法》1 次，第三条 1 次，第四条、第五条各 1 次，第二十五条 7 次。

14. 文书说理直接援引《学位条例暂行实施办法》4 次，第十八条 2 次，第五条 3 次，第四条 6 次，第三条 8 次，第二十五条 12 次。

15. 裁判依据援引《学位条例暂行实施办法》第三条、第四条、第五条、第十八条各 1 次。

16. 文书说理援引《社会力量办学条例》第三十六条与第四十七条各 1 次。

17. 裁判依据援引《社会力量办学条例》第三十六条 1 次。

表 3-6　808 件援引案件援引的教育行政规章及频次

教育行政规章名称	援引分类							
	诉讼原告援引		诉讼被告援引		文书说理援引		裁判依据援引	
	条款（条）	频次（次）	条款（条）	频次（次）	条款（条）	频次（次）	条款（条）	频次（次）
《学生伤害事故处理办法》	4	6	8	11	9	22	3	6
《普通高等学校学生管理规定》	9	30	22	46	29	84	9	9
《国家教育考试违规处理办法》	1	2	1	1	3	5	0	0
《幼儿园管理条例》	3	5	7	7	6	22	1	1
《高等学校信息公开办法》	1	1	2	2	3	3	0	0
《教育行政处罚暂行实施办法》	1	2	5	7	4	11	0	0
《教师资格条例实施办法》	0	0	1	2	2	3	0	0
《学校卫生工作条例》	0	0	0	0	3	3	2	2
《普通高等学校招生违规行为处理暂行办法》	0	0	0	0	1[1]	2	0	0
《独立学院设置与管理办法》	1[2]	1	0	0	0	0	0	0
《普通高等学校毕业生就业工作暂行规定》	0	0	0	0	1[3]	1	0	0
《学校艺术教育工作规程》	0	0	0	0	3[4]	3	0	0
《义务教育法实施细则》	0	0	0	0	0[5]	1	0	0
《中小学教材编写审定管理暂行办法》	0	0	0	0	3[6]	4	0	0
总计	20	47	46	76	67	164	15	18

注：1.《普通高等学校招生违规行为处理暂行办法》第四条。

2.《独立学院设置与管理办法》第十四条。

3.《普通高等学校毕业生就业工作暂行规定》第九条。

4.《学校艺术教育工作规程》第五十八条、第六十四条、第八十一条。

5. 法院援引《义务教育法实施细则》进行说理时，并未指明具体条款。

6.《中小学教材编写审定管理暂行办法》第四条、第五条、第十八条。

三　适用法律：8 部教育法律的适用存在显著差异

教育法不仅是司法适用状况最差的部门法，而且教育法律之间也存在显著适用差异。首先，从适用教育法律的案件数量来看，适用《民办教育促进法》的诉讼案件（426 件）超过了适用其他 7 部教育法律的案件总和

（382件），而适用《国家通用语言文字法》与《职业教育法》的诉讼案件则仅有4件和7件。其次，从适用频次来看，《民办教育促进法》（1337次）仍将其他7部法律（合计859次）远远甩在身后，但《国家通用语言文字法》的适用频次（14次）略微超过《职业教育法》（13次）。由此可见，除《民办教育促进法》外，其他7部教育法律尤其是《职业教育法》与《国家通用语言文字法》较少被适用。其中，《民办教育促进法》适用尚可的原因在于主要调整民事法律关系，相较其他教育法律更多调整行政法律关系而言，更易为法院受理，由此也提升了《民办教育促进法》的适用概率，这与适用《民办教育促进法》的诉讼案件中88.97%是民事案件可相互印证。

表3-7　808件援引案件援引的教育法律及频次

教育法律名称	援引类别					
	援引案件数量（件）	诉讼原告援引（次）	诉讼被告援引（次）	文书说理援引（次）	裁判依据援引（次）	总援引频次（次）
《国家通用语言文字法》	4	0	0	8	6	14
《职业教育法》	7	0	0	8	5	13
《学位条例》	19	12	5	36	1	54
《高等教育法》	44	11	22	50	14	97
《义务教育法》	54	15	16	56	25	112
《教师法》	120	51	18	134	55	258
《教育法》	134	44	27	168	72	311
《民办教育促进法》	426	93	143	680	421	1337
总计	808	226	231	1140	599	2196

注：在统计总援引频次时，是将裁判文书作为整体进行统计的，即便当事人和法院在同一起案件中同时援引了某一条款，但在统计总援引频次时仅记录为1次。正因如此，本表中的总援引频次少于各部分援引频次之和。

此外，从教育法律的适用阶段来看，教育法律的适用发生在文书说理阶段的占51.91%，出现在裁判依据部分的占27.28%，由被告援引进行辩护的占10.52%，由原告援引进行主张的占10.29%。不难发现，法院对教育法律的适用显著超过当事人对教育法律的援引，且法院的适用更多是用来说理而非裁判。这一方面说明法院是适用教育法律的主体，另一方面也表明应向公众普及教育法律，《国家通用语言文字法》和《职业教育法》尤其应如此，因为当事人对这两部法律均是零援引。相较而言，《民办教育促进法》无论在何阶段均有较高适用频率。需要指出的是，裁判依据部分援引最少的教育法律不是《职业教育法》，也不是《国家通用语言文字法》，而是《学位条例》。究其原因在于《学位条例》的名称具有误导性，即法院认为《学位条例》是教育规章而非教育法律，而教育规章一般不适宜作为裁判依据直接援引，从而导致法院较少适用《学位条例》作为裁判依据。

四　适用条款：仅 38.80% 的教育法律条款被司法适用

研究显示，不仅教育法律之间存在司法适用的差异，同一法律的不同条款之间也存在适用程度的差别。在教育法律的 415 个条款中，仅 161 个条款被司法适用，适用率为 38.80%，其余 254 条皆是从未被适用的"零被引条款"。具体来看，《学位条例》有 9 条被引条款，条款被引率为 45.00%；《义务教育法》有 18 条被引条款，条款被引率为 28.57%；《教师法》有 22 条被引条款，条款被引率为 51.16%；《教育法》有 36 条被引条款，条款被引率为 42.86%；《高等教育法》有 17 条被引条款，条款被引率为 24.64%；《国家通用语言文字法》有 4 条被引条款，条款被引率为 14.29%；《职业教育法》有 9 条被引条款，条款被引率为 22.50%；《民办教育促进法》有 46 条被引条款，条款被引率为 67.65%（见表 3-8）。显然，无论从援引条款数量还是从条款被引率来看，《民办教育促进法》皆为最佳。

表 3-8　808 件援引案件援引的教育法律条款及频次

教育法律名称	援引条款	援引频次（次）	援引条款	援引频次（次）	援引条款	援引频次（次）
《学位条例》 援引条款：9 条 援引频次：54 次	直接引用	8	第二条	7	第四条	14
	第六条	2	第八条	11	第十条	5
	第十一条	2	第十三条	2	第十七条	2
	第十九条	1				

教育法律名称	援引条款	援引频次（次）	援引条款	援引频次（次）	援引条款	援引频次（次）
《义务教育法》 援引条款：18条 援引频次：112次	直接引用	17	第二条	14	第四条	4
	第五条	6	第六条	1	第七条	7
	第十一条	6	第十二条	12	第十五条	3
	第十六条	1	第二十一条	1	第二十二条	2
	第二十四条	12	第二十九条	8	第三十条	9
	第三十九条	5	第四十九条	1	第五十六条	2
	第五十八条	1				
《教师法》 援引条款：22条 援引频次：258次	直接引用	22	第二条	4	第七条	68
	第八条	12	第九条	1	第十条	25
	第十一条	3	第十二条	1	第十三条	3
	第十四条	1	第十五条	1	第十七条	6
	第二十四条	2	第二十五条	2	第二十六条	1
	第三十条	17	第三十二条	4	第三十三条	2
	第三十七条	6	第三十八条	3	第三十九条	70
	第四十条	3	第四十三条	1		
《教育法》 援引条款：36条 援引频次：311次	直接引用	52	第一条	2	第二条	2
	第五条	1	第八条	2	第九条	1
	第十二条	1	第十四条	2	第十五条	12
	第十七条	3	第十八条	1	第二十条	3
	第二十一条	7	第二十二条	7	第二十四条	3
	第二十五条	8	第二十六条	9	第二十七条	60
	第二十八条	49	第二十九条	4	第三十条	3
	第三十一条	22	第三十二条	2	第三十四条	5
	第三十六次	7	第三十九条	1	第四十二条	5
	第四十三条	6	第四十四条	2	第四十五条	2
	第四十六条	2	第四十九条	3	第七十二条	5
	第七十五条	5	第七十六条	2	第七十八条	4
	第八十一条	6				

续表

教育法律名称	援引条款	援引频次（次）	援引条款	援引频次（次）	援引条款	援引频次（次）
《高等教育法》 援引条款：17 条 援引频次：97 次	直接引用	25	第四条	1	第十一条	4
	第十三条	3	第十八条	1	第十九条	8
	第二十条	5	第二十一条	3	第二十二条	4
	第二十八条	1	第三十条	1	第三十二条	3
	第三十七条	3	第四十一条	12	第五十一条	1
	第五十三条	3	第五十四条	16	第五十六条	3
《国家通用语言文字法》 援引条款：4 条 援引频次：14 次	第二条	6	第五条	1	第十四条	6
	第十九条	1				
《职业教育法》 援引条款：9 条 援引频次：13 次	直接援引	1	第二条	1	第三条	1
	第八条	1	第十四条	1	第二十条	1
	第二十四条	1	第二十五条	1	第二十八条	4
	第三十七条	1				
《民办教育促进法》 援引条款：46 条 援引频次：1337 次	直接引用	44	第一条	2	第二条	19
	第三条	81	第四条	4	第五条	11
	第八条	29	第九条	50	第十条	20
	第十一条	143	第十二条	10	第十三次	11
	第十四条	11	第十五条	7	第十六条	9
	第十七条	41	第十八条	31	第十九条	6
	第二十条	5	第二十一条	5	第二十八条	7
	第三十二条	1	第三十三条	1	第三十四条	5
	第三十五条	204	第三十六条	15	第三十七条	97
	第三十八条	8	第四十条	4	第四十一条	1
	第四十二条	2	第四十七条	2	第四十八条	1
	第五十条	1	第五十一条	40	第五十三条	3
	第五十四条	114	第五十五条	4	第五十六条	7
	第五十八条	29	第五十九条	20	第六十条	2
	第六十二条	101	第六十三条	4	第六十四条	81
	第六十五条	9	第六十六条	35		

注：由于援引教育法律的 808 件诉讼案件大多发生在 2015 年及以前，且援引案件援引的教育法律条款几乎是 2015 年以前的法律文本，因此如无特别说明，本书中列明的教育法律条款都是指 2015 年以前的法律文本。

从单个条款的适用频次来看，《民办教育促进法》第三十五条成为当之无愧的"高被引条款"（204 次），而适用频次超过百次的条款还有《民办教育促进法》第十一条、第五十四条与第六十二条，分别为 143 次、114 次和 101 次。此外，援引频次超过 50 次（不包括）的条款还有《教师法》第七条（68 次）、第三十九条（70 次），《教育法》第二十七条（60 次），《民办教育促进法》第三条（81 次）、第三十七条（97 次）、第六十四条（81 次）。尽管教育法律之中不乏适用频次突破百次的条款，但 77.02% 的援引条款（124 条）均是适用频次低于 10 次（含）的"低被引条款"，且适用频次少于或等于 3 次的条款占低被引条款的 61.29%（见图 3-3）。由此可见，教育法律虽有一定程度的司法适用，但绝大多数条款仍处于"零星适用"乃至"零适用"状态。

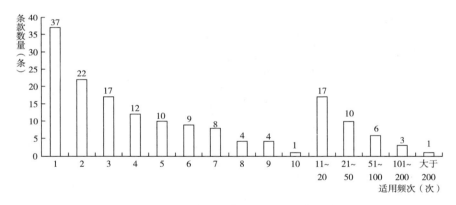

图 3-3　教育法律援引条款的适用频次及数量

五　适用性质：教育法律的适用主要发生在民事领域

如图 3-4 所示，总的来看，在适用教育法律的 808 起诉讼案件中，民事案件为 633 件、行政案件为 166 件、刑事案件为 4 件、执行案件为 5 件。显然，适用教育法律的诉讼案件近 99% 是民事案件与行政案件，且民事案件是行政案件的 3.81 倍。由此可见，教育法律的民事适用多于教育法律的行政适用，而教育法律的行政适用又超过教育法律的刑事适用。这不仅与公众经验有反差（因为近年来引发高度关注的教育热点案件几乎都是行政案件），也与教育法性质有出入（因为学界通说认为教育法属于行政法而非民商法），因而教育法律的行政适用多过民事适用似乎更合乎经验认知。但是，这些案例之所以广受关注，主要是因为这些案例纠纷突破了行政诉讼受案范围的限制。另外，即便教育法是行政法，也不意味着教育法律就不能在民事诉讼中被适用，诸如《行政处罚法》《行政复议法》等"纯而又纯"的行政法亦在民事诉讼中被适用，更遑论行政法属性存疑的教育法。因此，教育法律能否适用的关键不是教育法律的性质，而是法律规定与案件事实的匹配程度。

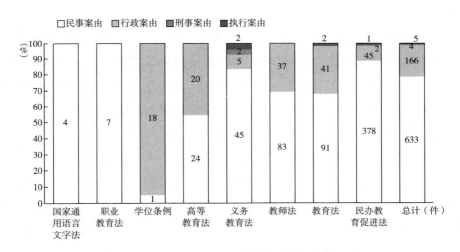

图 3-4　适用教育法律的诉讼案由分布

当然，教育法律的民事适用整体多过行政适用，并不意味着八部教育法律皆如此。如适用《学位条例》的民事案件仅 1 起，而行政案件却高达 18 起。显然，《学位条例》主要在行政诉讼中被援引，而极少在民事诉讼中被适用。其原因在于《学位条例》主要调整学位授予或学位撤销关系，而这些关系属于典型的行政法律关系。此外，适用《高等教育法》的行政案件与民事案件几乎"不分伯仲"，其中适用《高等教育法》的行政案件主要包括开除学籍、退学处理及研究生招生纠纷，而适用《高等教育法》的民事案件则大多是教育合同纠纷、学生伤害事故及实习纠纷。

第五节　结论与讨论：教育法律的司法适用
依然难尽人意

总的来看，教育法律已有一定程度的司法适用，808 起诉讼案件援引了全部 8 部教育法律，援引条款占教育法律条款的 38.80%，且在案例纠纷解决中发挥了一定作用，成为当事人主张和答辩以及法院说理和裁判的依据，实现了从"法律文本"向"实然生活"的转变，也落实了教育法律的相关规定。

但也要看到，我国教育法律的司法适用亟须加强，主要表现在以下五方面。其一，相较其他法律部门，教育法是司法适用状况最差的部门法，其司法适用指数仅是相关部门法的 1/40000，且在教育相关纠纷解决中其他法律发挥了更为重要的作用。其二，8 部教育法律的司法适用状况存在显著差异，除《民办教育促进法》外，其他法律尤其是《职业教育法》《国家通用语言文字法》的适用性亟待加强。其三，61.20% 的教育法律条款处于"休眠"状态，既未成为当事双方主张和答辩的根据，也未成为法院说理和裁判的依据，即便是适用条款，多数仍处于零星适用阶段，适用的规范化和制度化依然任重道远。其四，教育法律的司法适用主要发生在民事领域，与教育法律的公法属性存在紧张关系。行政案件虽占援引案件的 20.54%，但立案率仅为 73.21%，低于教育民事案件的立案率（94.47%），这意味着部分行政案件虽援引了教育法律，但未对实体纠纷作出裁判。其五，教育行政法规与教育行政规章的适用率为 31.25% 和 17.72%，条款被引率为7.46% 与 4.34%，这种低适用状况亟须引起立法者与司法实务部门的重视。

由此可见，我国教育法律虽有一定程度的司法适用，但其适用状况仍不尽理想，与依法治教要求有较大差距，与日益增长的诉讼需求有不小缺口，与法治国家法律所普遍具有的适用特征有一定距离。具体而言，一是教育法律的民事适用难以匹配教育法律的公法属性；二是教育法律的有限适用不能解决纷繁多样的教育纠纷；三是法律适用的地域差异无法满足权利救济的普遍需要。

一　教育法律的民事适用难以匹配教育法律的公法属性

如前文所述，教育法律的司法适用主要发生在民事领域，但学界通常认为教育法律主要调整公法关系而非私法关系，因而普遍将其视作行政法的分支，这在《学位条例》《教师法》《教育法》《高等教育法》等法律中体现得尤其明显。当然，由于举办者的特殊性，民办教育领域存在诸多民事法律关系，如民办学校与其教师的用人关系是劳动关系，营利性民办学校的收费行为是民事法律行为，等等。这可能给人造成误解，即认为民办教育主要受民法调整，进而认为《民办教育促进法》属于私法。然而，即便民办教育存在上述私法关系，也不能否认《民办教育促进法》公私兼容的性质。事实上，除上述民事关系外，民办学校的举办与设立、变更与终止、管理与监督等行为都具有公法特征。另外，民办学校的学籍管理、学位授予与职称评审等行为也不宜归入私法范畴。由此可见，即便《民办教育促进法》显现了私法特征，也不能否认其公私法兼容的性质。因此，从整体上看，教育法属于公法应无疑义。

在公权不断扩张的今天，有效规范公权已成社会共识，作为监督权力的权力，司法审查正是通过明断教育是非和正确适用法律，从而将失范权力纳入法治轨道。但教育法律的司法适用主要发生在民事领域，诉讼案由主要是教师劳动争议与学生伤害事故等民事纠纷。虽然在学位授予、学籍管理等行政纠纷中也适用了教育法律，但相较多如牛毛的教育管理规范而言，得以适用的规范相对较少。这种"错位"状况的出现，使多数教育行政法律规范处于悬置状态，未发挥应有的规范功效，阻碍了立法目的的实现。

二　教育法律的有限适用不能解决纷繁复杂的教育纠纷

法律适用的价值就是通过将成文规范适用于具体纠纷，为纠纷解决提供方案。就此而言，每一条法律规范不仅是行为指南，也是纠纷解决的重要依据。因此，通过教育法律的司法适用，不仅可以实现法律设定的权义关系，也能为纠纷解决创造条件。但遗憾的是，仍有近2/3的条款停留于文本之上，难以成为纠纷解决的依据。这意味着多数教育法律规范未在纠纷解决中发挥应有的作用。近年来，随着师生维权意识的高涨，越来越多的教育纠纷开始诉诸司法程序，法院也逐渐敞开大门受理教育纠纷。在师生维权运动的驱使下，教育法律开始与世俗的教育生活产生更紧密的联系，在督促行为人依法办事、认真履职的同时，也推动了教育纠纷的公正解决。

然而，随着教育改革进入深水区，教育领域的纠纷与矛盾不断凸显，各类新矛盾、新纠纷与新诉求不断涌现。譬如，分享经济与"互联网＋教育"带来的教育模式创新和治理难题，民办教育分类管理带来的营利性教育产业发展与培训市场法律规制问题，教育改革和社会发展过程中出现的在家上学、就近入学、教育公平及教育质量等新型教育法律纠纷，以及日益引起社会关注的校园欺凌、性侵害及其他新型校园安全问题，等等。① 对于这些新型纠纷，有些已明确了纠纷解决途径，只是受到受案范围的限制暂时无法纳入司法审查范围；有些则是立法既未规定，法院也不能受理。因此，尽管越来越多的教育纠纷被纳入受案范围，但与教育法律的调整疆域尤其是纷繁多样的教育纠纷相比仍显局促，也制约了教育法律司法适用的频率和程度。

三 法律适用的地域差距无法满足权利救济的普遍需要

我国教育法律的司法适用不仅整体乏力，地域差距也同样突出。虽然除西藏自治区外，其他省份都有援引教育法律的诉讼案件，但这些案件集中分布在少数省份，仍未形成常态化的适用机制。事实上，国家制定的教育法律应当在全国范围内具有通用性和适用性，对中国境内的公民、法人与其他组织具有普遍约束力。然而，法律适用的地域差距，实际反映了教育法律在一些地区尚未得到很好实施，延缓了权利救济的法治进程。

例如，对于某类纠纷，A法院认为是可诉行为，B法院却有可能作出完全相反的判断。以研究生招生纠纷为例，北京市石景山区人民法院②、武汉

---

① 参见申素平、段斌斌、贾楠《新时代我国教育法治建设面临的问题与对策》，《复旦教育论坛》2018年第1期。

② 肖某与中国科学院大学教育行政纠纷案，北京市石景山区人民法院一审行政判决书，（2015）石行初字第93号。

市中级人民法院[①]与天津市第一中级人民法院[②]均认为招生不录取行为是可诉行政行为，属于行政诉讼受案范围；但是，武汉市武昌区人民法院[③]、北京市海淀区人民法院[④]与北京市第一中级人民法院[⑤]则认为该行为属于自主办学范畴，法院无权干涉，甚至在"韩某某与武汉大学教育行政管理纠纷案"中，武昌区人民法院与武汉市中级人民法院作出了完全相反的判断。武汉市武昌区人民法院认为，韩某某因复试成绩不合格，武汉大学对其不予录取是依法行使办学自主权的体现，且法律、法规没有规定可以对此提起行政诉讼；[⑥] 武汉市中级人民法院则认为，被上诉人武汉大学作为法律授权行使行政管理职权的组织，具有法律授予的招收录取博士研究生的权力，其对上诉人韩某某作出的不予录取决定属于可诉行政行为，属于人民法院行政案件受案范围。[⑦] 除此以外，地方法院对教师人事争议等纠纷的可诉性也存在分歧，导致"同案不同判"现象屡见不鲜，造成迥然不同的权利救济结果。

第六节　本章小结

在探讨了教育法律司法适用的法理精义和法制基础之后，本章进一步分析了中国教育法律司法适用的整体图景和实然面貌，基本思路是从援引教育法律的诉讼案件管窥教育法律的司法适用。通过分析援引教育法律的

[①] 韩某某与武汉大学教育行政管理纠纷案，湖北省武汉市中级人民法院二审行政裁定书，（2015）鄂武汉中行终字第 00667 号。

[②] 白某诉南开大学请求确认不予录取为硕士研究生的行为违法案，天津市第一中级人民法院二审行政判决书，（2013）一中行终字第 171 号。

[③] 韩某某与武汉大学教育行政管理纠纷案，湖北省武汉市武昌区人民法院一审行政裁定书，（2015）鄂武昌行初字第 00063 号。

[④] 陈某某诉北京大学博士招考违法案，北京市海淀区人民法院一审行政裁定书，（2016）京 0108 行初 125 号；陈某某诉清华大学博士招考违法案，北京市海淀区人民法院一审行政裁定书，（2016）京 0108 行初 126 号。

[⑤] 徐某某与清华大学博士招生纠纷案，北京市第一中级人民法院二审行政裁定书，（2015）一中行终字第 00547 号。

[⑥] 韩某某与武汉大学教育行政管理纠纷案，湖北省武汉市武昌区人民法院一审行政裁定书，（2015）鄂武昌行初字第 00063 号。

[⑦] 韩某某与武汉大学教育行政管理纠纷案，湖北省武汉市中级人民法院二审行政裁定书，（2015）鄂武汉中行终字第 00667 号。

808 件诉讼案件发现，我国教育法律虽有一定程度的司法适用，但其适用状况仍难尽人意，绝大多数条款处于零星适用乃至零适用状态，是司法适用频率最低的部门法，且其适用主要发生在民事领域，难以匹配教育法律的公法属性，不能解决纷繁复杂的教育纠纷，无法满足权利救济的普遍需要，影响了教育法律规范功能的发挥。除整体适用状况较差外，我国教育法律在适用过程中还存在显著的条款差异、案由差别与地域差距。对于这些差异及其背后的成因，本书将在第四、五、六章中展开深入的分析和讨论。

第四章 教育立法质量与教育法律 司法适用的条款差异

"法律的制订本是为了惩罚人类的凶恶悖谬，所以法律本身必须最为纯洁无垢。"①

——〔法〕孟德斯鸠

如前文所述，不仅教育法律之间存在司法适用的强弱，而且同一法律的不同条款之间也存在适用程度的差别。在 8 部教育法律的 415 条条款中，援引频次超过 10 次的条款仅有 37 条，援引频次少于 10 次（含）的条款有124 条，从未援引的零被引条款高达 254 条。面对法律条款的适用差异，我们不禁要问：为什么某些条款适用性强？某些条款适用性弱？某些条款又完全欠缺适用性？造成条款适用差异的原因何在？直观来看，适用条款尤其是高被引条款大多行为模式明确或法律后果明晰，而疏于规范权义关系的法律条款则较难适用。也就是说，法律条款的适用差异与法律规范的构造有一定关联，不然便难解释同一法律不同条款为何存在适用差别。当然，任何理论假设，都需要小心求证，否则难称严谨研究。那么，规范类型会影响法律适用吗？如是，作用机制何在？高被引条款有何特征？零被引条款有何问题？如能系统解答这些问题，不仅有助于揭示法律适用的影响因素，也可进一步指导教育立法实践，这正是现有研究薄弱之处。有鉴于此，本章拟在系统梳理法律条款适用差异的基础上，从规范类型解释这一差异，

---

① 〔法〕孟德斯鸠：《论法的精神》（下册），张雁深译，商务印书馆，2004，第 344 页。

借此管窥教育立法的具体问题，从而为提升教育法律立法质量提供针对性建议。

第一节　教育法律条款的适用差异

所谓教育法律条款的适用差异是指教育法律条款存在司法适用程度的差别，即有些条款经常被援引，而其他条款则较少乃至从未被援引。虽然第三章简要介绍了法律条款的适用状况，但未细分当事人援引与法院援引。事实上，由于存在利害关系，当事人可能"误引"教育法律（即倾向于援引于己有利的条款，而对于己不利的条款则避而不谈），进而导致条款适用数据的"失真"。因此，本章仅统计法院援引，而将当事人援引排除在外。为行文方便，本章将法院援引频次超过 5 次（含）的条款称作"高被引条款"，援引少于 5 次的条款称作"低被引条款"，从未援引的条款称作"零被引条款"。通过以上处理，有如下研究发现。

一　高被引条款的分布

表 4-1 是法院援引的高被引条款分布。从表 4-1 可知，法院援引的高被引条款有 62 条，占教育法律条款总数的 14.94%。其中，《民办教育促进法》《教育法》分别有 29 条和 13 条高被引条款，《义务教育法》《教师法》皆含 6 条高被引条款，《学位条例》《高等教育法》都含 3 条高被引条款，《国家通用语言文字法》有 2 条高被引条款，《职业教育法》没有高被引条款。从高被引条款占法律条款的比重来看，《民办教育促进法》最高（42.65%），《教育法》次之（15.48%），然后是《学位条例》（15%）、《教师法》（13.95%）、《义务教育法》（9.52%）、《国家通用语言文字法》（7.14%）与《高等教育法》（4.35%）。显然，无论从条款数量还是所占比例来看，《民办教育促进法》《教育法》的高被引条款数量较多，《职业教育法》《高等教育法》《国家通用语言文字法》的高被引条款相对较少。

表 4-1　法院援引的高被引条款分布

教育法律名称	法院援引超过 5 次（含）的教育法律条款
学位条例	第二条、第四条、第八条（3 条）
义务教育法	第二条、第五条、第十一条、第十二条、第二十四条、第二十九条（6 条）
教师法	第七条、第八条、第十条、第三十条、第三十七条、第三十九条（6 条）
教育法	第十五条、第二十一条、第二十二条、第二十五条、第二十六条、第二十七条、第二十八条、第三十一条、第三十四条、第三十六条、第四十三条、第七十二条、第八十一条（13 条）
高等教育法	第十九条、第四十一条、第五十四条（3 条）
国家通用语言文字法	第二条、第十四条（2 条）
职业教育法	无
民办教育促进法	第二条、第三条、第五条、第八条、第九条、第十条、第十一条、第十二条、第十三条、第十四条、第十六条、第十七条、第十八条、第十九条、第二十条、第二十八条、第三十五条、第三十六条、第三十七条、第三十八条、第五十一条、第五十四条、第五十六条、第五十八条、第五十九条、第六十二条、第六十四条、第六十五条、第六十六条（29 条）

从高被引条款分布看，《教育法》的高被引条款有教育管理体制条款（第十五条）、学业证书制度条款（第二十一条）、学位制度条款（第二十二条）、营利禁止条款（第二十五条）、学校设立条件条款（第二十六条）、学校设立变更和终止程序条款（第二十七条）、学校权利条款（第二十八条）、学校法人条款（第三十一条）、考核奖励培养条款（第三十四条）、受教育者平等权利条款（第三十六条）、受教育者义务条款（第四十三条）、扰乱学校秩序与破坏校舍场地责任条款（第七十二条）、侵害合法权益责任条款（第八十一条）。《学位条例》的高被引条款有学位申请条件条款（第二条）、学士学位授予条件条款（第四条）、学位授予条款（第八条），《高等教育法》的高被引条款有高等教育入学条件条款（第十九条）、校长职权条款（第四十一条）、学费缴纳及申请减免条款（第五十四条）。需要指出的是，《高等教育法》第四十一条虽赋予校长六项职权，但适用集中在第（四）项，即"聘任与解聘教师以及内部其他工作人员，对学生进行学籍管理并实施奖励或者处分"。《义务教育法》的高被引条款有义务教育制度条款（第二条）、相关主体对义务教育的保障条款（第五条）、入学条件与延

缓或休学审批条款（第十一条）、就近入学条款（第十二条）、安全应急条款（第二十四条）和禁止歧视、体罚、侮辱人格尊严条款（第二十九条），《教师法》的高被引条款有教师权利条款（第七条）、教师义务条款（第八条）、教师资格制度条款（第十条）、退休待遇条款（第三十条）、处分解聘条款（第三十七条）、教师申诉条款（第三十九条）。

《民办教育促进法》的高被引条款有适用范围条款（第二条）、公益性条款（第三条）、同等法律地位条款（第五条）、县级以上政府的管理职责条款（第八条）、民办学校举办条款（第九条）、民办学校设立条件条款（第十条）、审批权限条款（第十一条）、筹设材料提交条款（第十二条）、筹设审批条款（第十三条）、设立材料提交条款（第十四条）、民办学校设立审批条款（第十六条）、办学许可证条款（第十七条）、民办学校登记条款（第十八条）、民办学校决策机构条款（第十九条）、决策机构组成人员条款（第二十条）、教师聘任条款（第二十八条）、法人财产权条款（第三十五条）、资产管理使用条款（第三十六条）、收费公示备案条款（第三十七条）、财务监督条款（第三十八条）、合理回报条款（第五十一条）、举办者变更条款（第五十四条）、民办学校终止条款（第五十六条）、财务清算条款（第五十八条）、财产清算顺序条款（第五十九条）、违规办学责任条款（第六十二条）、擅自举办民办学校的法律责任条款（第六十四条）、民办学校及其校长概念解释条款（第六十五条）、培训机构管理办法制定条款（第六十六条）。由此可见，《民办教育促进法》每章均有高被引条款，其中设立章、学校资产与财务管理章、变更与终止章（即第二、五、八章）几乎所有条款皆是高被引条款。此外，《国家通用语言文字法》的高被引条款是通用语言文字解释条款（第二条）与通用语言文字适用情形条款（第十四条）。

二 低被引条款的分布

表4-2是法院援引的低被引条款分布。表4-2显示，法院援引了86条低被引条款，占教育法律条款总数的20.72%。其中，《教育法》《民办教育促进法》《教师法》《高等教育法》《义务教育法》的低被引条款分别为19条、16条、15条、11条与10条，而《职业教育法》《学位条例》《国家通

用语言文字法》则分别有 9 条、4 条与 2 条低被引条款。从低被引条款所占比重来看，《教师法》为 34.88%，《教育法》为 22.62%，《民办教育促进法》为 23.53%，《职业教育法》为 22.50%，《学位条例》为 20.00%，《高等教育法》为 15.94%，《义务教育法》为 15.87%，《国家通用语言文字法》为 7.14%。

表 4-2　法院援引的低被引条款分布

教育法律名称	法院援引频次少于 5 次的教育法律条款
《学位条例》	第十条、第十一条、第十七条、第十九条（4 条）
《义务教育法》	第四条、第七条、第十五条、第十六条、第二十一条、第二十二条、第三十条、第三十九条、第五十六条、第五十八条（10 条）
《教师法》	第二条、第九条、第十一条、第十二条、第十三条、第十四条、第十五条、第十七条、第二十四条、第二十五条、第三十二条、第三十三条、第三十八条、第四十条、第四十三条（15 条）
《教育法》	第二条、第五条、第八条、第九条、第十二条、第十七条、第十八条、第二十条、第二十四条、第二十九条、第三十二条、第四十二条、第四十四条、第四十五条、第四十六条、第四十九条、第七十五条、第七十六条、第七十八条（19 条）
《高等教育法》	第四条、第十一条、第十三条、第二十条、第二十一条、第二十二条、第二十八条、第三十二条、第三十七条、第五十三条、第五十六条（11 条）
《国家通用语言文字法》	第五条、第十九条（2 条）
《职业教育法》	第二条、第三条、第八条、第十四条、第二十条、第二十四条、第二十五条、第二十八条、第三十七条（9 条）
《民办教育促进法》	第一条、第四条、第十五条、第二十一条、第三十三条、第三十四条、第四十条、第四十一条、第四十二条、第四十七条、第四十八条、第五十条、第五十三条、第五十五条、第六十条、第六十三条（16 条）

从低被引条款分布看，《学位条例》的低被引条款分别是学位论文答辩委员会与学位评定委员会职责条款（第十条）、学位证书条款（第十一条）、学位撤销条款（第十七条）、实施办法制定条款（第十九条），《义务教育法》的低被引条款主要有平等受教育条款（第四条）、管理体制条款（第七条）、学校设置规划条款（第十五条）、学校建设标准条款（第十六条）、未成年犯的义务教育经费保障条款（第二十一条）、均衡发展条款（第二十二

条）、教师资格与职务条款（第三十条）、教科书审定条款（第三十九条）、违规收费谋利的法律责任条款（第五十六条）、监护人不送子女入学的法律责任条款（第五十八条）。《教师法》的低被引条款主要有适用范围条款（第二条）、教育教学保障条款（第九条）、教师学历条款（第十一条）、教师资格过渡办法条款（第十二条）、教师资格认定机构条款（第十三条）、特定人员从教禁止条款（第十四条）、师范毕业生从教条款（第十五条）、教师聘任条款（第十七条）、考核结果运用条款（第二十四条）、工资水平保障条款（第二十五条）、民办教师待遇保障条款（第三十二条）、教师表彰奖励条款（第三十三条）、拖欠教师工资等行为的法律责任条款（第三十八条）、相关概念解释条款（第四十条）、施行时间条款（第四十三条）。

《教育法》中的低被引条款分别是适用范围条款（第二条）、教育方针条款（第五条）、教育公益与宗教相分离条款（第八条）、平等受教育机会条款（第九条）、汉语言文字条款（第十二条）、学校教育制度与学制条款（第十七条）、义务教育制度条款（第十八条）、教育考试制度条款（第二十条）、教育督导制度与教育评估制度条款（第二十四条）、学校义务条款（第二十九条）、教师权义条款（第三十二条）、受教育者权利条款（第四十二条）、学生身心健康保护条款（第四十四条）、创造良好环境条款（第四十五条）、社会主体合作参与条款（第四十六条）、家校合作条款（第四十九条）、违法办学的法律责任条款（第七十五条）、违规招生的法律责任条款（第七十六条）、违规收费的法律责任条款（第七十八条）。

《高等教育法》的低被引条款主要有高等教育目的条款（第四条）、自主办学与民主管理条款（第十一条）、管理体制条款（第十三条）、学历证书与结业证书条款（第二十条）、自学考试制度条款（第二十一条）、学位制度条款（第二十二条）、高等学校章程条款（第二十八条）、招生自主权条款（第三十二条）、机构设置与教师招聘自主权条款（第三十七条）、学生遵纪守法条款（第五十三条）、勤工助学条款（第五十六条）。《职业教育法》的低被引条款主要是适用范围条款（第二条）、职业教育地位条款（第三条）、职业教育证书制度条款（第八条）、职业培训的类别与实施条款（第十四条）、企业职业教育条款（第二十条）、职业学校设立条件条款（第二十四条）、学历培训证书发放条款（第二十五条）、企业职业教育费用条款（第二十八条）、实习基地与实习报酬条款（第三十七条）。

《民办教育促进法》的低被引条款主要有立法目的条款（第一条）、民办学校办学规范条款（第四条）、民办学校申请设立条款（第十五条）、理事会或董事会职权条款（第二十一条）、民办学校受教育者同等权利条款（第三十三条）、财务会计与资产管理制度条款（第三十四条）、督导评估制度条款（第四十条）、招生简章备案制度条款（第四十一条）、学生申诉制度条款（第四十二条）、民办学校捐赠条款（第四十七条）、信贷条款（第四十八条）、用地优惠条款（第五十条）、民办学校分立合并程序条款（第五十三条）、民办学校变更程序条款（第五十五条）、终止注销条款（第六十条）、审批机关责任条款（第六十三条）。另外，《国家通用语言文字法》有2条低被引条款，即使用原则条款（第五条）与相关人员普通话标准条款（第十九条）。

三　零被引条款的分布

表4-3是法院从未援引的零被引条款分布。从表4-3可知，教育法律之中存在267条从未被法院援引的条款，占教育法律条款的64.34%。这意味着，这些条款长期处于"悬置"状态，未被司法机关援引和适用，成为名副其实的"木乃伊条款"。具体来看，《高等教育法》的零被引条款最多（55条），其次是《教育法》（52条）、《义务教育法》（47条）、《职业教育法》（31条）、《国家通用语言文字法》（24条）、《民办教育促进法》（23条）、《教师法》（22条）、《学位条例》（13条）。从零被引条款所占比重来看，4部法律的零被引条款的占比高达70%以上，如《国家通用语言文字法》（85.71%）、《高等教育法》（79.71%）、《职业教育法》（77.50%）、《义务教育法》（74.60%），仅有《民办教育促进法》（33.82%）的零被引条款占比低于40%。此外，《学位条例》《教育法》《教师法》的零被引条款占比分别为65.00%、61.90%、51.16%。

表 4-3　法院从未援引的零被引条款分布

教育法律名称	法院从未援引的零被引条款
《学位条例》	第一条、第三条、第五条、第六条、第七条、第九条、第十二条、第十三条、第十四条、第十五条、第十六条、第十八条、第二十条（13 条）
《义务教育法》	第一条、第三条、第六条、第八条、第九条、第十条、第十三条、第十四条、第十七条、第十八条、第十九条、第二十条、第二十三条、第二十五条、第二十六条、第二十七条、第二十八条、第三十一条、第三十二条、第三十三条、第三十四条、第三十五条、第三十六条、第三十七条、第三十八条、第四十条、第四十一条、第四十二条、第四十三条、第四十四条、第四十五条、第四十六条、第四十七条、第四十八条、第四十九条、第五十条、第五十一条、第五十二条、第五十三条、第五十四条、第五十五条、第五十七条、第五十九条、第六十条、第六十一条、第六十二条、第六十三条（47 条）
《教师法》	第一条、第三条、第四条、第五条、第六条、第十六条、第十八条、第十九条、第二十条、第二十一条、第二十二条、第二十三条、第二十六条、第二十七条、第二十八条、第二十九条、第三十一条、第三十四条、第三十五条、第三十六条、第四十一条、第四十二条（22 条）
《教育法》	第一条、第三条、第四条、第六条、第七条、第十条、第十一条、第十三条、第十四条、第十六条、第十九条、第二十三条、第三十条、第三十三条、第三十五条、第三十七条、第三十八条、第三十九条、第四十条、第四十一条、第四十七条、第四十八条、第五十条、第五十一条、第五十二条、第五十三条、第五十四条、第五十五条、第五十六条、第五十七条、第五十八条、第五十九条、第六十条、第六十一条、第六十二条、第六十三条、第六十四条、第六十五条、第六十六条、第六十七条、第六十八条、第六十九条、第七十条、第七十一条、第七十三条、第七十四条、第七十七条、第七十九条、第八十条、第八十二条、第八十三条、第八十四条（52 条）
《高等教育法》	第一条、第二条、第三条、第五条、第六条、第七条、第八条、第九条、第十条、第十二条、第十四条、第十五条、第十六条、第十七条、第十八条、第二十三条、第二十四条、第二十五条、第二十六条、第二十七条、第二十九条、第三十条、第三十一条、第三十三条、第三十四条、第三十五条、第三十六条、第三十八条、第三十九条、第四十条、第四十二条、第四十三条、第四十四条、第四十五条、第四十六条、第四十七条、第四十八条、第四十九条、第五十条、第五十一条、第五十二条、第五十五条、第五十七条、第五十八条、第五十九条、第六十条、第六十一条、第六十二条、第六十三条、第六十四条、第六十五条、第六十六条、第六十七条、第六十八条、第六十九条（55 条）
《国家通用语言文字法》	第一条、第三条、第四条、第六条、第七条、第八条、第九条、第十条、第十一条、第十二条、第十三条、第十五条、第十六条、第十七条、第十八条、第二十条、第二十一条、第二十二条、第二十三条、第二十四条、第二十五条、第二十六条、第二十七条、第二十八条（24 条）

教育法律名称	法院从未援引的零被引条款
《职业教育法》	第一条、第四条、第五条、第六条、第七条、第九条、第十条、第十一条、第十二条、第十三条、第十五条、第十六条、第十七条、第十八条、第十九条、第二十一条、第二十二条、第二十三条、第二十六条、第二十七条、第二十九条、第三十条、第三十一条、第三十二条、第三十三条、第三十四条、第三十五条、第三十六条、第三十八条、第三十九条、第四十条（31条）
《民办教育促进法》	第六条、第七条、第二十二条、第二十三条、第二十四条、第二十五条、第二十六条、第二十七条、第二十九条、第三十条、第三十一条、第三十二条、第三十九条、第四十三条、第四十四条、第四十五条、第四十六条、第四十九条、第五十二条、第五十七条、第六十一条、第六十七条、第六十八条（23条）

第二节　教育法律条款适用差异的解释进路

一　研究思路

影响条款适用的原因众多，规范构造是重要因素。即便教育纠纷在受案范围内，但如果相关法条不符合行为规范或裁判规范要求，这些规范也难为法院援引和适用。就此而言，要探究法律条款的适用差异就必须对规范进行"解剖"，以探究不同规范的适用差异及作用机制。为此，本章将按规范类型划分法律条款，同时对照援引数据统计适用频次，以期得出各类规范的适用态势及作用机理。

二　分类维度

研究思路明确后，接下来的重点工作是合理划分教育法律规范。对照经典分类方法，可将教育法律规范划分为四个维度：一是按行为模式不同，将教育法律规范分为授权性规范、命令性规范、禁止性规范、权义复合规范与倡导性规范；二是按确定程度不同，将教育法律规范分为确定性规范、委任性规范与准用性规范；[1] 三是按规范对象不同，将教育法律规范分为规

---

[1]　舒国滢主编《法理学阶梯》（第2版），清华大学出版社，2010，第58页。

范学校的法律规范、规范教师的法律规范、规范政府的法律规范、规范学生的法律规范、规范监护人的法律规范等；四是按照规范功能不同，将不便归入上述类别的其他法律规范，细分为立法目的规范、法律适用规范、法律责任规范、法律解释规范与施行时间规范。

三　数据来源

教育法律规范的司法适用数据来源于援引教育法律的 808 起诉讼案件。需要指出的是，由于援引教育法律的 808 起诉讼案件大多发生在 2016 年以前，且这些案件没有适用新修订通过的《教育法》（2015）、《高等教育法》（2015）、《民办教育促进法》（2017）的法律条文，因此本书所称的 8 部教育法律皆是 2015 年以前的法律文本。

四　分析指标

为检验法律规范类型对教育法律司法适用的影响，我们拟选取司法适用率与高被引率两个指标进行分析，同时参考零被引规范、低被引规范与高被引规范等指标。其中，司法适用率是司法适用的法律规范与法律规范的比值（即司法适用率＝高被引规范＋低被引规范/法律规范数量×100%），而高被引率则是高被引法律规范占法律规范的比例（即高被引率＝高被引规范/法律规范数量×100%）。显然，司法适用率主要表征法律规范的适用范围，高被引率则着重反映法律规范的适用强度。

第三节　研究发现：各类法律规范
确有不同适用频率

遵循研究设计和技术路线，逐一划分法律规范类型，并整理分析各类规范的司法适用数据，有如下研究发现。

一　行为模式：禁止性规范更易适用，倡导性规范较难适用

统计显示，教育法律之中包含 6 条权义复合规范、22 条禁止性规范、77 条倡导性规范、101 条授权性规范、140 条命令性规范，另有 69 条不便

归入上述类别的其他法律规范。从图 4-1 可知，尽管权义复合规范与禁止性规范仅占教育法律规范的 6.75%，但上述规范的司法适用率却分居前两位（66.67%、54.55%），这意味着 66.67% 的权义复合规范与 54.55% 的禁止性规范都有司法适用的经历。在此之后，分别是命令性规范（48.57%）、授权性规范（37.62%）、其他法律规范（31.88%）与倡导性规范（5.19%）。显然，倡导性规范的司法适用率最低。事实上，除《职业教育法》第三条、《义务教育法》第三十条第二款、《教育法》第二十五条第二款与《民办教育促进法》第四十八条被司法适用外，其余 73 条倡导性规范皆是零被引规范。究其原因在于倡导性规范缺乏明确的行为模式或法律后果，不符合行为规范或裁判规范要求，因此常被"悬置弃用"。相较之下，禁止性规范与权义复合规范的行为模式较为明确，其中禁止性规范明确规定了行为人不得做什么，而权义复合规范则在授权的同时明确指出了行为人应尽的义务，这样可以有效地指引当事人的行为，也便于法院援引进行定分止争。

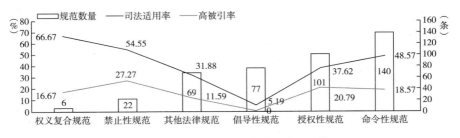

图 4-1　不同行为模式规范的司法适用情况

从高被引率来看，禁止性规范的高被引率为 27.27%，其次是授权性规范（20.79%）、命令性规范（18.57%）、权义复合规范（16.67%）、其他法律规范（11.59%），但倡导性规范中没有高被引规范。由此可见，禁止性规范不仅有较大适用可能，还有较高适用频率。与之相比，权义复合规范虽适用可能较大，但高被引规范数量较少。事实上，除《教育法》第三十一条第二款外，其余被适用的权义复合规范皆是低被引规范。显然，相较命令性规范与授权性规范，禁止性规范与权义复合规范更易司法适用，倡导性规范则较难司法适用。

二 规范对象：微观性规范更易适用，宏观性规范较难适用

通过梳理法律规范对象可以发现，教育法律主要致力于规范以下 14 类主体，即学生、教师、校长、学校、监护人、培训机构、举办者、公民、社会组织与个人、地方政府、国务院及其部委、企事业单位、国家与社会。如表 4-4 所示，各级人民政府是教育法律重点规范的对象，有 130 条规范指向地方政府，47 条规范指向国务院及其部委。除此之外，学校、国家、社会组织与个人也是教育法律重点规制的对象，但规制监护人、培训机构、举办者、校长等主体的法律规范则是个位数。如将学生、教师、校长、学校等主体之间的关系视作教育内部关系，而将其他主体之间的关系视作教育外部关系，则可发现立法者将 63.3% 的笔墨用于规制教育外部关系，但这些规范的适用率（30.25%）低于规制教育内部关系规范的适用率（51.69%）。

表 4-4 不同规制对象规范的司法适用情况

规范对象＼司法适用情况	规范数量（条）*	高被引规范（条）	低被引规范（条）	零被引规范（条）	司法适用率（%）	高被引率（%）
监护人	7	3	4	0	100	42.9
培训机构	5	1	3	1	80	60
举办者	8	5	1	2	75	62.5
学生	29	9	10	10	65.5	31
教师	37	6	14	17	54	16.2
学校	134	32	34	68	49.3	23.9
社会组织与个人	43	12	9	22	48.8	27.9
地方政府	130	21	23	86	33.8	16.2
公民	9	0	3	6	33.3	0
校长	7	2	0	5	28.6	28.6
国务院及其部委	47	4	6	37	21.3	8.5
企事业单位	25	0	4	21	16	0
国家	74	6	3	65	12.2	8.1
社会	9	0	0	9	0	0

* 需要指出的是，由于一些法律规范同时规制了学生、教师、学校、政府等不同主体，因此本表中规范数量的加总实际上大于 415 条。

另外，还有一个有趣的发现，即规范对象越小越具体，其适用程度通常越高；规范对象越大越抽象，其适用程度越低。譬如，规制地方政府的法律规范就比规制国务院及其部委的法律规范更易司法适用，而规制国务院及其部委的法律规范则比规制国家的法律规范更易司法适用。又如，相较规制社会的法律规范，规制社会组织与个人的法律规范更易适用。再如，相较规制社会、国家、国务院及其部委、企事业单位的法律规范，规制监护人、培训机构、举办者与学生的法律规范更易司法适用。可能的解释是，在目前的司法体制下，涉及微观主体的纠纷较易进入司法程序，而涉及宏观主体的纠纷则难启动审判程序，从而影响相关规范的司法适用。

三　确定程度：准用性规范更易适用，确定性规范较难适用

按照确定程度的不同，可将法律规范分为确定性规范、委任性规范与准用性规范。其中，确定性规范是指明确规定了行为规则内容的法律规范，委任性规范是指虽未明确规定行为规则内容却授权某一机构加以规定的法律规范，而准用性规范则是指可以援引其他规则以使本规则得以明确的法律规范。[①] 统计表明，教育法律之中包含429条确定性规范[②]、33条委任性规范与91条准用性规范。但从司法适用率来看，确定性规范的司法适用率最低（34.97%），准用性规范的司法适用率最高（48.35%），而委任性规范则介乎两者之间（45.45%）。另外，三类规范的高被引率也呈现几乎相同的态势，但规范之间差距微弱（见图4-2）。显然，无论从司法适用率还是高被引率来看，准用性规范的适用状况均优于委任性规范，委任性规范的适用状况则好于确定性规范。这一发现颇让人意外，因为确定程度较高的确定性规范适用程度较低，而确定程度较低的准用性规范与委任性规范的适用程度反而较好。

事实上，这一状况与"宜粗不宜细"的立法传统不无关联。众所周知，立法的本质是利益的分配和调整，这必然引起利益相关方围绕立法活动进行激烈博弈。当利益诉求多元化、意见相持不下，争论就会旷日持久，为

① 舒国滢主编《法理学阶梯》（第2版），清华大学出版社，2010，第58页。
② 由于某些条款可能同时包含几条确定性规范，因此本书统计的确定性规范大于415条。

确保法律顺利通过，立法机关通常会"搁置争议"，即先由法律进行原则规定，而对争议事项则授权有关部门制定具体细则。这就导致实质内容相对匮乏的确定性规范较难适用，而准用性规范与委任性规范则借助配套规则实现了对教育生活的调整。至于准用性规范的适用状况为何优于委任性规范，可能的解释是仍有部分委任性规范尚未制定出台，从而影响了这些规范的适用。

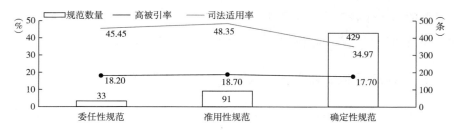

图4-2　委任性规范、准用性规范与确定性规范的司法适用情况

四　规范功能：解释性规范更易适用，目的性规范较难适用

为更好地展现其他法律规范的司法适用状况，我们根据规范功能进行了细分。统计显示，其他法律规范包含4条法律解释规范、8条立法目的规范、8条施行时间规范、19条法律适用规范与30条法律责任规范。虽然其他法律规范的整体适用率较低，但各规范之间还是存在显著差异。图4-3表明，法律解释规范的司法适用率最高（75%），其后是法律责任规范（33.33%）与法律适用规范（31.58%），而立法目的规范与施行时间规范的司法适用率均为12.5%，且都缺乏高被引规范。其原因在于法律解释规范主要是进一步解释法律之中的不确定法律概念，因此在教育法律规定较为笼统原则的情况下，有助于明晰法律规范含义，也有助于法院援引进行说理。

相较之下，作为一部法律的"首"和"尾"，立法目的规范主要是阐述立法目的和依据，而施行时间规范则是规定法律施行的时间节点，因两者皆不涉及实体关系，也较少涉及纠纷解决，因而极少适用。事实上，除《民办教育促进法》第一条与《教师法》第四十三条外，其余立法目的规范与施行时间规范（共计14条）皆是零被引规范。尽管如此，立法目的规范与施行时间规范仍是任何一部法律不可或缺的重要组成部分。令人意外的是，法律责任规范的司法适用状况却不甚理想，《义务教育法》尤其如此。虽然《义务教育法》包含 10 条法律责任规范，但司法实践中真正适用的责任规范仅有 2 条。究其原因，倒不是因为法律责任规范不宜司法适用，而是狭窄的受案范围导致与此相关的责任规范无从进入司法适用程序。

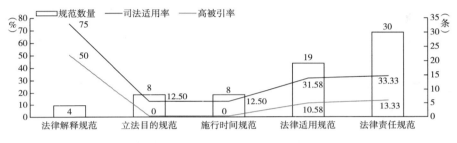

图 4-3　其他法律规范的司法适用情况

第四节　法律规范的适用差异本质
是立法质量的反映

前文分析已表明，不同法律规范确有不同程度的司法适用频率，但这些差异可能只是问题之表，深层问题实则反映了立法质量有待提高。

一　规范主体层级过高影响教育法律贯彻实施

拔高规范主体层级是我国教育立法的突出特征，如规范国家、政府、社会的条款高达 260 条，规范教师、学生及监护人的条款仅有 73 条。但研究发现，指向学生、监护人、教师、学校等微观主体的法律规范适用率为 65.5%、100%、54%、49.3%，而指向国家、社会、国务院及其部委、地方政府等宏观主体的法律规范适用率则为 12.2%、0、21.3%、33.8%。由此可见，规范主体层级越高，则其司法适用率越低；规范主体层级越低，则其司法适用率不降反升。这其实不难理解，因为诉讼本是为救济当事人合法权益而进行的制度设计，当教师、学生及监护人认为合法权益受到侵犯，就倾向于援引于已有利的条款主张权利，从而推动相关规范的司法适用；而国家、政府与社会则指向宽泛，涉及全体国民或社会公众，即便相关规范没有履行，作为社会一员的个体也无充足的动力去督促规定落实。

因此，尽管将国家、政府和社会作为立法重点规范的对象，凸显了立法者落实教育优先发展战略的决心及强烈的自我规制意识，但从操作层面来说不利于法律规定的贯彻落实。事实上，这些主体如未按照法律规定为或不为特定行为，那么公民应向谁主张呢？其实，立法者也意识到这一问题，因而在规范设计上，更多使用不具强制力的倡导性规范，意在倡导和鼓励，而非科以强制性的义务和责任。另外，尽管行政诉讼制度早已确立，但受到行政诉讼受案范围的限制，很多纠纷仍然无法进入司法程序，也影响到这些宏观规范的司法适用。

二　过度使用倡导性规范混淆法律政策各自界限

综览 8 部教育法律可以发现，教育法律特别青睐使用倡导性规范，如"国家提倡""国家支持""国家鼓励""国家推进"等表述比比皆是。统计发现，教育法律之中包含 77 条倡导性规范，占教育法律规范的 18.55%。倡导性规范主要是倡导社会主体为或不为特定行为，或者表明国家的政治态度或政策倾向，其核心在于倡导，而非授权，更非强制。[①] 因此，作为一种道德激励的法律表达，倡导性规范并不具有法律约束力，也不能诉诸法律的强制实施；即使不按倡导性规范行事，也无须承担法律责任。因此，教育法律过度使用倡导性规范，实际是混淆了道德与法律的界限。[②] 将难以强制实施的道德规范写入法律文本，无疑会导致适用困局的出现。

此外，教育法律的政策化倾向进一步加大了教育法律适用的难度。在政策化的立法构造下，教育法律不是法言法语的严谨表述，而是教育政策的简单移植或照搬。[③] 但是，政策化的法律语言并非教育法律的"光彩"特

---

① 参见段斌斌《教育法"软化"：制度成因与逻辑重构》，载劳凯声、余雅风主编《中国教育法制评论》第 14 辑，教育科学出版社，2017。
② 参见褚宏启《教育法的价值目标及其实现路径——现代教育梦的法律实现》，《教育发展研究》2013 年第 19 期。
③ 参见朱同琴《论教育法体系中的倡导性规范——兼论倡导性规范的一般原理》，《中国人民大学教育学刊》2013 年第 4 期。

征，既不契合法律规范三要素理论（假定条件、行为模式和法律后果），也不符合行为规范或裁判规范要求，难以成为定分止争的适用依据，也影响教育法律的司法适用。

三　救济途径不够通畅致使法律规定流于形式

权利的真谛在于救济，没有救济的权利便是虚假的权利，这就要求教育法律不仅要注重逻辑自洽性，更要明确纠纷解决途径，以保障受损权利能够得到及时救济。但在教育法律中，仅有 2 个条款规定了纠纷解决途径，即《教育法》第四十二条与《教师法》第三十九条。虽然《教育法》第四十二条规定，受教育者对于侵犯人身权、财产权等合法权益的行为可以提起诉讼，但对受教育权是否可诉则未言明，导致受教育权长期面临司法救济困局。尽管随着司法能动的努力，受教育权的保障水平有明显提升，但权利保障的根本仍需要立法赋权。另外，《教师法》仅授予教师申诉权，而未赋予起诉权，导致很多纠纷无法诉诸司法，即便当事人起诉，也遭法院驳回。虽然借助司法解释，公立学校与其教师因辞职、辞退、履行聘用合同发生的纠纷已被纳入人事争议案件受案范围，但除此之外的教师人事争议仍被法院拒之门外。

由此可见，教育法律虽不厌其详地列举了诸多权利，也淋漓尽致地表述了各项义务，但因未赋予相应诉权，导致很多规定流于形式，治理成效大打折扣。例如，自主办学是高等学校享有的法定权利，但法律未规定自主办学权遭受侵犯时可否寻求救济，救济机关、途径和程序更是付之阙如。由于解纷途径不明，学校维权之路注定布满荆棘，即便遭受侵害，也无法通过法治方式维护自身合法权益。正因如此，为权利被侵害的对象提供有效的救济机制，已成为教育修法工作的重要共识。[①] 这就要求在今后的立法或修法过程中，前瞻性地考虑教育纠纷的解决途径与受损权利的救济机制，使其不仅逻辑自洽、严密周详，而且具备援引和适用的可能。

[①] 参见秦惠民《走向社会生活的教育法——中国教育法律的适用状况分析》，载劳凯声主编《中国教育法制评论》第 5 辑，教育科学出版社，2007。

第五节　根据适用状况提升教育立法质量

一　科学设定教育法律的规范模式

如前文所述，不同类型的法律规范的确有不同程度的司法适用频率，但规范数量与适用频率之间存在一定程度的错位。一方面，虽然权义复合规范与禁止性规范更易司法适用，但其仅占教育法律规范的 6.75%；另一方面，尽管倡导性规范的司法适用率最低，但其占教育法律规范的 18.55%。因此，从加强教育法律司法适用的角度来看，既要增加权义复合规范与禁止性规范的立法数量，也要减少倡导性规范的使用频率。基于此，在教育立法过程中，应当按照规范对象的特点和规律，科学创制教育法律规范，适当增加禁止性规范与权义复合规范的立法数量，而对部分已经创制的授权性规范与命令性规范，可在修法时进一步转换为权义复合规范与禁止性规范；同时，要逐步减少倡导性规范的使用频率，对已经创制的倡导性规范可为其设定行为模式和法律后果，或者考虑删除不符合行为规范要求且无关紧要的倡导性规范。

二　适时调整教育法律的规制对象

如前文所述，拔高规范对象层级与着重规范教育外部关系是我国教育法律的显著特征。但从适用情况看，存在两大"悖论"：一是宏观法律规范（规制宏观主体的法律规范）的适用状况不及微观法律规范（规制微观主体的法律规范），二是教育外部规范（规范教育外部关系的法律规范）的适用状况逊色于教育内部规范（规范教育内部关系的法律规范），这不得不引起我们的重视和反思。事实上，20 世纪 90 年代前后，面对教育经费短缺、拖欠教师工资、学校危房频出等问题，立法者意识到解决教育问题需要从外部关系入手，通过重点规制政府和社会的行为，确保教育优先发展战略落到实处。因此，彼时立法侧重于规范政府行为、明确社会各方权责、调整教育外部关系。毋庸讳言，这些规定对于落实教育优先发展战略、促进教育改革发展、保障公民受教育权利发挥了重要作用，但随着经济社会的快速发展，其弊端也日益显现。

随着市场经济的深入发展与熟人社会逐步解体，师生的维权意识与法治观念有了显著提升，当合法权益遭受侵犯时，师生等微观主体不再选择沉默，而是依法维权，导致学校内部纠纷不断涌现。尽管外部纠纷仍是教育纠纷的组成部分，但学校内部纠纷已成为纠纷的主要类型。① 然而，现有规范偏重宏大叙事，对微观主体之间的权义关系缺乏细腻的立法规范，在某些领域甚至出现了无法可依的问题。因此，如何因应社会发展和法治进程，科学设定教育法律的规范对象亟须破题。这就要求教育立法由"宏观叙事"走向"微观规范"，② 从极力调整教育外部关系转向重点规范教育内部关系，从重点规制国家、政府和社会等宏观主体走向着重规范学生、教师和学校等微观主体。

三　加强法律规范之间的有效衔接

如前文所述，确定性规范的司法适用状况逊色于委任性规范，委任性规范的司法适用状况又不及准用性规范。这启示我们一方面要提高确定性规范的立法质量，改变"宜粗不宜细"的立法传统，聚焦具体问题，回应现实争议，力戒避重就轻；另一方面则要注重教育法律与其他规范的有效衔接。因为作为中国法律序列的重要一环，教育法律既与宪法、民商法、行政法、刑法等法律部门有千丝万缕的联系，也与教育法规、教育规章、教育政策有不可分割的关联，且8部教育法律之间也有衔接互补的需要。正因如此，教育法律犹如一座大厦，它的每一块砖都垒在另一块砖上。如果与其他法律缺乏互动，教育法律就易陷入孤立境地，难以有效规范教育行为、调节教育关系。因此，在立法技术上要破除传统部门法的藩篱，③ 借助准用性规范衔接教育法律和其他法律，科学编织规范法网，共同规制教育行为，做到不重不漏、相得益彰。

与此同时，教育法律也应注重与教育法规、教育规章、教育政策的配

---

① 参见申素平、陈瑶《论非诉讼纠纷解决机制及其在我国教育领域的适用》，《中国高教研究》2017年第1期。

② 王大泉：《新时代教育立法理念与任务的变化》，《中国高教研究》2019年第3期。

③ 参见姚金菊《未来教育立法的三个面向与转变》，《中国高教研究》2019年第3期。

套协同。当粗则粗，宜细则细，立法意见不统一时可以先行先试，授权相关部门制定委任性规范，细化规范内容，填补规范漏洞，先行积累经验，待时机成熟再上升为法律。此外，尽管教育法律授权相关部门制定的委任性规范多达33项，但有些规范的配套细则迟迟未能出台，这妨碍了教育法律的有效实施，影响了教育法律的规范效果。这正是部分委任性规范的司法适用现状不甚理想的重要原因。为此，相关部门应恪守法律规定，用好法律授权，按照"科学立法、民主立法、依法立法"的要求，及时制定配套细则，科学拟定规范内容。同时，相关部门自行制定法规政策之时，也要注重与现有法律的衔接和协调，避免越界立法，防止规范冲突，维护法制统一。

四 加大教育法律规范的释法力度

法律语言的模糊性和不确定性决定了法律需要解释。尽管法律解释类型多样，但立法解释最为重要，因为制定法律的人要比任何人更清楚法律应该怎样执行和解释。[①] 但教育法律的415个条文仅有4条涉及立法解释。尽管《国家通用语言文字法》第二条、《民办教育促进法》第六十五条、《高等教育法》第六十八条与《教师法》第四十条分别对国家通用语言文字、民办学校及其校长、高等学校及其他高等教育机构，以及各级各类学校、其他教育机构与中小学教师进行了立法解释，但除此之外全国人大及其常委会尚未对教育法律进行过专门解释。显然，与教育法律所使用的不确定法律概念以及教育实践对法律解释的旺盛需求相比，立法解释的力度仍显薄弱。

事实上，"全国人大常委会的法律解释权长期虚置或实际旁落。现有的对教育法相关条文不多的解释，主要是通过法院对教育案件的审判实现的"。[②] 虽然法院的解释有助于明晰教育法律适用的含义，但法院的解释毕竟适用范围有限，加之不同法院对教育法律仍有不同乃至截然相反的理解，因此在教育案件受案范围仍然局促的背景下，加强全国人大常委会的立法

---

① 参见〔法〕卢梭《社会契约论》，何兆武译，商务印书馆，2017，第83页。
② 申素平：《对我国教育立法的思考》，《中国教育学刊》2018年第6期。

解释仍显必要和迫切。为此，应"立改废释"并举，条文释义与专门解释同步推进，通过加大释法力度明晰规范含义，减少适用歧义，为当事人提供明确的行为指引，为执法者免除后顾之忧。当然，除加强立法解释外，加大行政解释、司法解释与学理解释也是加强教育法律释法力度的题中之义。

第六节　本章小结

本章尝试从法律规范类型的角度解释教育法律条款的司法适用差异。研究发现，不同法律规范类型有着不同的司法适用频率：其一，从行为模式看，禁止性规范更易适用，倡导性规范较难适用；其二，从规范对象看，规制微观主体与教育内部关系的法律规范更易适用，规制宏观主体与教育外部关系的法律规范较难适用；其三，从确定程度看，准用性规范更易适用，确定性规范较难适用，委任性规范居于其间；其四，从规范功能看，法律解释规范更易适用，立法目的规范与施行时间规范较难适用，法律责任规范与法律适用规范则居其间。当然，各类规范之间的适用差异，本质是立法质量的反映，反映了我国教育法律过度拔高规范主体、过多使用倡导性规范及救济途径不够周全有效等问题。为此，应科学设定规范模式、适切调整规制对象、加强教育法律与其他规范的有效衔接、加大教育法律规范的释法力度。

第五章　法院受案范围与教育法律
司法适用的案由差别

> "法律必须依靠某种外部手段来使其机器运转，因为法律规则是不会自动执行的。"[1]
>
> ——〔美〕罗斯科·庞德

虽然第四章探讨了教育立法质量对教育法律司法适用的影响，但其无法解释教育法律司法适用的案由差别。所谓教育法律司法适用的案由差别，是指教育法律在不同类型的案件中，具有不同程度的司法适用性。面对法律适用的案由差别，我们不禁要问：教育法律为何在某些案件中适用性强？在其他案件则适用性弱，甚至完全欠缺适用性？造成这一差异的原因何在？

对于这些疑问，可从两方面解释。一是纠纷当事人的维权意识与诉讼行动；二是法院受案范围。如前文所述，由于司法奉行"不告不理"，因此案件受理的前提是当事人主动起诉，否则即便法律明确规定权益归属与解纷途径，法院也爱莫能助，更不能越俎代庖主动介入纠纷。既然无案件裁决，法律适用也就无从谈起。当然，对于当事人的起诉，法院也不是照单全收、来者不拒，只有符合起诉条件并在受案范围内，才会受理并适用相关法律裁决纠纷。因此，在中国的司法体制下，受案范围实际承担"控制阀"的重任，调控现实纠纷进入司法诉讼的范围和广度。

尽管诉讼行动与受案范围都会影响法律适用，但受案范围的影响更为

---

[1] 〔美〕罗斯科·庞德：《通过法律的社会控制》，沈宗灵译，商务印书馆，1984，第118页。

根本。事实上，当事人的起诉只有经过受案范围的"过滤"，才有机会进入司法程序，进而适用教育法律。当然，这并不是说当事人的诉讼行动就不重要，只是鉴于第六章会专门探讨，因而本章着重从法院受案范围的角度来解释这一差别。鉴于此，本章拟在系统梳理法律适用案由差别的基础上，重点探讨受案范围如何影响法律适用，进而分析两者的互动关系及作用机制。

第一节　教育法律司法适用的案由分布

鉴于每部法律都有特定规制主题及适用偏好，本节将在整体考察的同时，也将具体探讨单行法律的适用差别，以期客观而全面地呈现教育法律在不同案件中的"适用图景"。

一　整体维度的考察

第一，教育法律在培训合同、劳动争议、借贷纠纷与生命权（健康权、身体权）纠纷案件中具有较强的民事适用性，而在不当得利、清算责任、恢复原状与产品责任案件中民事适用性较弱。表5-1是援引教育法律的民事案由分布。从表5-1可知，援引教育法律的633件民事案件共由36类案由组成。具体来看，培训合同纠纷案件数量最多（178件），其次是劳动争议纠纷案件（75件），借贷纠纷案件（55件），合同纠纷案件（55件），生命权、健康权、身体权纠纷案件（39件），合伙协议纠纷案件（31件）与服务合同纠纷案件（25件），上述7类案件占到民事案件的72.35%。与之相对，人格权纠纷案件、股东知情权纠纷案件、追偿权纠纷案件、抵押权纠纷案件、清算责任纠纷案件、产品责任纠纷案件、不当得利纠纷案件与恢复原状纠纷案件均只有1件。这说明，教育法律在培训合同纠纷案件，劳动争议纠纷案件，借贷纠纷案件，合同纠纷案件，生命权、健康权、身体权纠纷案件，合伙协议纠纷案件与服务合同纠纷等民事案件中，更有可能适用；而在人格权纠纷、股东知情权纠纷、追偿权纠纷、抵押权纠纷、清算责任纠纷、产品责任纠纷、不当得利纠纷与恢复原状纠纷等民事案件中，则较难适用。此外，援引教育法律超过10件的民事案件还有教育机构责任纠纷、委托合同纠纷、买卖合同纠纷、人事争议纠纷、合同效力纠纷、租赁合同纠纷与转让合同纠纷，这表明教育法律在上述案件中也有一定程度的民事适用。

表 5-1　援引教育法律的民事案由分布

单位：件

民事案由	援引案件	民事案由	援引案件	民事案由	援引案件
培训合同纠纷	178	租赁合同纠纷	11	名誉权纠纷	3
劳动争议纠纷	75	转让合同纠纷	11	财产损害纠纷	3
借贷纠纷	55	股权转让纠纷	8	运输合同纠纷	3
合同纠纷	55	交通事故纠纷	7	建设工程纠纷	2
生命权、健康权、身体权纠纷	39	抚养费纠纷	7	人格权纠纷	1
合伙协议纠纷	31	侵权责任纠纷	5	股东知情权纠纷	1
服务合同纠纷	25	变更抚养权纠纷	5	追偿权纠纷	1
教育机构责任纠纷	19	确权纠纷	5	抵押权纠纷	1
委托合同纠纷	19	离婚纠纷	4	清算责任纠纷	1
买卖合同纠纷	16	特许经营纠纷	4	产品责任纠纷	1
人事争议纠纷	15	人身损害纠纷	3	不当得利纠纷	1
合同效力纠纷	14	占有物返还纠纷	3	恢复原状纠纷	1

　　第二，教育法律在不服行政处理决定、行政机关不作为、高等学校学位纠纷与开除学籍案件中具有较强的行政适用性，但在开除教师公职、留校察看、降格留级与转专业纠纷案件中则适用性较弱。从图 5-1 可知，援引教育法律的 166 件行政案件可以进一步细分为 14 类案由。其中，不服行政处理决定案件最多（44 件），其次是行政机关不作为案件（37 件）、高等学校学位纠纷案件（22 件）与开除学籍案件（16 件），上述 4 类案件占行政案件的 71.69%。与之相对，开除教师公职案件（3 件）、留校察看案件（2 件）、降格留级案件（1 件）与转专业纠纷案件（1 件）也零星援引了教育法律，上述 4 类案件占行政案件的 4.22%。此外，援引教育法律达到或超过 5 件的行政案件还有行政处罚案件（10 件）、行政许可案件（9 件）、信

息公开案件（6件）、研究生招生纠纷案件（6件）、退学处理案件（5件），这说明教育法律在这5类案件中也有一定程度的司法适用。

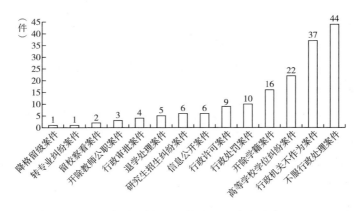

图 5-1　援引教育法律的行政案由分布

第三，教育法律在过失致人重伤、非法经营、挪用资金与强奸等刑事案件中也有司法适用。具体来看，在"通渭县人民检察院诉刘某某犯过失致人重伤罪案"中，法院认为刘某某因学生张某学习不认真而对其进行体罚，导致被害人张某构成重伤二级，法院依据《义务教育法》《未成年人保护法》等法律禁止体罚的相关规定，认定教师刘某某的行为构成过失致人重伤罪，并依法承担民事责任；[①] 在"贾某强奸罪案"中，法院依据《义务教育法》关于适龄儿童入学年龄的规定，推定犯罪嫌疑人在明知对方是幼女的情况下，仍与其发生性关系，因此认定贾某构成强奸罪；[②] 在"李某甲、张某甲非法经营、诈骗罪案"中，法院依据《民办教育促进法》第二条、第十一条、第六十五条等规定，认为开办曲艺文化教育机构必须依法进行审批，但李某甲、张某甲未依法进行审批，且非法经营数额在5万元以上，扰乱市场秩序，其行为符合非法经营罪的构成要件，应当以非法经营

[①] 通渭县人民检察院诉刘某某犯过失致人重伤罪案，甘肃省通渭县人民法院一审刑事附带民事判决书，（2015）通刑初字第59号。

[②] 贾某强奸罪案，山东省茌平县人民法院一审刑事判决书，（2014）茌少刑初字第4号。

罪追究刑事责任；① 在"孟某甲挪用资金、职务侵占案"中，法院认为孟某甲所称 900 万元"征地协调费"未依据《民办教育促进法》第十二条规定出现在学校申报材料中，也未出现在验资报告和年度检查报告中，而是记载在郑州高等职业专修学校账目中，因此现有证据无法证实该笔款项是否属某学校所有。②

此外，教育法律在少数执行案件中也有适用。具体而言，在"李某某与吴川市振文镇低垌小学建设工程施工合同执行纠纷案"中，执行异议人低垌小学援引《义务教育法》第四十九条规定，意在证明法院冻结义务教育公用经费、教师绩效工资、贫困生生活补助等做法违反《义务教育法》；③在"大方县教育局非诉执行审查案"中，法院通过适用《中华人民共和国教育法》第二十七条等规范，论证了大方县教育局对被执行人申某作出的行政处罚决定合法，从而准予强制执行；④ 在"农安县高家店镇中学执行行为异议案"中，法院认为《义务教育法》及相关规范并未明确规定学校专项账户资金不能强制执行，更何况其账户余额中还有其他收入 42275.57 元，主要用于学校其他费用开支，因此裁定强制执行并无不妥。⑤ 在"吴某某与长沙环球职业中专学校、湖南欧雅教育科技有限公司、湖南长沙彬山实业有限公司、何某某、钟某某民间借贷纠纷执行异议案"中，法院认为虽然《民办教育促进法》第三十六条规定任何组织和个人不得侵占民办学校依法管理和使用的资产，但人民法院执行的是生效法律文书，用于实现申请执行人的合法债权，是合法的司法行为，而不是异议人所谓的"侵占"行为，

---

① 李某甲、张某甲非法经营、诈骗罪案，河南省渑池县人民法院一审刑事判决书，（2016）豫 1221 刑初 3 号。
② 孟某甲挪用资金、职务侵占案，河南省郑州市中原区人民法院一审刑事判决书，（2014）中刑初字第 87 号。
③ 李某某与吴川市振文镇低垌小学建设工程施工合同执行纠纷案，广东省吴川市人民法院执行裁定书，（2015）湛吴法执异字第 8 号。
④ 大方县教育局非诉执行审查案，贵州省大方县人民法院一审行政裁定书，（2016）黔 0521 行审 34 号。
⑤ 农安县高家店镇中学执行行为异议案，吉林省农安县人民法院执行裁定书，（2015）农执异字第 7 号。

因此认定长沙环球职业中专学校提出的执行异议理由不能成立。① 另外，在"苏州市吴中区教育局非诉执行申请财产保全案"② 中，法院同时援引了《教育法》与《民办教育促进法》的相关规定。

二　单行法律的探讨

第一，《学位条例》主要适用于学位纠纷案件，《民办教育促进法》则主要适用于教育培训合同纠纷等案件。在 19 件援引《学位条例》的案件中，学位纠纷 17 件，开除学籍纠纷 1 件，另有 1 件民事案件（教育培训合同纠纷）。显然，《学位条例》的适用主要集中在学位不授予或学位撤销类纠纷中。也就是说，学位纠纷案件最有可能适用《学位条例》。需要指出的是，虽然这 17 件学位纠纷案件都援引了《学位条例》，但有 2 件案件因不符合法定起诉条件，而被裁定驳回起诉。此外，在"龙某与井冈山大学开除学籍处罚纠纷案"中，法院虽援引了《学位条例》的相关规定论证井冈山大学自主设置学位授予条件的合法性，但该起纠纷主要因考试作弊而引发。③ 另外，在"陈某某与盐城市教育培训与服务中心、陕西师范大学教育培训合同纠纷案"中，法院在对教育培训合同进行实体审查的同时，也援引《学位条例》第八条等规定说明了陈某某要求提供真实考分并颁发毕业证、学位证的诉讼请求超出了民事诉讼的受案范围，从而对于该项诉讼请求不予理涉。④

表 5-2 是援引《民办教育促进法》的诉讼案由分布。从表 5-2 可知，有 34 类案由不同程度地援引了《民办教育促进法》，其中民事案由 27 类、行政案由 7 类。具体来看，培训合同案件最多（159 件），其次是借贷纠纷

---

① 吴某某与长沙环球职业中专学校、湖南欧雅教育科技有限公司、湖南长沙彬山实业有限公司、何某某、钟某某民间借贷纠纷执行异议案，湖南省长沙市中级人民法院执行裁定书，(2014) 长中民执异字第 00415 号。

② 苏州市吴中区教育局非诉执行申请财产保全案，苏州市吴中区人民法院行政裁定书，(2014) 吴非诉行保字第 0001 号。

③ 龙某与井冈山大学开除学籍处罚纠纷案，江西省吉安市中级人民法院二审行政判决书，(2013) 吉中行终字第 35 号。

④ 陈某某与盐城市教育培训与服务中心、陕西师范大学教育培训合同纠纷案，江苏省盐城市中级人民法院二审民事判决书，(2015) 盐民终字第 00289 号。

案件（54 件）、合同纠纷案件（46 件）、服务合同案件（25 件）与合伙协议案件（24 件），上述 5 类案件占民事案件的 81.48%。与之相对，援引《民办教育促进法》的租赁合同案件等 7 类案件均在 1~5 件之间（不含本数），而股东知情权等 10 类案件均只有 1 件。由此可见，《民办教育促进法》在培训合同、借贷纠纷、合同纠纷案件中具有较强的民事适用，而在股东知情权等 10 类案件中则司法适用性较弱。而从援引《民办教育促进法》的行政案由分布来看，行政不作为案件为 18 件，不服行政处理案件为 9 件，行政处罚案件为 7 件，行政许可案件为 6 件，行政审批案件为 3 件，行政赔偿案件与工商登记案件各 1 件。这说明，《民办教育促进法》在行政不作为与不服行政处理等行政案件中具有一定程度的司法适用，而在行政赔偿与工商登记等行政案件中则适用性较差。此外，在"李某甲、张某甲非法经营、诈骗罪案"中，法院援引《民办教育促进法》第二条、第十一条与第六十五条进行了说理；①　而在"孟某甲挪用资金、职务侵占案"中，法院也援引《民办教育促进法》第十二条进行了裁判。②

表 5-2　援引《民办教育促进法》的诉讼案由分布

单位：件

民事案由	案件数量	民事案由	案件数量	行政案由	案件数量
培训合同案件	159	占有物返还案件	3	行政不作为案件	18
借贷纠纷案件	54	财产损害赔偿案件	3	不服行政处理案件	9
合同纠纷案件	46	劳动争议案件	2	行政处罚案件	7
服务合同案件	25	股东知情权案件	1	行政许可案件	6
合伙协议案件	24	抵押权纠纷案件	1	行政审批案件	3
确认合同效力案件	10	追偿权纠纷案件	1	行政赔偿案件	1
转让合同案件	9	教育机构责任案件	1	工商登记案件	1
股权转让案件	8	清算责任案件	1		
买卖合同案件	7	施工合同案件	1		

①　李某甲、张某甲非法经营、诈骗罪案，河南省渑池县人民法院一审刑事判决书，（2016）豫 1221 刑初 3 号。

②　孟某甲挪用资金、职务侵占案，河南省郑州市中原区人民法院一审刑事判决书，（2014）中刑初字第 87 号。

续表

民事案由	案件数量	民事案由	案件数量	行政案由	案件数量
出资人确认案件	5	运输合同案件	1		
租赁合同案件	4	侵权责任案件	1		
婚后财产纠纷案件	3	交通事故责任案件	1		
特许经营合同案件	3	恢复原状案件	1		
生命权、健康权、身体权纠纷案件	3				

　　第二，《高等教育法》主要适用于委托合同与培训合同等案件，《义务教育法》主要适用于学生伤害事故等民事案件。图5-2是援引《高等教育法》的诉讼案由分布。图5-2显示，共有12类诉讼案件援引了《高等教育法》，其中民事案由4类、行政案由8类。从行政案由的分布来看，援引《高等教育法》的招生不录取案件最多（5件），其次是学位不授予、退学处理与开除学籍案件（各3件），行政不作为与留校察看案件各有2件，转专业纠纷与行政确认案件各有1件。由此可见，《高等教育法》在招生不录取、学位不授予、开除学籍、退学处理等行政案件中更易援引和适用，而在转专业纠纷与行政确认案件中则较少适用。从民事案由的分布来看，援引《高等教育法》的委托合同案件最多（11件），其次是培训合同案件（9件）、劳动争议案件（3件）与生命权纠纷案件（1件）。这说明，《高等教育法》的民事适用主要发生在委托合同纠纷与培训合同纠纷等案件中。需要说明的是，援引《高等教育法》的委托合同案件几乎都发生在托办入学领域，但其约定显然违反了《高等教育法》关于考试入学的强制性规定。如在"曹某甲与曹某乙、叶某某保证合同纠纷案"中，法院认为在原告未参加学习和考试的情况下，曹某乙为其办理本科毕业证的行为违反了《高等教育法》第二十条与第二十一条的强制性规定，该合同约定当属无效，于是判令被告返还原告办证费用人民币3.6万元。① 而援引《高等教育法》

---

① 曹某甲与曹某乙、叶某某保证合同纠纷案，上海市虹口区人民法院一审民事判决书，（2013）虹民一（民）初字第195号。

的培训合同案件则主要发生在民办高校与学生之间，如在"广州工商学院与梁某某合同纠纷案"中，法院认为梁某某未依据《高等教育法》第五十四条第一款规定向广州工商学院付清相关费用，既违反法律规定，同时也构成违约，从而判令被告梁某某向广州工商学院缴纳学费、住宿费、教材费等费用。①

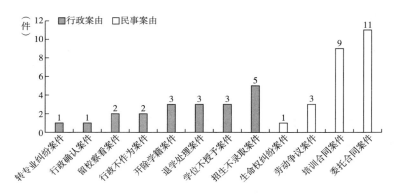

图 5-2　援引《高等教育法》的诉讼案由分布

图 5-3 是援引《义务教育法》的诉讼案由分布。从图 5-3 可知，共有 13 类案件援引了《义务教育法》，其中民事案由 8 类、行政案由 3 类、刑事案由 2 类。从民事案由分布看，教育机构责任纠纷案件和生命权、健康权、身体权、纠纷案件分别为 10 件和 9 件，主要是因学生伤害事故引发的民事纠纷。总的来看，虽然裁判文书罗列的案由各有不同，但援引《义务教育法》的民事案件主要有以下三类：一是学生伤害事故；二是适龄儿童抚养纠纷；三是入学纠纷。相较而言，行政案件较少适用《义务教育法》，零星分布在行政许可、行政不作为与不服行政处理决定等案件中。此外，法院在一起强奸罪案件②和一起过失致人重伤罪案件③中援引了《义务教育法》。

---

① 广州工商学院与梁某某合同纠纷案，广东省广州市花都区人民法院一审民事判决书，（2016）粤 0114 民初 1269 号。
② 贾某强奸罪案，山东省茌平县人民法院一审刑事判决书，（2014）茌少刑初字第 4 号。
③ 通渭县人民检察院诉刘某某犯过失致人重伤罪案，甘肃省通渭县人民法院一审刑事附带民事判决书，（2015）通刑初字第 59 号。

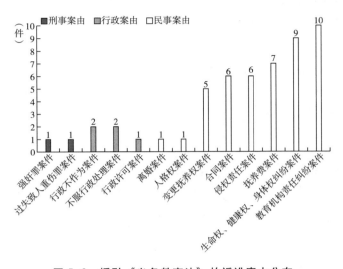

图 5-3　援引《义务教育法》的诉讼案由分布

　　第三，《教师法》主要适用于教师劳动争议、人事争议及不服行政处理决定等案件，而《教育法》则主要适用于学生伤害事故与开除学籍等案件。图 5-4 是援引《教师法》的诉讼案由分布。从图 5-4 可知，有 7 类行政案件与 8 类民事案件分别适用了《教师法》。从民事案由的分布来看，援引《教师法》的劳动争议案件数量最多，达到 62 件，占民事案件的 74.70%。这类案件主要发生在民办学校与民办教师之间，大多因解聘、拖欠工资或克扣寒暑假工资等事由而引发，是一类纯粹的劳动争议，较少受起诉条件与受案范围的拘束，几乎都进入了实体审理阶段。另外，随着相关司法解释的出台，公立学校与在编教师因辞职、辞退、履行聘用合同发生的纠纷也被纳入民事案件受案范围，因此援引《教师法》的人事争议案件也达到 12 件。除此之外，在教育机构责任纠纷，生命权、健康权、身体权纠纷，不当得利，委托合同，人身保险合同与侵权责任等案件中也零星适用了《教师法》的相关规定。从行政案由分布看，援引《教师法》的不服行政处理和行政不作为案件分别为 20 件与 11 件，这类案件主要是因不服申诉处理决定或因行政机关不作为而引发，但受制于行政诉讼受案范围与《教师法》第三十九条的规定，很多纠纷并未进入实体审理阶段。另外，在开除教师公职、行政赔偿、行政审批、行政确认与行政给付等案件中，也零星适用了《教师法》的相关规定。

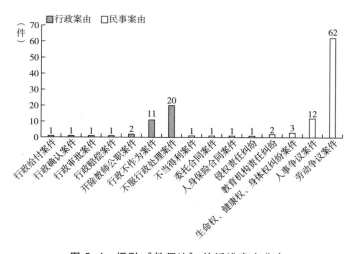

图 5-4　援引《教师法》的诉讼案由分布

表 5-3 是援引《教育法》的诉讼案由分布。从表 5-3 可知，有 20 类民事案件与 12 类行政案件援引了《教育法》。相较其他教育法律，援引《教育法》的诉讼案件显然更为分散，其适用图景与其作为教育领域基本法的地位大体匹配。从民事案由分布看，援引《教育法》的生命权、健康权、身体权纠纷案件数量最多（23 件），其次是培训合同纠纷（9 件）、合同纠纷（7 件）、教育机构责任纠纷（6 件）等案件，而运输合同、承包合同、名誉权纠纷、排除妨害与特许经营合同等案件各有 1 件。从行政案由分布看，援引《教育法》的开除学籍、信息公开、行政不作为、行政处罚案件分别有 12 件、6 件、5 件和 4 件，教育管理纠纷与行政处理案件各 3 件，行政许可案件与毕业证书案件各 2 件，招生纠纷、降格留级、退学处理与行政复议案件各 1 件。虽然援引《教育法》的诉讼案件类型多样，但其适用主要集中在学生伤害事故、合同纠纷与开除学籍等案件中，且民事适用显著多于行政适用。

表 5-3　援引《教育法》的诉讼案由分布

单位：件

民事案由	案件数量	民事案由	案件数量	行政案由	案件数量
生命权、健康权、身体权纠纷案件	23	人事争议案件	3	开除学籍案件	12
培训合同案件	9	人身损害案件	2	信息公开案件	6
合同纠纷案件	7	借贷纠纷案件	2	行政不作为案件	5
教育机构责任纠纷案件	6	运输合同案件	1	行政处罚案件	4
合伙协议案件	6	承包合同案件	1	教育管理纠纷	3
租赁合同案件	6	名誉权纠纷案件	1	行政处理案件	3
委托合同案件	5	排除妨害案件	1	毕业证书案件	2
确认合同效力案件	4	特许经营合同案件	1	行政许可案件	2
买卖合同案件	4			招生纠纷案件	1
交通事故责任案件	3			降格留级案件	1
转让合同案件	3			退学处理案件	1
劳动争议案件	3			行政复议案件	1

　　第四，《职业教育法》主要适用于劳动争议、人身损害赔偿与侵权责任案件，《国家通用语言文字法》主要适用于买卖合同与名誉侵权案件。在司法实践中，有 3 类案件援引了《职业教育法》，分别是劳动争议案件（5 件）、人身损害赔偿案件（1 件）与侵权责任案件（1 件）。在"西北工业学校与高某某人身损害赔偿纠纷案"中，法院援引《职业教育法》的相关规定认定西北工业学校既未签署书面协议，也未购买实习责任保险，因此对高某某的死亡具有不可推卸的管理责任；[①] 在"任某甲诉任某乙、汶上县恒辉石材制品厂提供劳务者受害责任纠纷案"中，法院依据《职业教育法》第八条认定原告任某甲对于损害的发生存在一定过错，因而判决其承担 20% 的民事责任；[②] 此外，在"六安市万景机动车检测有限公司与俞某

---

① 西北工业学校与高某某人身损害赔偿纠纷案，陕西省咸阳市中级人民法院二审民事判决书，（2013）咸民终字第 00871 号。

② 任某甲诉任某乙、汶上县恒辉石材制品厂提供劳务者受害责任纠纷案，山东省汶上县人民法院一审民事判决书，（2015）汶民一初字第 1658 号。

某劳动争议案"①、"马某与邢台市合欣人力资源有限公司劳动争议案"② 与"柏某诉中国人民解放军第一八一医院劳动争议纠纷案"③ 等劳动争议纠纷中，法院援引《职业教育法》第二十条、第二十八条等规定进行了实体裁判。

在司法实践中，有 2 类案件援引了《国家通用语言文字法》，即买卖合同纠纷（3 件）与名誉侵权纠纷（1 件）。在"贝儿好（北京）科技有限责任公司与广州盛成文化传播有限公司名誉权纠纷案"中，法院依据《国家通用语言文字法》第五条规定认为广州盛成公司所使用的"杀猪""黑心""害人""上当""无良""骗钱"等言语，明显违背网络语言的规范性和文明性，因而认定其有删帖义务；④ 在"唐某某与东莞市黄某某的日用品店买卖合同纠纷案"⑤、"朱某某与东莞市黄某某好贸易商行买卖合同纠纷案"⑥ 与"朱某某与东莞市黄某某育儿母婴用品店买卖合同纠纷案"⑦ 中，法院都依据《国家通用语言文字法》第二条与第十四条的规定，认为涉案商品极易在名称上误导消费者，从而判令被告商行返还货款并赔偿损失。此外，在"蒋某某诉湘南学院教育行政行为案"中，法院根据《国家通用语言文字法》第十九条第二款以及《湖南省实施〈中华人民共和国国家通用语言文字法〉办法》第十八条的规定，认为湘南学院因蒋某某普通话未达到二级乙等的水平而不授予其学士学位，符合法律、法规的规定。⑧ 当然，这起

---

① 六安市万景机动车检测有限公司与俞某某劳动争议案，安徽省六安市中级人民法院二审民事判决书，（2015）六民一终字第 00788 号。

② 马某与邢台市合欣人力资源有限公司劳动争议案，河北省邢台市桥西区人民法院一审民事判决书，（2015）西民初字第 2954 号。

③ 柏某诉中国人民解放军第一八一医院劳动争议纠纷案，广西壮族自治区桂林市象山区人民法院一审民事判决书，（2012）象民初字第 1303 号。

④ 贝儿好（北京）科技有限责任公司与广州盛成文化传播有限公司名誉权纠纷案，北京市第三中级人民法院二审民事判决书，（2014）三中民终字第 04050 号。

⑤ 唐某某与东莞市黄某某的日用品店买卖合同纠纷案，广东省东莞市第三人民法院一审民事判决书，（2016）粤 1973 民初 12255 号。

⑥ 朱某某与东莞市黄某某好贸易商行买卖合同纠纷案，广东省东莞市第三人民法院一审民事判决书，（2016）粤 1973 民初 6682 号。

⑦ 朱某某与东莞市黄某某育儿母婴用品店买卖合同纠纷案，广东省东莞市第三人民法院一审民事判决书，（2016）粤 1973 民初 6683 号。

⑧ 蒋某某诉湘南学院教育行政行为案，湖南省郴州市苏仙区人民法院一审行政判决书，（2014）郴苏行初字第 3 号。

案件除援引《国家通用语言文字法》外，还援引了《学位条例》《教育法》《高等教育法》的相关法条。

<h2 style="text-align:center">第二节　通过文书类型判断纠纷
是否属于受案范围</h2>

前文客观呈现了教育法律司法适用的案由分布，但要探讨法院受案范围与教育法律司法适用之间的关联，还必须厘清上述案件是否在受案范围内。事实上，判断某类纠纷是否属于受案范围，最简便易行的办法便是从文书类型加以识别。一般而言，当法院运用判决书进行裁判时，便意味着该类纠纷属于法院受案范围；当法院使用裁定书进行裁定时，那么该类纠纷是否属于受案范围则要具体分析。对于不予受理或驳回起诉裁定，除非不符合起诉条件，否则这类纠纷一般不属于法院受案范围。对于驳回再审裁定，情形则相对复杂：一方面，如果原审裁判对实体问题进行了判决，那么此时驳回再审则意味着该类纠纷属于法院受案范围；另一方面，如原审裁判裁定不予受理或驳回起诉，此时驳回再审则意味着该类纠纷不属于法院受案范围。对于撤销原审裁定而言，虽然上级法院撤销原审裁定并指定下级法院继续审理，但它其实表明上级法院认可此类纠纷的可诉性。至于保全裁定、执行裁定、撤销或者不予执行仲裁裁定，则不涉及法院受案范围的问题。① 因此，如能对 808 份裁判文书进行细分，便能厘清哪些纠纷属于受案范围，进而为探讨法院受案范围与教育法律司法适用之间的关系提供数据支撑。

一　91.83% 的援引案件在受案范围内

如前文所述，援引教育法律的判决书是 725 份，裁定书是 83 份。这说

---

① 事实上，《民事诉讼法》第一百五十四条第一款规定："裁定适用于下列范围：（一）不予受理；（二）对管辖权有异议的；（三）驳回起诉；（四）保全和先予执行；（五）准许或者不准许撤诉；（六）中止或者终结诉讼；（七）补正判决书中的笔误；（八）中止或者终结执行；（九）撤销或者不予执行仲裁裁决；（十）不予执行公证机关赋予强制执行效力的债权文书；（十一）其他需要裁定解决的事项。"但在教育诉讼中，不予受理裁定、驳回起诉裁定、保全和先予执行裁定、撤销或者不予执行仲裁裁决裁定适用范围最广。

明，在 808 件诉讼案件中，至少有 725 件纠纷在受案范围内。在 83 份裁定中，有 39 份裁定是因纠纷不属于受案范围而被拒绝受理，另有 18 份裁定是因不符合起诉条件而被拒绝受理①（也就是说，这类纠纷是否属于法院受案范围仍然不能确定，需要单独予以讨论）。此外，援引教育法律的驳回再审裁定 15 份②、执行裁定 5 份③、撤销仲裁裁定 3 份④、撤销原审裁定 2 份⑤、财产保全裁定 1 份⑥。鉴于驳回再审与撤销原审裁定都认可原审纠纷的可诉性，因此援引教育法律且在受案范围内的案件实际是 742 件，⑦ 占援引案件的 91.83%。这说明，法院受案范围与教育法律司法适用虽存在高度关联，但不是完全相关。从单行法律看，19 件援引《学位条例》的诉讼案件有 17 件在受案范围内，44 件援引《高等教育法》的诉讼案件有 39 件在受案范围内，54 件援引《义务教育法》的诉讼案件有 49 件在法院受案范围内，120 件援引《教师法》的诉讼案件有 94 件在受案范围内，134 件援引《教育

① 例如，提起诉讼的原告主体不适格或者告错被告且拒绝变更，等等。

② 具体参见刘某某与石河子大学不服教育行政行为纠纷案，新疆维吾尔自治区高级人民法院生产建设兵团分院再审行政裁定书，（2015）新兵行监字第 00014 号；石某与湖北中医药大学教育行政管理纠纷案，湖北省高级人民法院再审行政裁定书，（2015）鄂行申字第 00048 号；白某与南开大学请求确认不予录取行为违法并赔偿案，天津市高级人民法院申请再审行政裁定书，（2014）津高行监字第 0010 号；等等。

③ 农安县高家店镇中学执行行为异议案，吉林省农安县人民法院执行裁定书，（2015）农执异字第 7 号；李某某与吴川市振文镇低垌小学建设工程施工合同执行纠纷案，广东省吴川市人民法院执行裁定书，（2015）湛吴法执异字第 8 号；苏州市吴中区教育局非诉执行审查案，苏州市吴中区人民法院执行裁定书，（2014）吴非诉行审字第 0008 号；大方县教育局非诉执行审查案，贵州省大方县人民法院一审行政裁定书，（2016）黔 0521 行审 34 号；吴某某与长沙环球职业中专学校、湖南欧雅教育科技有限公司、湖南长沙彬山实业有限公司、何某某、钟某某民间借贷纠纷执行案，湖南省长沙市中级人民法院执行裁定书，（2014）长中民执异字第 00415 号。

④ 宁波东钱湖旅游度假区仁达子弟学校与李某某劳动争议案，浙江省宁波市中级人民法院一审民事裁定书，（2015）浙甬仲撤字第 68 号；宁波东钱湖旅游度假区仁达子弟学校与邬某某劳动争议案，浙江省宁波市中级人民法院一审民事裁定书，（2015）浙甬仲撤字第 79 号；沐阳梦溪中学、郝某某等申请撤销仲裁裁决案，江苏省宿迁市中级人民法院一审民事裁定书，（2014）宿中民仲字第 0123 号。

⑤ 韩某某与武汉大学教育行政管理纠纷案，湖北省武汉市中级人民法院二审行政裁定书，（2015）鄂武汉中行终字第 00667 号；白某诉北京教育考试院招生录取纠纷案，北京市第一中级人民法院二审行政裁定书，（2016）京 01 行终 449 号。

⑥ 苏州市吴中区教育局非诉执行申请财产保全案，苏州市吴中区人民法院行政裁定书，（2014）吴非诉行保字第 0001 号。

⑦ 即援引教育法律的判决书案件为 725 件，驳回再审裁定案件为 15 件，撤销原审裁定案件为 2 件，共 742 件。

法》的诉讼案件有 124 件在受案范围内，426 件援引《民办教育促进法》的诉讼案件有 408 件在受案范围内。此外，援引《职业教育法》的 7 件案件与援引《国家通用语言文字法》的 4 件案件均在受案范围内。需要指出的是，援引《教师法》的案件之所以判决率低，其原因可能是《教师法》第三十九条明确排除了教师直接寻求司法救济，从而导致某些纠纷虽不属于受案范围，但为增强拒绝受理的正当性，法院也会援引《教师法》第三十九条进行说理。

从诉讼案由分布看，4 件刑事案件均在受案范围内，166 件行政案件有 131 件在受案范围内，633 件民事案件有 607 件在受案范围内。从民事案由分布看，178 件培训合同纠纷案件，39 件生命权、健康权、身体权纠纷案件，25 件服务合同案件，19 件教育机构责任纠纷案件，14 件合同效力纠纷案件，11 件租赁合同纠纷等案件均在受案范围内（见表 5-4）。但是，在 15 件人事争议案件中，仅有 10 件进入实体审理，其余 5 件则被拒绝受理。这说明，教育法律在人事争议案件中虽有一定程度的司法适用，但人事争议案件本身的可诉性并不强，且其内部存在分化，即公立学校与在编教师因辞职、辞退及履行聘用合同发生的纠纷具有可诉性，而除此之外的教师人事争议尚不具有可诉性。从行政案由分布看，16 件开除学籍案件、10 件行政处罚案件、6 件信息公开案件、4 件行政审批案件、1 件降格留级案件均在受案范围内，而 1 件转专业纠纷案件与 2 件留校察看案件均在受案范围外。此外，44 件不服行政处理案件有 27 件在受案范围内、37 件行政机关不作为案件有 29 件在受案范围内，反映出上诉纠纷虽具有可诉性，但由于每起案件的案情都存在差异，其能否为法院受理仍需结合具体案情进行综合判断。

表 5-4　援引教育法律且在受案范围内的诉讼案由分布

单位：件

民事案由	案件数量	民事案由	案件数量	行政案由	案件数量
培训合同纠纷	178	变更抚养权纠纷	5	行政机关不作为案件	29
劳动争议纠纷	72	确权纠纷	4	不服行政处理案件	27
借贷纠纷	50	离婚纠纷	4	高等学校学位纠纷案件	21

续表

民事案由	案件数量	民事案由	案件数量	行政案由	案件数量
合同纠纷	50	特许经营纠纷	4	开除学籍案件	16
生命权、健康权、身体权纠纷	39	人身损害纠纷	3	行政处罚案件	10
合伙协议纠纷	30	占有物返还纠纷	3	行政许可案件	8
服务合同纠纷	25	名誉权纠纷	2	信息公开案件	6
教育机构责任纠纷	19	财产损害纠纷	2	研究生招生纠纷案件	5
委托合同纠纷	19	运输合同纠纷	2	退学处理案件	4
买卖合同纠纷	15	建设工程纠纷	2	行政审批案件	4
合同效力纠纷	14	人格权纠纷	1	降格留级案件	1
租赁合同纠纷	11	股东知情权纠纷	1		
转让合同纠纷	11	追偿权纠纷	1		
人事争议纠纷	10	抵押权纠纷	1		
股权转让纠纷	8	清算责任纠纷	1		
交通事故纠纷	7	产品责任纠纷	1		
抚养费纠纷	6	不当得利纠纷	1		
侵权责任纠纷	5				

二　4.83%的援引案件在受案范围外

研究显示，援引教育法律的 808 件诉讼案件中，有 39 件在受案范围外，占援引案件的 4.83%。具体来看，这 39 件诉讼案件大致可以分为以下 10 类案由。

第一，高等学校给予学生的留校察看处分不属于行政诉讼受案范围。在"梁某某与南京航空航天大学教育行政管理纠纷案"中，南京铁路运输法院认为，高等院校虽系特定情况下的适格行政主体，但并不意味着其对学生作出的所有管理与纪律处分均属于行政诉讼的受案范围，高等院校对学生作出留校察看等不涉及学生身份变更的纪律处分，则应视为行使高校自治权的行为，不属于行政诉讼受案范围；[1] 同样，在"崔某某与中国地质

---

[1]　梁某某与南京航空航天大学教育行政管理纠纷案，南京铁路运输法院一审行政裁定书，（2016）苏 8602 行初 1214 号。

大学教育行政管理纠纷案"中，湖北省武汉市中级人民法院也指出，留校察看处分因不涉及被上诉人学生身份丧失问题，不影响其受教育权，属于上诉人在维护学校的教育教学秩序过程中依法行使自主管理权的行为，因此该行为不属于人民法院受案范围。[①]

第二，研究生招生不录取不属于行政诉讼受案范围。例如，在"徐某某与清华大学博士招生纠纷案"中，北京市第一中级人民法院指出，高等学校招生权属于高等学校办学自主权，上诉人徐某某所诉事项不属于人民法院行政案件受案范围，一审法院裁定本案不予受理并无不当。[②] 然而，在另外 5 起涉及研究生招生不录取案件中，五地法院均认为研究生招生不录取行为属于人民法院行政诉讼的受案范围，而且湖北省武汉市中级人民法院指出："武汉大学作为法律授权行使行政管理职权的组织，其对上诉人韩某某作出的不予录取决定属于可诉行政行为，属于人民法院行政案件的受案范围"，[③] 进而据此撤销了湖北省武汉市武昌区人民法院不予受理裁定并指令其继续审理。

第三，高等学校转专业纠纷不属于行政诉讼受案范围。在"顾某某与中南财经政法大学教育管理纠纷案"中，湖北省武汉市中级人民法院认为，被上诉人中南财经政法大学作出的《关于做好 2013 级普通本科学生调整修读专业工作的通知》，不是管理社会公共事务的行政行为，而是对其成员的内部管理行为，属于该校履行教育自治权利的体现，因此原审法院裁定驳回上诉人顾某某的起诉并无不当。[④]

第四，不送适龄儿童、少年入学不属于民事诉讼受案范围。在"郑某某与朱某某监护权纠纷案"中，原告郑某某向法院提起民事诉讼，请求法院判令被告送适龄子女重返校园接受义务教育，但安徽省宿松县人民法院

---

① 崔某某与中国地质大学教育行政管理纠纷案，湖北省武汉市中级人民法院二审行政裁定书，（2016）鄂 01 行终 180 号。

② 徐某某与清华大学博士招生纠纷案，北京市第一中级人民法院二审行政裁定书，（2015）一中行终字第 00547 号。

③ 韩某某与武汉大学教育行政管理纠纷案，湖北省武汉市中级人民法院二审行政裁定书，（2015）鄂武汉中行终字第 00667 号。

④ 顾某某与中南财经政法大学教育管理纠纷案，湖北省武汉市中级人民法院二审行政裁定书，（2014）鄂武汉中行终字第 00091 号。

则认为"原告的诉讼请求属于人民政府的职责范围，不属于人民法院民事诉讼的受理范围，对此应予驳回起诉"。①

第五，开除教师公职处分不属于人民法院受案范围。在"胡某某与张家界市永定区教育局教育行政管理纠纷案"中，湖南省张家界市中级人民法院认为，胡某某不服张家界市永定区教育局开除公职处分决定，应向同级人民政府或者上一级人民政府有关部门提出申诉。② 无独有偶，在"郑某某与莆田市秀屿区教育局教育行政管理纠纷案"中，福建省莆田市秀屿区人民法院也持同样观点。③ 事实上，开除教师公职处分不仅在行政诉讼的受案范围之外，而且也不属于民事诉讼的受案范围。譬如，在"彭某某与温州职业技术学院人事争议案"中，浙江省温州市中级人民法院认为，原告起诉请求撤销开除决定、补偿工资福利和保险、赔偿因取消福利分房名额而造成的经济损失、精神损害抚慰金是基于原告不服被告作出的开除决定而引发的一系列争议，故该争议不属于法院应当受理的人事争议范围。④

第六，教师记过处分、绩效工资被扣发与不服教师申诉处理决定均不属于行政诉讼受案范围。在"杨某某与百色市职业教育中心教育行政管理纠纷案"中，广西壮族自治区百色市右江区人民法院认为，原告请求被告履行法定职责是基于第三人对其作出记过处分决定所引发，而记过处分涉及内部人事管理关系，人民法院不予干预；⑤ 在"黄某某与莆田市秀屿区教育局、第三人莆田市秀屿区月塘初级中学教育行政管理纠纷案"中，福建省莆田市荔城区人民法院认为起诉人黄某某因绩效工资被扣发，属于单位内部的劳动人事关系仲裁范围，其应向有关部门申诉，因此对黄某某的起

---

① 郑某某与朱某某监护权纠纷案，安徽省宿松县人民法院一审民事裁定书，（2017）皖 0826 民初 906 号。

② 胡某某与张家界市永定区教育局教育行政管理纠纷案，湖南省张家界市中级人民法院二审行政裁定书，（2016）湘 08 行终 20 号。

③ 郑某某与莆田市秀屿区教育局教育行政管理纠纷案，福建省莆田市秀屿区人民法院一审行政裁定书，（2014）秀行初字第 7 号。

④ 彭某某与温州职业技术学院人事争议案，浙江省温州市中级人民法院二审民事裁定书，（2013）浙温民终字第 413 号。

⑤ 杨某某与百色市职业教育中心教育行政管理纠纷案，广西壮族自治区百色市右江区人民法院一审行政裁定书，（2015）右行初字第 34 号。

诉，法院不予立案；① 在"孟某某与湖北省教育厅行政管理纠纷案"中，湖北省武汉市中级人民法院指出，被告根据原告的申诉作出的申诉处理决定并未涉及原告的人身权、财产权，原告对申诉处理决定不服提起的诉讼，不属于人民法院行政审判权限范围；② 同样，在"黄某某与佛山市三水区教育局教育行政管理纠纷案"中，广东省佛山市中级人民法院认为，上诉人诉请的公办教师身份及公办教师退休待遇问题，系因其原工作单位机构改革引起，并非由教育局依其行政职权作出的行政行为所造成的，故其诉请不属于行政审判权限范围，因此对上诉人的起诉应当裁定不予受理。③

第七，教师考核与职称评审纠纷不属于民事诉讼受案范围。在"李某某与中南财经政法大学劳动争议案"中，湖北省武汉东湖新技术开发区人民法院认为："原告要求确认 2011~2013 年聘期考核不合格、2007~2010 年聘期考核不合格以及研究生导师聘任 2012~2014 年度不合格的结论无效的诉讼请求，不属于人民法院的受案范围"。④ 在"宋某某与沈阳化工大学人事争议纠纷案"中，辽宁省沈阳市中级人民法院认为，依据《人事争议处理规定》，职称评审产生争议不能通过仲裁和民事诉讼的途径解决。本案中，宋某某虽被审批具有教授资格，但沈阳化工大学并未实际聘任宋某某为教授职务，由于宋某某应否被聘任为教授不属于人民法院民事诉讼审查范围，其主张的基于教授职务的待遇问题，同样不属于人民法院民事诉讼审查范围。⑤ 在"上诉人王某某与被上诉人哈密市高级中学、哈密市教育局、哈密市人力资源和社会保障局劳动争议纠纷案"中，新疆维吾尔自治区哈密地区中级人民法院也认为，上诉人王某某要求按大专学历给其评定

---

① 黄某某与莆田市秀屿区教育局、第三人莆田市秀屿区月塘初级中学教育行政管理纠纷案，福建省莆田市荔城区人民法院一审行政裁定书，(2016) 闽 0304 行初 64 号。

② 孟某某与湖北省教育厅行政管理纠纷案，湖北省武汉市中级人民法院二审行政裁定书，(2014) 鄂武汉中行终字 00059 号。

③ 黄某某与佛山市三水区教育局教育行政管理纠纷案，广东省佛山市中级人民法院二审行政裁定书，(2014) 佛中法立行终字第 24 号。

④ 李某某与中南财经政法大学劳动争议案，湖北省武汉东湖新技术开发区人民法院一审民事裁定书，(2015) 鄂武东开民二初字第 00572 号。

⑤ 宋某某与沈阳化工大学人事争议纠纷案，辽宁省沈阳市中级人民法院再审民事裁定书，(2013) 沈中审民终再字第 173 号。

为中级职称及赔偿各项损失的主张，不属于人民法院民事案件的受理范围。①

第八，政府的信访不答复行为不属于行政诉讼受案范围。在"卓某某与四川省教育厅教育行政管理纠纷案"中，四川省成都市中级人民法院认为，在法律未规定四川省教育厅应当履行行政职责的情况下，四川省教育厅将卓某某的申诉纳入信访投诉管理，适用《信访条例》进行处理，致使卓某某与四川省教育厅产生不履行职责的争议，但申诉信访处理职责不属于人民法院行政诉讼的受案范围。② 同样，在"徐某某诉北京市教育委员会不履行法定职责案"中，北京市第二中级人民法院也认为，依据相关规定，市教委不具有调查处理高等学校招生行为的法定职责，因此徐某某请求市教委履行法定职责，调查处理清华大学 2014 年博士研究生招生过程中的违法行为，从性质上看是一种信访行为，不属于行政审判权限范围，对其起诉应依法驳回。③

第九，高中勒令退学的行为不属于行政案件受理范围。在"刘某某与乐陵市教育局教育行政处分案"中，山东省乐陵市人民法院认为乐陵市第一中学对原告刘某某作出勒令退学处分，是学校依法行使管理权的行为。原告刘某某不服，向被告乐陵市教育局申诉，乐陵市教育局于 2014 年 9 月 10 日作出（2014）乐教复字第 0901 号答复，属于内部行政行为，并不属于人民法院直接受理的行政案件范围。④

第十，民办学校的财产清算与变更举办者身份不属于民事诉讼受案范围。在"天津市河北区育才实验幼儿园与王某某企业出资人权益确认纠纷案"中，天津市河北区人民法院认为原告起诉要求法院确认被告不具备举

---

① 上诉人王某某与被上诉人哈密市高级中学、哈密市教育局、哈密市人力资源和社会保障局劳动争议纠纷案，新疆维吾尔自治区哈密地区中级人民法院二审民事裁定书，（2015）哈中民一终字第 180 号。

② 卓某某与四川省教育厅教育行政管理纠纷案，四川省成都市中级人民法院二审行政裁定书，（2012）成行终字第 78 号。

③ 徐某某诉北京市教育委员会不履行法定职责案，北京市第二中级人民法院二审行政裁定书，（2016）京 02 行终 424 号。

④ 刘某某与乐陵市教育局教育行政处分案，山东省乐陵市人民法院一审行政裁定书，（2015）乐行初字第 4 号。

办者身份的诉求，实质为变更幼儿园举办者身份的诉求，但确认或者否定举办者身份属于教育行政主管机关行政权限的范畴，不属于人民法院民事诉讼受理范围；[①] 在"郭某明与北京市朝阳区金地老君堂实验学校企业出资人权益确认纠纷案"中，北京市第三中级人民法院也认为，确认或否定（变更）民办学校举办者纠纷包含对举办者身份（资格）行政许可的内容，该纠纷不属于人民法院民事诉讼受理范围；[②] 在"李某某与上海虹口区艺术合子美术进修学校其他合同纠纷案"中，上海市虹口区人民法院也认为，确认或否认民办学校举办者身份属于行政许可，不能通过民事诉讼程序予以解决，因此确认或否定举办者纠纷不属于民事诉讼受理范围。[③] 此外，在"陈某甲、陈某乙等与邵某某合伙协议纠纷案"中，河北省秦皇岛市中级人民法院指出，对民办学校的财产清算应由主管行政部门组织实施，因此对于某学院的资产数额和性质认定、处理方式等均是在行政部门的直接组织指导下作出的，故陈某甲、陈某乙要求按出资比例分割学院剩余财产的诉讼请求不属于人民法院的受理范围。[④]

三　3.34%的援引案件无法确定是否属于受案范围

援引教育法律却不符合起诉条件的诉讼案件占援引案件的3.34%。由于这些案件主要是因不符合起诉条件而被拒绝受理，但法院在裁定过程中并未释明这类纠纷是否可诉，因此对于这些纠纷是否属于法院受案范围无从判断，有必要单独讨论。整体而言，援引教育法律却不符合起诉条件的诉讼案件大体有以下8类情形。

第一，起诉缺乏事实依据。例如，在"陈某某诉北京大学博士招考违法案"与"陈某某诉清华大学博士招考违法案"中，北京市海淀区人民法

---

① 天津市河北区育才实验幼儿园与王某某企业出资人权益确认纠纷案，天津市河北区人民法院一审民事裁定书，（2014）北民初字第3014号。

② 郭某明与北京市朝阳区金地老君堂实验学校企业出资人权益确认纠纷案，北京市第三中级人民法院二审民事裁定书，（2015）三中民终字第10557号。

③ 李某某与上海虹口区艺术合子美术进修学校其他合同纠纷案，上海市虹口区人民法院一审民事裁定书，（2015）虹民二（商）初字第851号。

④ 陈某甲、陈某乙等与邵某某合伙协议纠纷案，河北省秦皇岛市中级人民法院二审民事裁定书，（2015）秦民终字第1545号。

院认为，公民提起行政诉讼应当有事实根据。在本案中，陈某某仅仅向北京大学（清华大学）邮寄《同等学力申请博士学位申请函》及其学术成果简介，明显不符合同等学力申请博士学位的基本形式要件，不构成有效申请，故陈某某所提诉讼缺乏事实依据，不符合法定起诉条件，对其起诉应予驳回；① 在"朱某某诉北京市教育委员会行政不作为案"中，北京市第二中级人民法院也认为朱某某的起诉缺乏事实和法律基础，对其起诉应依法予以驳回。②

第二，起诉没有法律依据。在"吴某与北京市东城区教育委员会教育行政管理纠纷案"中，北京市第二中级人民法院认为，吴某所依据的《教育法》第一条、第二条、第十四条和第十五条均未对其所要求东城教委审查并废止《基层单位选拔任用干部程序》和对北京市东城区职工大学侵犯原告公平竞争权、获取合法工资报酬权的事实进行调查并予以纠正的职责作出规定，故吴某认为东城教委具有法定职责的相关意见，没有法律依据，法院不予采纳；③ 在"郏某某诉漯河市政府案"中，河南省漯河市中级人民法院也认为郏某某起诉漯河市人民政府不作为没有法律依据，因而对郏某某的起诉，裁定不予受理。④

第三，原告的起诉超过诉讼时效。在"孙某某诉灌南县教育局不履行法定职责案"中，江苏省连云港市海州区人民法院认为原告的起诉超过了法律规定的诉讼时效，应予驳回。⑤

第四，被诉行政行为对原告合法权益不产生实际影响。在"孙某某与北京市工商行政管理局海淀分局教育行政管理纠纷案"中，北京市海淀区

---

① 陈某某诉清华大学博士招考违法案，北京市海淀区人民法院一审行政裁定书，（2016）京0108行初126号；陈某某诉北京大学博士招考违法案，北京市海淀区人民法院一审行政裁定书，（2016）京0108行初125号。
② 朱某某诉北京市教育委员会行政不作为案，北京市第二中级人民法院二审行政裁定书，（2016）京02行终382号。
③ 吴某与北京市东城区教育委员会教育行政管理纠纷案，北京市第二中级人民法院二审行政裁定书，（2015）二中行终字第746号。
④ 郏某某诉漯河市政府案，河南省漯河市中级人民法院一审行政裁定书，（2014）漯行初字第30号。
⑤ 孙某某诉灌南县教育局不履行法定职责案，江苏省连云港市海州区人民法院一审行政裁定书，（2015）海行初字第00236号。

人民法院认为被诉告知单对原告的合法权益已不再产生实际影响，故应当裁定驳回原告的起诉。①

第五，错列被告且拒绝变更。在"周某 1 与中山市教育和体育局教育行政管理纠纷案"中，广东省中山市第一人民法院认为保障周某 1 义务教育阶段学位及相应学杂费的责任主体是乡、镇人民政府，本案责任主体应是中山市人民政府西区办事处，市教体局不是适格被告。为此，广东省中山市第一人民法院依据法律规定向周某 1 释明，但其拒绝变更被告，因此周某 1 起诉不符合法定条件，应予驳回。② 在"范某某诉北京市房山区教育委员会教育行政管理纠纷案"中，北京市第二中级人民法院也认为在依法告知范某某的法定代理人本案属错列被告，但范某某仍拒绝作出变更，故对范某某的起诉予以驳回；③ 在"张某与三台县永明镇人民政府教育行政许可纠纷案"中，四川省绵阳市涪城区人民法院亦认为三台县永明镇人民政府不是本案适格被告，法院释明后，原告仍拒绝变更，故裁定驳回张某的起诉。④

第六，原告不具备诉讼主体资格。在"乐清市绿色上网培训中心与乐清市芙蓉镇人民政府、乐清市国土资源局、乐清市住房和城乡规划建设局城建行政强制纠纷案"中，浙江省温州市中级人民法院认为原告与被诉具体行政行为没有利害关系，不具备诉讼主体资格，据此裁定驳回原告乐清市绿色上网培训中心的起诉；⑤ 在"上诉人梁某甲与被上诉人梁某乙、郑州黄河大观有限公司恢复原状纠纷案"中，河南省郑州市中级人民法院也认为上诉人梁某甲和被上诉人梁某乙均认可本案争议被拆除的教学楼系郑州

---

① 孙某某与北京市工商行政管理局海淀分局教育行政管理纠纷案，北京市海淀区人民法院一审行政裁定书，（2015）海行初字第 350 号。

② 周某 1 与中山市教育和体育局教育行政管理纠纷案，广东省中山市第一人民法院一审行政裁定书，（2016）粤 2071 行初 492 号。

③ 范某某诉北京市房山区教育委员会教育行政管理纠纷案，北京市第二中级人民法院二审行政裁定书，（2016）京 02 行终 99 号。

④ 张某与三台县永明镇人民政府教育行政许可纠纷案，四川省绵阳市涪城区人民法院一审行政裁定书，（2014）涪行初字第 52 号。

⑤ 乐清市绿色上网培训中心与乐清市芙蓉镇人民政府、乐清市国土资源局、乐清市住房和城乡规划建设局城建行政强制纠纷案，浙江省温州市中级人民法院二审行政裁定书，（2015）浙温行终字第 417 号。

少林禅武轩武术专修学校财产，故梁某甲不是适格当事人。①

第七，起诉行为违反一事不再理原则。在"仲某某与杨某合同纠纷案"中，黑龙江省大庆市中级人民法院认为仲某某就同一法律事实在已有生效判决的情况下再次向法院提起诉讼，违反了一事不再理原则，因此其起诉不符合民事案件受理条件。②

第八，起诉事项应由其他机关处理。在"章某某与李某、杨某某合伙协议纠纷案"中，法院认为章某某的起诉应属于先由审批机关处理的争议，不符合民事诉讼法规定的受理条件；③ 同样，在"姚某某与岳某某财产损害赔偿纠纷案"中，法院也认为确认或变更民办学校举办者身份是我国法律赋予有关行政主管部门特有的权力，不能通过人民法院民事诉讼的途径解决。④

第三节 法院受案范围是启动法律适用的充分而非必要条件

前述分析表明，当事人主动起诉及所诉事项在受案范围内是启动教育法律司法适用的前提和基础，但适用教育法律的诉讼案件不一定在受案范围内。因此，要探明受案范围与法律适用的关系，就需要对受案范围的实质及影响法律适用的因素进行深入研究。

一 受案范围的实质是判断某类教育纠纷是否可诉

尽管司法是社会正义的最后一道防线，但司法不应也不能解决所有社会纠纷。正因如此，需要借助受案范围这一技术手段来管控法院介入纠纷

① 上诉人梁某甲与被上诉人梁某乙、郑州黄河大观有限公司恢复原状纠纷案，河南省郑州市中级人民法院二审民事裁定书，（2014）郑民二终字第585号。
② 仲某某与杨某合同纠纷案，黑龙江省大庆市中级人民法院二审民事裁定书，（2015）庆商终字第310号。
③ 章某某与李某、杨某某合伙协议纠纷案，浙江省温州市中级人民法院二审民事裁定书，（2015）浙温商终字第2724号。
④ 姚某某与岳某某财产损害赔偿纠纷案，江苏省高级人民法院二审民事裁定书，（2015）苏民终字第60号。

的范围和广度，受案范围就是指法院可以受理并予以审判的诉讼案件范围。① 由此可见，受案范围的实质是判断某类纠纷是否可诉，而非决定教育法律能否适用。事实上，教育法律能否被适用，除受法院受案范围拘束外，还受纠纷性质、法律规定与教育法律认知状况等诸多因素的影响。易言之，即便教育纠纷在受案范围内，法院也可能因各种因素的掣肘而不适用教育法律。只有法律规定与案件事实较为匹配，且法官也熟知教育法律规定，教育法律才能从"潜在适用"转化为"实际适用"。因此，受案范围的筛选和过滤，只是用于判断具体纠纷是否可诉，至于裁判过程中是否援引教育法律进行说理和裁判则取决于多重因素的影响。

二　教育纠纷在受案范围内是法律适用的前提条件

尽管受案范围只能判断教育纠纷是否可诉，而不能决定教育法律能否适用，但受案范围是启动教育法律司法适用的前提条件。这是因为，只有具体纠纷属于人民法院受案范围，法院才能启动审判程序，进而援引相关规定进行说理和裁判；相反，如果具体纠纷不属于人民法院受案范围，便意味着法院无权审理实体争议，也就减少了适用教育法律的机会。当然，肯定受案范围是启动法律适用的前提条件，并不意味着只要教育纠纷在受案范围内，则教育法律必然能够得以司法适用。如前文所述，教育法律能否被司法适用，除教育纠纷本身要可诉外，还取决于教育法律是否对纠纷主体的权利义务与解纷途径作出规定（也就是说，教育法律的相关规定适合作为纠纷解决的依据），同时也要求当事人和法官熟知教育法律规定，且具备强烈的援引意识。如果这些条件无法同时满足，即便具体纠纷在受案范围内，那么教育法律也难以在司法实践中加以适用。正因如此，实践中虽发生了数以万计的教育诉讼案件，但实际适用教育法律的诉讼案件仍很有限。

三　教育纠纷在受案范围外不等于法律一定不适用

当然，肯定受案范围是教育法律司法适用的前提条件，并不意味着受

---

① 参见喜子《反思与重构：完善行政诉讼受案范围的诉权视角》，《中国法学》2004 年第 1 期。

案范围外的案件一定无从适用教育法律。如前文所述，由于拒绝受理需要说明理由，加之《教师法》等法律明文规定法定解纷渠道是申诉，因此在一些不予受理或驳回起诉案件中，法院也会援引教育法律的相关规定，以论证拒绝受理的正当性。如留校察看、转专业、不送适龄儿童入学、开除教师公职、职称评审、民办学校财产清算与变更举办者身份等纠纷，这些案件之所以援引教育法律，主要是由于教育法律对实体权义关系和解纷途径作了规定，而法院又是说理的场所，即便拒绝受理，也需要说明理由。但在纠纷不可诉的前提下，对教育法律的援引势必是零星援引和个案适用，这就解释了在受案范围外的案件虽会援引教育法律却仅有 4.83% 的原因。由此可见，一旦教育纠纷不属于人民法院受案范围，那么法院援引教育法律的概率和频次都会显著减少，甚至不会援引教育法律的相关规定。

第四节　本章小结

教育法律的司法适用不仅存在显著的条款差异，案由差别也同样明显。这就要求从更宽广层面来探讨法律适用的影响因素。为此，本章尝试从维权意识与受案范围的角度解释法律适用的案由差别，并探讨这些因素对法律适用的影响及作用机制。研究发现，当事人主动起诉是法院介入纠纷并适用法律的前提，没有当事人的起诉，法院无法启动审判程序，也无从适用教育法律。然而，司法资源的有限性决定了司法必须谦抑和克制，这就意味着司法不能照单全收、来者不拒。作为纠纷流入司法的"控制阀"，受案范围一方面调节着教育纠纷进入司法的广度和深度，另一方面也是启动教育法律司法适用的前提和基础。当然，这不意味着教育纠纷在受案范围外，教育法律一定无从适用。事实上，有些纠纷天然具有排斥外部干预的倾向，体现在立法中就是通过申诉解决纠纷，而排斥司法救济（如《教师法》第三十九条等），这为法院拒绝受理提供了理由和依据，成为不予受理或驳回起诉的有效"备书"。由此可见，在少数情况下，即便纠纷在受案范围外，法院也会援引教育法律进行说理，以增强拒绝受理的正当性。因此，受案范围的实质是判断教育纠纷是否可诉，而非决定教育法律能否适用，法律能否适用主要取决于法律规定与案件事实的匹配程度，以及法官的认知状况和援引意识。

　　需要指出的是，很多纠纷虽在受案范围内，且教育法律也适宜作为纠纷解决的依据，但地方法院不援引教育法律的情况仍大量存在，"有规范、不援引"现象较为突出，教育法律司法适用的制度化与规范化依然任重道远。在《学位条例》制定40余年且教育法律体系基本成型的背景下，仍出现这样的状况，不得不让人反思教育法治的问题和出路。对于这些应适用而实际未适用教育法律的案件，可能的解释是法官不熟知教育法律相关规定，从而导致迥然不同的适用结局与裁判结果的不同走向。就此而言，加强教育法律的司法适用，固然需要增强维权意识、扩大受案范围，以让更多的纠纷进入司法解纷渠道；但与此同时也要看到，法律认知与援引意识也是影响法律适用的重要因素，这是造成教育法律司法适用地域差距的深层根源。因此，本书对法律适用影响因素的探讨仍将继续，留待第六章展开进一步分析。

第六章　经济发展水平与教育法律
司法适用的地域差距

"法律和地理、地质、气候、人种、习惯、风俗、宗教信仰、人口等因素都有关系，而这些关系就是法的精神。"①

——〔法〕孟德斯鸠

教育法律的司法适用不仅存在显著的条款差异和案由差别，地域差距同样明显。所谓教育法律司法适用的地域差距是指教育法律在不同地域具有不同程度的司法适用性，即教育法律在某些省份司法适用性较强，而在其他省份则适用性较弱，为何会出现这种状况呢？造成法律适用地域差距的原因何在呢？同一法律在受案范围近乎一致的情况下却在不同地域有不同适用频率，显然不能用立法质量与受案范围进行解释，这就要求我们从其他维度来寻找影响教育法律司法适用的因素。

直观来看，教育法律在经济发达省份一般具有较强的适用性，而在经济欠发达省份则适用性较弱。那么，法律适用与经济发展水平是否存在关联呢？这正是本章尝试提炼和解答的问题。事实上，学界对经济发展水平与诉讼率之间的关系进行了研究。譬如，兰格莫夫（E. Langerwerf）与范洛恩（Van Loon）研究了经济社会发展对初审法院诉讼率的影响，② 沃里斯格

---

① 〔法〕孟德斯鸠：《论法的精神》（上册），张雁深译，商务印书馆，2004，第9页。

② F. Van Loon & E. Langerwerf, "Socieconomic Development and the Evolution of Litigation Rates of Civil Courts in Belgium: 1835-1980," *Law & Society Review*, 1990 (2): 283-295.

（Christian Wolischlager）研究了不来梅的工业化进程与诉讼率增长之间的关系，[1] 托哈瑞（Jose Toharia）研究了西班牙工业发展与法院诉讼率的关系，[2] 中国台湾学者陈聪富研究了中国台湾地区经济发展与诉讼率之间的关系，[3] 冉井富则分析了中国大陆 1978～2000 年这一时期社会经济发展对诉讼率变迁的影响。[4] 虽然上述学者的研究国度与研究年代有所不同，但研究结论近乎一致：经济发展水平会影响诉讼率的变化。

当然，上述研究主要从纵向维度探讨经济发展水平对诉讼率变迁的影响，鲜有从横向角度研究地域经济水平与地域诉讼率之间的关系，况且法律适用与诉讼率之间虽有关联却是两个不同概念，这也凸显了本章内容与前述研究的异质性。尽管如此，前述研究仍为本章提供了可资借鉴的思路和方法。本章拟在系统梳理法律适用地域差距的基础上，从经济发展水平的维度来解释教育法律适用的地域差距及其作用机制。

第一节　教育法律司法适用的地域差距

鉴于援引案件是考察法律适用的基本载体，要客观揭示教育法律司法适用的地域差距，就可以援引案件作为基本分析单元来直观呈现各地法院的"适用地图"。

一　援引案件的地域分布

图 6-1 是援引教育法律的诉讼案件地域分布。从图 6-1 可知，援引教育法律的 808 件诉讼案件分布在除西藏自治区及港澳台之外的其余 30

---

[1]　Christian Wolischlager，"Civil Litigation and Modernization：the Work of Municipal Courts of Bremen，Germany，in Five Centuries，1549-1984，" *Law & Society Review*，1990（2）：261-281.

[2]　Jose Toharia，"Economic Development and Litigation：the Case of Spain，in Grossman Joel B. and Austin Sarat，Litigation in Federal Courts：A Comparative Perspective，" *Law & Society Review*，1975（9）：323.

[3]　参见陈聪富《法院诉讼与社会发展》，《"国家科学委员会"研究季刊：人文及社会科学》（台北），第 435～462 页。

[4]　参见冉井富《现代进程与诉讼：1978—2000 年社会经济发展与诉讼率变迁的实证分析》，《江苏社会科学》2003 年第 1 期。

个省份。① 具体来看，广东省各级法院援引教育法律的诉讼案件达到 113 件，居全国之首；重庆与江苏则以 104 件与 74 件的援引案件数分居第二位、第三位；此外，援引案件超过 30 件的省份还有安徽（68 件）、浙江（61 件）、山东（44 件）、北京（35 件）与河南（31 件）。不难发现，上述 8 个省份的援引案件数量高达 530 件，占案件总数的 65.59%。这说明，教育法律在广东、重庆、江苏、安徽、浙江、山东、北京与河南等省份具有较强的司法适用性。与之相反，云南、甘肃、山西、天津、内蒙古、海南、青海等省份的援引案件均少于 10 件，其中宁夏援引教育法律的诉讼案件甚至只有 1 件，上述 8 个省份的案件总量（33 件）甚至不及北京市的援引案件数（35 件）。显然，尽管教育法律在上述省份已有零星适用，但其适用性相较其他省份仍差距明显。此外，有 14 个省份的援引案件为 10~30 件，它们分别是广西（29 件）、湖南（27 件）、福建（23 件）、湖北（23 件）、上海（19 件）、黑龙江（19 件）、辽宁（18 件）、新疆（17 件）、河北（14 件）、四川（13 件）、陕西（12 件）、贵州（11 件）、吉林（10 件）、江西（10 件）。

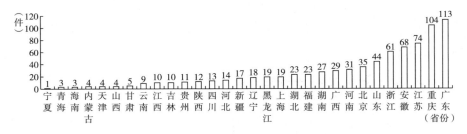

图 6-1　援引教育法律的诉讼案件地域分布

二　"东多西少"的分布格局

虽然援引教育法律的诉讼案件呈现显著的省份差异，但由于参照省份较多，并未呈现援引案件的分布特征和规律，或许以地域为标准进行分类和比较更能直观呈现援引案件的分布规律。直观来看，援引教育法律的诉

---

① 需要说明的是，虽然我国有 34 个省级行政区，但是检索发现西藏没有援引教育法律的诉讼案件，同时由于香港、澳门和台湾实行不同的法律制度，因此不放在一起讨论。

讼案件呈现"东部较多、中部居中、西部偏少"的地域分布格局。那么，这一格局是否真的存在？划分东部、中部、西部的具体标准是什么？对于这些问题，下文将逐一进行解答。

根据国家发改委的解释，我国东部、中部、西部的划分不是地理概念的划分，也不是行政区域的划分，而是经济政策上的划分。其中，东部是指最早实行沿海开放且经济发展水平较高的省份，中部是指经济次发达的省份，西部则是指经济欠发达的省份。通常来说，东部地区包括 11 个省份，分别是北京、天津、河北、辽宁、上海、江苏、浙江、福建、山东、广东和海南；中部地区包括 8 个省份，分别是黑龙江、吉林、山西、安徽、江西、河南、湖北与湖南；西部地区包括 12 个省份，分别是四川、重庆、贵州、云南、西藏、陕西、甘肃、青海、宁夏、新疆、广西与内蒙古。因此，本书对东、中、西部的划分也采用这一标准，并依据上述标准对援引案件进行统计分析，有如下研究发现。

东部省份援引教育法律的诉讼案件为 408 件，东部各省份平均援引 37.09 件；中部省份援引教育法律的诉讼案件为 192 件，中部各省份平均援引 24 件；西部省份援引教育法律的诉讼案件是 208 件，西部各省份平均援引 17.33 件。总体来看，援引案件呈现"东部较多、中部居中、西部偏少"的分布格局。由此可见，援引教育法律的案件数量与地域经济发展水平似乎呈现一定关联。即地域经济发展水平越高，就越有可能援引教育法律；而经济发展水平越低，则会越少援引教育法律。当然，地域经济发展水平与法律适用之间的关系有待进一步验证。为此，不妨将其作为本章研究假设，留待后文验证。

第二节　地域经济发展水平影响
教育法律的司法适用

要探寻地域经济发展水平与教育法律司法适用之间的关联，除系统梳理教育法律司法适用的地域差距外，更为重要的是要找到衡量地域经济发展水平的具体指标，如此方能精确检验地域经济发展水平与教育法律司法适用的关系。众所周知，衡量地方经济发展水平的主要指标是地区生产总值和人均地区生产总值。同时，鉴于援引教育法律的诉讼案件大多发生在2015年，因此我们选取2015年的地区生产总值和人均地区生产总值作为衡量地方经济发展水平的主要指标。此外，考虑到数据统计的官方性和权威性，本章用于衡量地方经济发展水平的数据均来源于《中国统计年鉴2016》。通过整理、分析和对照上述两方面数据，有如下研究发现。

一 援引案件较多的省份通常是地区生产总值较高的地区

为检验经济发展水平与教育法律司法适用之间的关系，我们首先选取地区生产总值与援引教育法律的诉讼案件这组指标进行观测。分析发现，东部地区生产总值占国内生产总值的55.65%，援引案件占50.5%，两者大体匹配。中部地区生产总值占国内生产总值的24.4%，援引案件占23.77%；西部地区生产总值占国内生产总值的19.95%，援引案件占25.73%。当然，鉴于东、中、西部所辖省份并不一致，仅从整体层面考察或许不够精细，稳妥做法是比较区域内各省份的平均值。从图6-2可知，东部各省份平均生产总值占国内生产总值的比例为5.06%，平均援引案件占比为4.59%；中部各省份平均生产总值占国内生产总值的比例为3.05%，平均援引案件占比为2.97%；西部各省份平均生产总值占国内生产总值的比例为1.66%，平均援引案件占比为2.14%。由此可见，随着东、中、西部各省份平均生产总值占比的降低，其平均援引案件数量的占比也显著降低。因此，从整体上看，地区生产总值与援引案件数量大体呈现正相关关系。

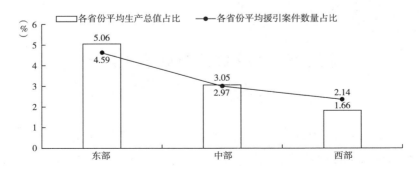

图6-2 东、中、西部各省份平均生产总值与平均援引案件对照

　　虽然从整体看地区生产总值与援引案件数量呈正相关，但具体到各个省份情况则相对复杂，有必要展开讨论。通过表6-1不难发现，2015年地区生产总值排名前四的广东、江苏、山东与浙江的援引案件达292件，占援引案件的36.14%。其中，广东的援引案件高达113件，占援引案件的13.99%，与其经济强省身份正好匹配。与之相反，地区生产总值排名后四位的甘肃、海南、宁夏与青海的援引案件总计才12件，仅占援引案件的1.49%，且每省份平均3件的案件援引量远低于全国26.93件的平均水平。此外，地区生产总值排名前15的省份援引教育法律的案件达到575件，占援引案件的71.16%，而且地区生产总值排名前15的省份无一例外均是援引案件排名前20的省份。与之相对，地区生产总值排名后15位的省份援引教育法律的诉讼案件仅有233件，占援引案件的28.84%，且援引案件排名后9位的省份也无一例外是地区生产总值排名后15位的省份。因此，总的来看，援引案件较多的省份，通常地区生产总值也高；而地区生产总值较少的省份，其援引案件的数量也较少。

表6-1　地区生产总值与援引案件数量的地域对照

地区	2015年地区生产总值（亿元）	各省份生产总值的全国排名（名）	地区生产总值占国内生产总值的比例（%）	援引案件数（件）	援引案件占总案件的比例（%）	援引案件的全国排名（名）
广东	72812.55	1	10.09	113	13.99	1
江苏	70116.38	2	9.71	74	9.16	3
山东	63002.33	3	8.73	44	5.45	6
浙江	42886.49	4	5.94	61	7.55	5
河南	37002.16	5	5.13	31	3.84	8
四川	30053.10	6	4.16	13	1.61	18
河北	29806.11	7	4.13	14	1.73	17
湖北	29550.19	8	4.09	23	2.85	11
湖南	28902.21	9	4	27	3.34	10
辽宁	28669.02	10	3.97	18	2.23	15
福建	25979.82	11	3.6	23	2.85	12
上海	25123.45	12	3.48	19	2.35	14

地区	2015 年地区生产总值（亿元）	各省份生产总值的全国排名（名）	地区生产总值占国内生产总值的比例（%）	援引案件数（件）	援引案件占总案件的比例（%）	援引案件的全国排名（名）
北京	23014.59	13	3.19	35	4.33	7
安徽	22005.63	14	3.05	68	8.42	4
陕西	18021.86	15	2.5	12	1.49	19
内蒙古	17831.51	16	2.47	4	0.50	27
广西	16803.12	17	2.33	29	3.59	9
江西	16723.78	18	2.32	10	1.24	21
天津	16538.19	19	2.3	4	0.50	25
重庆	15717.27	20	2.18	104	12.87	2
黑龙江	15083.67	21	2.09	19	2.35	13
吉林	14063.13	22	1.95	10	1.24	22
云南	13619.17	23	1.89	9	1.11	23
山西	12766.49	24	1.77	4	0.50	26
贵州	10502.56	25	1.46	11	1.36	20
新疆	9324.80	26	1.29	17	2.10	16
甘肃	6790.32	27	0.94	5	0.62	24
海南	3702.76	28	0.51	3	0.37	28
宁夏	2911.77	29	0.4	1	0.12	30
青海	2417.05	30	0.33	3	0.37	29
总计	721741.48		100	808	100	
平均	24058.05		3.33	26.93	3.33	

资料来源：地区生产总值的各项数据均选自《中国统计年鉴 2016》，而有关教育法律司法适用的各项数据则由笔者根据援引教育法律的 808 起诉讼案件整理得来。

当然，这一分布也有例外。譬如，安徽、重庆、新疆的援引案件分别排全国第 4 位、第 2 位与第 16 位，但其地区生产总值则依次排全国第 14 位、第 20 位与第 26 位。再如，四川、河北、内蒙古的地区生产总值依次排全国第 6 位、第 7 位与第 16 位，但其援引案件分别排全国第 18 位、第 17

位与第 27 位。事实上，安徽、重庆、新疆的援引案件排名之所以遥遥领先地区生产总值排名，主要是因为上述省份的共同诉讼案件较多。如果将这些案件视作一起而非多起，那么安徽、重庆与新疆的援引案件数量分别为 38 件、15 件与 13 件，援引案件排名为第 7 位、第 16 位与第 19 位。此时，重庆援引案件排名与地区生产总值排名基本匹配，而安徽与新疆的援引案件排名与地区生产总值排名的差距则会进一步缩小。至于四川、河北与内蒙古的援引案件排名之所以低于地区生产总值排名，很可能是因为上述地区的高等学校与民办学校较少，从而减少了适用《高等教育法》《学位条例》《民办教育促进法》的概率，这与这些地区援引上述法律的案件分布可相互印证。尽管存在这些例外，但地区生产总值与援引教育法律的诉讼案件之间仍然存在较为紧密的联系，例外情况也能得到合乎逻辑的解释。

二 人均地区生产总值较低的省份教育法诉讼率相对较低

尽管前文基本验证了地域经济发展与法律适用之间的关系，但无论是地区生产总值还是诉讼案件数量均未考虑人口基数，仅依据地区生产总值与援引案件数量大体呈现正相关关系，就得出经济发展水平会影响法律适用的结论仍显草率。因此，要全面探讨经济发展与法律适用之间的关系，还得考虑客观存在的人口差异。相较而言，人均地区生产总值更能客观测量地区经济发展水平，同时教育法诉讼率也更能精确反映法律适用的地域图景。所谓诉讼率，是指在一定时间内单位人口提起诉讼案件的数量。[①] 借鉴诉讼率的计算方法并考虑法律适用的特性，本书所指的教育法诉讼率是指一定时间内每百万人口援引教育法律的案件数量。[②] 鉴于援引案件集中分布在 2015 年，各省份人口数量与人均地区生产总值也选择 2015 年数据，以便进一步计算教育法诉讼率。厘清研究思路并对数据进行技术处理后，教育法诉讼率与人均生产总值的对照情况如图 6-3 与表 6-2 所示。

---

① 参见聂铄《1985 年—2003 年汕头市婚姻家庭诉讼率变迁的法律解释——一种区域法律文化分析》，《法学家》2005 年第 4 期。

② 即教育法诉讼率 = 法院援引教育法律的诉讼案件/人口数量。这种统计方法最早可参见 Jose Toharia, "Economic Development and Litigation: the Case of Spain, in Grossman Joel B. and Austin Sarat, Litigation in Federal Courts: A Comparative Perspective," *Law & Society Review*, 1975 (9): 323。

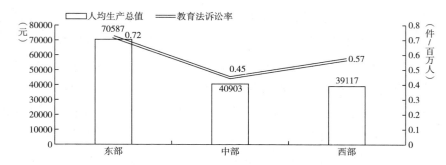

图 6-3 东、中、西部人均地区生产总值与教育法诉讼率对照

表 6-2 教育法诉讼率与人均地区生产总值的省域对照

省份	人均地区生产总值（元）	人均地区生产总值排名（名）	是否高于人均生产总值的平均水平	教育法诉讼率（件/百万人）	是否高于平均诉讼率	教育法诉讼率排名（名）
天津	107960	1	高于	0.26	低于	22
北京	106497	2	高于	1.61	高于	2
上海	103796	3	高于	0.79	高于	7
江苏	87995	4	高于	0.98	高于	6
浙江	77644	5	高于	1.10	高于	5
内蒙古	71101	6	高于	0.16	低于	27
福建	67966	7	高于	0.61	高于	10
广东	67503	8	高于	1.11	高于	4
辽宁	65354	9	高于	0.41	低于	15
山东	64168	10	高于	0.45	低于	13
重庆	52321	11	高于	3.45	高于	1
吉林	51086	12	高于	0.36	低于	17
湖北	50654	13	高于	0.41	低于	15
陕西	47626	14	低于	0.32	低于	20
宁夏	43805	15	低于	0.15	低于	29
湖南	42754	16	低于	0.43	低于	14
青海	41252	17	低于	0.51	低于	12
海南	40818	18	低于	0.33	低于	18
河北	40255	19	低于	0.19	低于	24

省份	人均地区生产总值（元）	人均地区生产总值排名（名）	是否高于人均生产总值的平均水平	教育法诉讼率（件/百万人）	是否高于平均诉讼率	教育法诉讼率排名（名）
新疆	40036	20	低于	0.76	高于	8
黑龙江	39462	21	低于	0.51	低于	11
河南	39123	22	低于	0.33	低于	18
四川	36775	23	低于	0.16	低于	27
江西	36724	24	低于	0.22	低于	23
安徽	35997	25	低于	1.16	高于	3
广西	35190	26	低于	0.63	高于	9
山西	34919	27	低于	0.11	低于	30
贵州	29847	28	低于	0.31	低于	21
云南	28806	29	低于	0.19	低于	24
甘肃	26165	30	低于	0.19	低于	24
平均值	49912			0.60		

资料来源：各省份人口数量与人均地区生产总值等数据均来自《中国统计年鉴（2016）》，而教育法诉讼率则是根据 808 件援引教育法律的诉讼案件除以各省份人口数量计算得来。

从整体上看，东部各省份平均人均生产总值为 70587 元，教育法诉讼率为 0.72 件/百万人；中部各省份平均人均生产总值为 40903 元，教育法诉讼率为 0.45 件/百万人；西部各省份平均人均生产总值为 39117 元，教育法诉讼率为 0.57 件/百万人。显然，无论是中部还是西部，其人均生产总值与教育法诉讼率均低于全国平均水平（全国平均水平分别为 49912 元与 0.60 件/百万人）。从图 6-3 可知，一方面，人均生产总值自东向西呈递减趋势，且中、西部差距微弱；另一方面，教育法诉讼率则呈不规则 V 形曲线，即东部是高峰、中部为谷底、西部略微高于中部。需要指出的是，由于西部省份类案较多，如刨去类案再进行计算，则中部省份的教育法诉讼率将高于西部省份。① 由此可见，从区域来看，人均生产总值与教育法诉讼率也大体

---

① 事实上，西部各省份共有 99 件类案，如减去这 99 件类案，那么西部的援引案件是 109 件，其教育法诉讼率为 0.3 件/百万人，远低于中部省份的教育法诉讼率。因此，如将类案去除，那么教育法诉讼率与人均生产总值将呈现正相关关系。

呈现正相关关系。

从各省份情况看，人均生产总值与教育法诉讼率仍存在紧密联系。从表6-2可知，全国教育法诉讼率是0.60件/百万人，其中北京、上海、江苏等10个省份的诉讼率高于全国平均水平，而天津、辽宁等20个省份则低于全国平均水平。不难发现，在教育法诉讼率高于全国平均水平的10个省份中，有7个省份（北京、上海、江苏、浙江、福建、广东与重庆）的人均生产总值高于全国平均水平。与之相对，在人均生产总值低于全国平均水平的17个省份中，有14个省份的教育法诉讼率低于全国平均水平。另外，多数省份的人均生产总值排名与教育法诉讼率排名大体对应，排名波动幅度不超过10个位次的省份有24个。总的来看，教育法诉讼率较高的省份，其人均生产总值也大多高于全国平均水平；而人均生产总值低于全国平均水平的省份，其教育法诉讼率一般也低于全国平均水平。

当然，也存在一些例外情况。例如，天津和内蒙古的人均生产总值显著高于全国平均水平（分列第1位与第6位），但教育法诉讼率大幅低于平均水平且排序靠后（分列第22位与第27位）。再如，新疆、安徽、广西的人均生产总值低于全国平均水平（分列第20位、第25位与第26位），但教育法诉讼率超出平均水平且排序居前（分列第8位、第3位与第9位）。对于前者，可能的解释是学校尤其是高等学校的数量较少，从而拉低了教育法诉讼率；对于后者，主要是因安徽等省份有较多类案且累加统计，导致案件基数增加，进而提升了教育法诉讼率。总的来看，尽管存在些许例外，但教育法诉讼率与人均生产总值之间仍大体呈现对应关系，且例外情况也能得到合理解释。

第三节　地域经济发展水平影响
司法适用的三重机制

无论从援引案件数量与地区生产总值还是从教育法诉讼率与人均生产总值等指标看，地域经济发展确实会影响法律适用，但其对法律适用的影响不是GDP直接作用的结果，而是间接作用于诉讼观念、法律认知与学校布局，进而影响法律适用。因此，要探究地域差距的深层原因，就需要进一步探讨经济发展如何影响诉讼观念、法律认知与学校分布。

一　地域经济差距影响学校师生诉讼观念

在经济欠发达地区，由于生活在彼此熟知且紧密联系的"熟人社会"之中，人们通常较为"厌诉"；而在经济发达地区，由于人员来往频繁、迁移速度加快，原本彼此熟知的"熟人社会"日渐为互不相识的"陌生人社会"所取代，而"在现代社会，随着人口的流动，到处都是陌生人，法律具有更大的潜力发挥作用，纠纷解决的方式更多的倾向于诉讼"。① 可以说，"厌诉型"诉讼观念一般与自给自足的自然经济相对应，而"好诉型"诉讼观念则通常与资源充分流通的市场经济相呼应。② 基于此，美国学者布莱克试图用关系理论来解释人们的诉讼选择，他指出，关系距离越近且彼此越熟知，就越不适合用诉讼途径解决争端；相反，关系距离越远且彼此越陌生，则诉讼途径越有用武之地。③ 因此，经济发展会促使一个社会从"熟人社会"走向"陌生人社会"；与此同时，诉讼观念也会经历从"厌诉"向"好诉"的转变。正是在这个意义上，诉讼似乎是经济发达地区的普遍特征。④

具体到教育诉讼领域，我国西部地区尤其是偏远山区由于经济水平欠发达、人员流动不频繁，因此人们生活在典型的"熟人社会"之中。即便发生教育纠纷，当事人也更愿选择其他渠道，而非诉讼方式（主要碍于人情因素），既然当事人都主动放弃诉讼，那么法院便无权审理教育纠纷，也自然无从援引教育法律。这就解释了欠发达地区教育法律的司法适用为什么较差。与之相反，我国中东部地区尤其是东部沿海地区，受惠于得天独厚的区位优势以及国家政策的大力扶持，不仅经济较为发达，人员也流动

---

① 聂铄：《1985 年—2003 年汕头市婚姻家庭诉讼率变迁的法律解释——一种区域法律文化分析》，《法学家》2005 年第 4 期。

② 参见赵钢、占善刚《论社会主义市场经济条件下我国公民应有的诉讼观念》，《中国法学》1998 年第 1 期。

③ 转引自冉进富《现代进程与诉讼：1978—2000 年社会经济发展与诉讼率变迁的实证分析》，《江苏社会科学》2003 年第 1 期。

④ 参见张千帆《如何设计司法？法官、律师与案件数量比较研究》，《比较法研究》2016 年第1 期。

频繁，越来越多的"陌生人"逐渐融入"熟人社会"，使"熟人社会"越来越陌生化。由于"熟人社会"的人情考量不复存在，"陌生人"之间更倾向于通过诉讼方式解决教育纠纷，也更倾向于援引于己有利的条款。随着诉讼选择的增加与援引频率的增多，也就提升了教育法律的司法适用，这就解释了经济发达地区为什么有较高的教育法律适用率。

二　地域经济水平制约教育法律认知状况

现实生活中，不仅公众不清楚教育法律，部分法官也不甚明了，越是欠发达地区，这种状况便越明显。事实上，公众对教育法律的认知与对教育的重视程度紧密相连。一方面，高度重视教育的父母会想方设法了解乃至参与子女的教育，当与其他主体发生纠纷时，更愿积极维权并寻求法律帮助；另一方面，如果父母不重视子女教育，又怎能奢望其进一步了解教育法律呢！尽管家庭经济能力不能与教育重视程度简单画等号，但家境殷实的父母更重视教育却是常态和事实。即便某些经济能力较差的父母重视教育，但由于文化资本的不足，也难以深度参与子女教育，不能给予科学指导和有效帮助，其对教育的重视停留在关心层面。加之这些父母大多生活在农村、边远等欠发达地区，信息传播、文化水平、普法宣传等劣势进一步加大了知悉教育法律的难度。当不知悉教育法律，就不会援引其进行主张和答辩，也不利于法院掌握争议焦点及需要援引的法律规范。

当然，经济发展水平不仅会影响普通公众的法律认知，也会影响法院及法官的教育法律素养。虽然法官是纠纷裁决与法律适用的专家，但教育法毕竟只是领域法，并不像《民法典》《行政处罚法》等法律一样广为人知晓，加之教育纠纷相对小众，一些法官少有机会审理教育案件。因此，部分法官尤其是偏远地区的法官不知晓教育法律规定也不足为奇。此外，经济发达地区的教育纠纷相对较多，法官业务水平、专业素养、审判经验相较欠发达地区更胜一筹，当事人的援引也为法官提供了寻法线索，这些因素相互叠加促使了援引案件数量的攀升。

三　地域经济水平决定高等学校地域布局

地域经济发展水平不仅会直接影响当事人的诉讼观念与法官的教育法

律认知，也会间接作用于高等学校的地域布局，从而影响高等教育的诉讼体量及援引案件数量。如表 6-3 所示，全国 2624 所普通高等学校分布在 30 个省份。① 直观来看，高等学校居全国前三位的省份，其地区生产总值也排全国前三位；无独有偶，地区生产总值排全国末三位的省份，其高等学校数也居全国末三位。另外，地区生产总值排前 10 位的省份共有 1302 所高等学校，占高等学校的 49.62%，且每省都超过 100 所；地区生产总值排第 11 位至第 20 位的省份共有 806 所高等学校，占高等学校的 30.72%，仅安徽和江西的高等学校达到或超过 100 所；而地区生产总值排后 10 位的省份有 516 所高等学校，占高等学校的 19.66%，新疆、甘肃、海南、宁夏和青海的高校数量甚至均少于 50 所。总的来看，地域经济发展水平越高，高等学校数量越多，反之亦然。这说明，高等学校的地域布局充分考量了经济发展与人口数量等因素。

表 6-3　地区生产总值与高等学校地域分布对照

地区	2015 年地区生产总值（亿元）	地区生产总值的全国排名（名）	地区生产总值占国内生产总值的比例（%）	普通高等学校数量（所）	各省高校占高等学校的比例（%）	各省高校数量全国排名（名）
广东	72812.55	1	10.09	151	5.75	2
江苏	70116.38	2	9.71	167	6.36	1
山东	63002.33	3	8.73	145	5.53	3
浙江	42886.49	4	5.94	107	4.08	11
河南	37002.16	5	5.13	134	5.11	4
四川	30053.10	6	4.16	109	4.15	10
河北	29806.11	7	4.13	121	4.61	7
湖北	29550.19	8	4.09	129	4.92	5
湖南	28902.21	9	4	124	4.73	6

---

① 需要说明的是，由于西藏没有援引教育法律的诉讼案件，因此在统计中国大陆各省份高等学校数量时，已将西藏高等学校的数量（7 所）剔除。事实上，"截至 2017 年 5 月 31 日，全国高等学校共计 2914 所，其中：普通高等学校 2631 所（含独立学院 265 所），成人高等学校 283 所"。具体参见《全国高等学校名单》，中华人民共和国教育部，http://www.moe.gov.cn/srcsite/A03/moe_634/201706/t201706.html。

地区	2015 年地区生产总值（亿元）	地区生产总值的全国排名（名）	地区生产总值占国内生产总值的比例（%）	普通高等学校数量（所）	各省高校占高等学校的比例（%）	各省高校数量全国排名（名）
辽宁	28669.02	10	3.97	115	4.38	9
福建	25979.82	11	3.6	89	3.39	15
上海	25123.45	12	3.48	64	2.44	22
北京	23014.59	13	3.19	92	3.51	14
安徽	22005.63	14	3.05	119	4.54	8
陕西	18021.86	15	2.5	93	3.54	13
内蒙古	17831.51	16	2.47	53	2.02	25
广西	16803.12	17	2.33	74	2.82	19
江西	16723.78	18	2.32	100	3.81	12
天津	16538.19	19	2.3	57	2.17	24
重庆	15717.27	20	2.18	65	2.48	21
黑龙江	15083.67	21	2.09	81	3.09	16
吉林	14063.13	22	1.95	62	2.36	23
云南	13619.17	23	1.89	77	2.93	18
山西	12766.49	24	1.77	80	3.05	17
贵州	10502.56	25	1.46	70	2.67	20
新疆	9324.80	26	1.29	47	1.79	27
甘肃	6790.32	27	0.94	49	1.87	26
海南	3702.76	28	0.51	19	0.72	28
宁夏	2911.77	29	0.4	19	0.72	29
青海	2417.05	30	0.33	12	0.46	30
总计	721741.48		100	2624	100	
平均	24058.05		3.33	87.47	3.33	

资料来源：地区生产总值的各项数据均来自《中国统计年鉴（2016）》，而普通高等学校的统计数据则来自中华人民共和国教育部的官方网站，其中普通高等学校的数量是截至 2017 年 5 月 31 日的统计数据。

经济发展水平会影响高等学校的地域布局，而高等学校的地域布局则会影响高教法律的司法适用。事实上，高教法律司法适用的前提是存在高教纠纷，而高教纠纷的特性决定了纠纷主体必有一方是高等学校或高校师生。就此而言，高等学校数量越多，则发生高教纠纷的概率也相应提高。此外，高校的布局也充分考量了经济因素，而经济因素又会影响诉讼观念与法律素养，这些因素相互叠加共同促使经济发达地区有较多援引高教法律的诉讼案件，实证数据也基本支撑了上述理论推演。如 19 件援引《学位条例》的案件有 16 件发生在高等学校超过 100 所的省份（不妨称之为"高校大省"），而 44 件援引《高等教育法》的诉讼案件也有 35 件发生在"高校大省"。此外，由于高等学校主要布局在省会城市和地级市，这意味着县级人民法院少有适用《高等教育法》与《学位条例》的机会。事实上，在适用《学位条例》与《高等教育法》的 63 件案件中，没有 1 件是由县级人民法院受理的。由此可见，经济发展水平正是通过影响高等学校地域布局，从而影响高等教育法律的司法适用。

第四节　本章小结

本章尝试从经济发展维度来解释法律适用的地域差距。为探讨经济发展与法律适用之间的关系，笔者选取地区生产总值与援引案件数量以及人均生产总值与教育法诉讼率两组指标进行考察。研究发现，地区生产总值与援引案件数量、人均生产总值与教育法诉讼率大体呈现对应关系。当然，因类案统计、高校分布、文书公开等原因，个别省份存在例外情况，但这些例外大多能给予合乎情理的解释。需要强调的是，地域经济发展水平对法律适用的影响不是 GDP 直接作用的结果，而是通过间接影响诉讼观念、法律认知与学校布局，从而影响法律适用的。这些研究发现，可为加强教育法律的司法适用提供启发和借鉴。

第七章　加强教育法律司法适用的政策建议

　　"如果政府不给予法律获得尊重的权利，它就不能够重建人们对于法律的尊重。"①

——〔美〕罗纳德·德沃金

　　如前文所述，教育法律的司法适用具有重要法治价值，是保障私权、规范公权、解决纠纷、落实和完善法律的有力抓手。我国教育法律虽有一定程度的司法适用，但相较依法治教要求尤其是人民群众的诉讼需求而言，其适用程度仍有待提高。因此，在继续加快教育立法步伐、填补法律体系短板的同时，如何加强教育法律的司法适用是我国教育法治建设面临的重要任务，不仅关乎教育纠纷的公正解决，也影响动态开放的互动型法律体系的构建。基于此，本章拟在问题分析与影响因素探讨的基础上，从教育立法质量、法院受案范围、公众诉讼观念与教育法律素养等维度进一步探讨加强法律适用的对策建议，希冀为有关部门提供决策参考。

第一节　提升学校师生维权意识是加强教育法律
司法适用的前提

　　司法是被动式的权力，除非纠纷当事人主动将纠纷提交法院裁决，否

---

　　① 〔美〕罗纳德·德沃金：《认真对待权利》，信春鹰、吴玉章译，中国大百科全书出版社，1998，第 270 页。

则法院无权介入纠纷，也无从适用教育法律。由此可见，当事人如不主动起诉，那么即使受案范围再广、立法水平再高，教育法律也难适用。因此，扩大受案范围和提高立法质量或许可增进教育法律的"潜在适用性"，但增强维权意识才是前提和基础，离开了当事人的起诉，法律适用就是水月镜花。

一　增强学校师生的诉讼观念

虽然调解、申诉、复议和仲裁也可适用法律，但与司法适用是两个概念，更何况法治社会总是对司法寄予厚望，将其视作公平正义的最后一道防线，希冀通过程序正义保障合法权益。正因如此，司法适用被视作法治社会最重要的法律适用方式，诉讼观念也被视为维权意识的精髓和核心。随着中国法治建设逐步驶入"快车道"，"走向权利的时代"[①] 悄然来临，教育领域也借此开启了依法治教和依法治校的新征程，教育立法初步解决了教育领域"无法可依"的问题，司法诉讼则为纠纷解决与法律适用注入了"活性剂"。随着一个个鲜活的教育诉讼案件被逐步受理和依法裁判，师生切身感受到教育法律的存在及司法审查的益处，这些经典个案也超越个案意义而具有普遍价值。可以说，历经 20 余年的法治洗礼，师生的诉讼观念发生了重要变化，"厌诉"不再是主流观念，与学校对簿公堂也不再是稀罕事，教育诉讼已成为中国诉讼版图的新成员。

尽管师生的诉讼观念有大幅改善，但相较教育纠纷的庞大体量而言仍需要加强，在欠发达地区尤其如此。诚然，增强诉讼观念与法律认知需要法治教育，但如不注重与现实生活的紧密联系，这与其说是"法治教育"，倒不如说是"法治灌输"，未必能取得理想效果。当然，这并非全然否定法治教育的意义和价值，而是强调法治教育应注重方法、提升实效，实现育人效果和工具价值的统一。为此，不妨从经典案例入手，通过"以案说法"进行有针对性的宣传和教育，进而潜移默化地提升诉讼观念和法治素养。当然，只有随着社会发展和法治进步，整体维权意识和诉讼观念才会根本改观，崇法尚诉的文化才能形成。因此，运动式普法虽不乏近功，

---

① 夏勇：《走向权利的时代》，中国政法大学出版社，1999，第 1 页。

但其行不远，只有推动社会发展和法治进步，"走向权利的时代"才会真正来临。

二　破解学校维权的制度困局

从援引案件不难看出，当前诉案主要发生在学生诉学校、教师诉学校或政府部门、学生监护人诉学校及其他监护人之间。尽管学校频繁成为当事人，但其更多是以被告身份应诉，在教育行政诉讼中尤其如此。也就是说，学校很少主动起诉，像"西北政法大学申博案"那样由学校主动申请行政复议乃至行政诉讼的案例是凤毛麟角。其原因何在呢？是学校不享有法定权利还是学校权利很少被侵犯？按照法律规定，学校享有自主办学的权利，因此学校极少起诉的原因不是学校无权利。既然如此，难道是自主办学权利很少受侵犯？观察现实不难发现，学校的自主办学权利尚未得到完全落实。

事实上，学校极少起诉的原因是维权意识不强。当然，学校作为法人组织，无法就侵权行为自动提起诉讼。实际上，是校长在代表学校行使一系列法人权利。也就是说，学校尤其是公立学校较少起诉，表面是学校维权意识不强，实则反映了校长维权观念的"淡薄"。然而，校长诉讼观念的"淡薄"却有制度性成因。当校长以学校名义就主管部门的侵权行为提起诉讼，则意味着无论诉讼结果如何，责任和风险均须由校长个人承担（暂且不论这类行为是否具有行政可诉性），因此任何稍具"政治智慧"的校长均会三思而行。不难预见，在制度困局未根本破解以前，学校及校长维权意识与诉讼观念"淡薄"的现象仍将长期存在。因此，在现有体系下，寄希望于出现个别"勇士"显然不切实际，破局之策乃是对学校及校长进行制度赋权，以此推动学校及校长可以就主管部门的管理行为提出异议乃至诉讼，进而推动相关法律规定的实施和适用。

三　提升欠发达地区维权意识

如前文所述，经济发展状况会显著影响师生的维权意识和诉讼行动，经济发达地区通常诉讼观念较强，欠发达地区则诉讼观念较弱，从而导致教育法律在经济发达地区适用性强，而在欠发达地区则适用性弱。因此，提升维权意识和诉讼观念的重点区域在欠发达地区，只有大幅提升这些地区师生的维权意识与诉讼观念，才能从整体上促使教育法律从"纸面"走向"生活"，扭转法律适用的地域差距，更好地解决现实纠纷、落实教育法律规定。

当然，欠发达地区大多处于"熟人社会"，人情关系的枷锁让当事人寻求司法救济时顾虑重重。正如美国学者格鲁克曼所言，传统社会的血缘、亲情、文化、情面等各种因素经常相互缠绕、难以分割，其中一个因素发生纠纷不得不顾及大局和其他因素，因此"熟人社会"的争议纠纷适宜运用非法律手段解决（如自行和解和外部调解）；与之相对，现代社会则是典型的"陌生人社会"，由于人际关系变得简单，运用诉讼方式解决纷争成为适宜的选择。① 就此而言，熟人社会天然排斥诉讼，无形中加大了提升诉讼观念的难度。当然，随着经济发展水平的提高与人员的频繁流动，熟人社会将逐步解体，利益考量终将突破人情束缚，这为教育纠纷的司法解决及其法律适用提供了契机和便利。

当前，法治教育已融入国民教育体系，从 2016 年秋季学期开始，中小学《道德与法治》统一取代《品德与生活》《品德与社会》等课程，并在六年级下册和八年级上册设置法治教育专册，《政治与法治》则作为高中政治课的必修内容，以充分发挥课堂主渠道作用。与此同时，在其他课程教学中也注重融入法治教育元素，践行课程思政理念，实行多学科法治育人。这些课程的系统开设以及学科教学中融入法治教育元素，是落实法治教育从娃娃抓起的具体举措，有助于潜移默化地培养中小学生的法治观念与维权意识，破除"熟人社会"的人情禁锢和关系思维，让中小学生从小知法、守法、懂法、用法，进而培养社会主义法治公民。从长远看，随着法治教育的系统推进和科学开展，欠发达地区学生的法治观念和维权意识将有显著提高，进而有望改善欠发达地区教育法律的低援引状况。

---

① 转引自聂铄《1985 年—2003 年汕头市婚姻家庭诉讼率变迁的法律解释——一种区域法律文化分析》，《法学家》2005 年第 4 期。

第二节　扩大教育案件受理范围是加强教育法律
司法适用的关键

虽然当事人主动起诉是法律适用的前提，但纠纷最终能否被法院受理取决于受案范围的规定。当前，法院对教育纠纷尤其是教育行政纠纷仍态度保守，导致一些纠纷被拒之门外，影响了法律适用。虽然司法资源的有限性与教育纠纷的特性决定了并非所有纠纷都适宜由法院裁决，但法院大门应随社会发展和法治进程逐步敞开，对影响当事人切身利益的纠纷更不能随意排除在外。正如学者所言，随着法治水平的提高和人权保障意识的增强，法院受案范围应逐步扩大，原本被视为禁地的领域，也要逐渐接受法院审查。[①] 鉴于教师开除处分、职称评审纠纷与不依法拨付教育经费等行为具备行政行为的典型特征且严重影响当事人切身权益，因此本节拟重点探讨将上述纠纷纳入受案范围的可能性。

一　开除教师公职处分应具有行政可诉性

众所周知，开除教师公职处分是教育行政部门或学校给予违法违纪教师最严厉的行政处分，将导致聘用合同的解除和人事关系的终止，严重影响被开除教师的切身利益。鉴于开除教师公职处分的严厉性和损益性，《教师法》第三十七条与《事业单位工作人员处分暂行规定》第二十条对开除公职的情形进行了严格限定。然而，在司法实践中，开除教师公职处分是不可诉的，教师对此不能寻求司法救济。从援引教育法律的 808 件诉讼案件来看，当前仅有 4 件案件涉及开除教师公职纠纷，其中 3 件被驳回起诉。尽管在"季某某与河北省教育厅教育行政管理纠纷案"中，法院受理了季某某不服河北省教育厅维持开除处分的申诉处理决定，但法院实质审理的是河北省教育厅的申诉处理决定是否合法，而非第三人作出的开除处分是否正当。[②] 易言之，这起纠纷之所以被受理是因为不服申诉处理决定具有可诉

---

① 参见耿宝建《高校行政案件中的司法谦抑与自制》，《行政法学研究》2013 年第 1 期。

② 季某某与河北省教育厅教育行政管理纠纷案，河北省石家庄市中级人民法院一审行政判决书，（2015）石行初字第 00267 号。

性，而非开除教师公职处分属于人民法院受案范围。

从司法实践来看，人民法院主要从两方面论证开除教师公职处分的不可诉性。譬如，一些法院认为开除教师公职处分属于《行政诉讼法》第十三条第（三）项规定的行政不可诉事项，因而将其排除在司法审查之外，如张家界市永定区人民法院、张家界市中级人民法院、莆田市秀屿区人民法院都在驳回起诉的说理中采取了这一思维进路。然而，公立学校教师既非行政机关工作人员，也不是参照《公务员法》管理的工作人员，因此适用该条规定而将开除教师公职处分排除在受案范围外未免有些牵强。另外，有法院援引《教师法》有关申诉的规定，认为被开除公职的教师应向有关部门申诉而非直接起诉，直接阻却了被开除公职的教师提起行政诉讼的权利。由此可见，目前法院仍不受理因开除教师公职处分而提起的民事或行政诉讼。

然而，开除教师公职处分具有行政行为的典型特征，严重影响教师切身利益，将导致与所在学校或教育行政部门人事关系的解除，且开除事项一般不涉及专业问题和学术评判，也适宜接受司法审查。况且，司法监督相较行政监督更能矫正处分权行使的失范，从而在教育管理秩序与教师合法权益之间维持折中和平衡。从这个意义上说，如不允许司法审查开除教师公职处分的正当性，那更不应当让行政权力来定分止争。虽然某些当事人通过先向行政部门申诉再以不服申诉处理决定为由成功将纠纷提交至法院审理，但法院主要审查的是申诉处理决定的合法性，而对开除处分的正当性则只进行间接审查，这不仅降低了权利救济的有效性，也令司法监督大打折扣。鉴于此，不妨通过立法形式赋予被开除公职教师直接提起行政诉讼的权利，或者通过司法解释明确如果不服申诉处理决定，则可提起行政诉讼。

二 高校教师职称评审纠纷应具有行政可诉性

"职称实质代表着国家和社会对专业技术人员的业务能力和学术水平的综合评价，其对于高校教师的重要性也不言而喻。"[①] 近年来，随着高等教

---

① 洪建娣、陈峰：《论高校教师职称评审纠纷的司法介入——以化解高校自主权与教师诉权冲突为视角》，《苏州大学学报》（哲学社会科学版）2010年第5期。

育综合改革的深入，围绕高校教师的职称评审纠纷日渐增多并引发社会关注。其中，最有代表性和影响力的案件莫过于"王晓华案"。① 虽然法院受理了"王晓华案"，但此案的诉讼标的是教育部的行政不作为，而非教师职称评审纠纷。也就是说，在司法实践中，法院不直接受理高等学校教师提起的职称评审纠纷诉讼。② "表面上，法院对高校教师职称评审权作为自主权的重要构成表示尊重，但其却使教师权利陷入法律救济的困局。"③ 更何况，职称不仅反映教师的学术能力与过往成就，更涉及每位教师的工资、福利等切身利益。④ 因此，如果完全将教师职称评审纠纷排除在司法审查之外，不仅难以满足日益增长的权利诉求，也与行政诉讼受案范围逐步扩大的趋势格格不入。

此外，从性质上看，职称评审权是一项行政权力，无论从评审主体还是权力性质抑或法律效果来看，职称评审行为都是依教师申请并由教育行政部门或授权高校单方实施的行政法律行为，"是依申请的外部具体行政行为，而不是高校的内部管理行为"。⑤ 当然，肯定职称评审行为的行政权力属性，并不意味着职称评审行为就具有行政可诉性。因为即便一项行为是行政行为，其能否被受理仍要看法院受案范围的规定。当前，我国立法和司法解释虽未明确将职称评审纠纷纳入行政诉讼受案范围，但也未完全将其排除在外。有学者根据行政诉讼法及相关司法解释认为，高校教师职称评审行为没有被明确排除在行政诉讼受案范围之外，因此高校教师职称评审行为具有可诉性，即教师有权提起行政诉讼以获得司法救济。⑥

然而，目前教师就职称评审纠纷提起诉讼的主要障碍在于《教师法》第三十九条等规定。如在"宋某某与沈阳化工大学人事争议纠纷案"中，宋某某就职称评审纠纷提起民事诉讼，但辽宁省沈阳市中级人民法院认为，

---

① 赵中鹏：《一讲师不满职称评定诉教育部行政不作为被驳回》（2003 年 6 月 13 日），搜狐网，http://news.sohu.com/65/51/news210065165.shtml，最后访问日期：2018 年 3 月 8 日。
② 参见郭庆菊《高校教师职称评审行为之司法审查》，《学术交流》2011 年第 3 期。
③ 姚荣：《论我国公立高校教师职称评审权的公法规制》，《高校教育管理》2017 年第 4 期。
④ 参见曹慧丽、才凤敏《高校教师职称评审行为纳入行政诉讼案范围的可行性研究》，《江西社会科学》2007 年第 7 期。
⑤ 秦勇：《法学视野中的高校教师职称评审》，《现代大学教育》2006 年第 6 期。
⑥ 参见秦勇《法学视野中的高校教师职称评审》，《现代大学教育》2006 年第 6 期。

"由于宋某某应否被聘任为教授不属于人民法院民事诉讼审查范围，其主张基于教授职务的待遇问题，同样不属于人民法院民事诉讼审查范围，而应依据《教师法》第三十九条规定向政府有关部门申诉解决"。[①] 即便当事人就职称评审纠纷向法院提起行政诉讼，仍难逃拒绝受理的命运。如在"胡某某与北京大学人事争议纠纷案"中，法院认为，北京大学属于事业单位，只有依据法律、法规、规章授权作出行政行为时才能成为行政诉讼的适格被告。根据《教师法》第五条第三款规定，"学校和其他教育机构根据国家规定，自主进行教师管理工作"，原告胡某某请求确认北京大学关于北京大学人口研究所不再启动职称评审程序违背正当程序原则，所诉事项不属于行政诉讼受案范围，从而驳回了当事人的起诉。[②] 因此，要将教师职称评审纠纷纳入法院受案范围，需要法院出台相关司法解释，以明确职称评审纠纷的可诉性。为此，不妨借鉴《最高人民法院关于人民法院审理事业单位人事争议案件若干问题的规定》等司法解释，明确将公立学校与其教师之间发生的职称评审纠纷纳入人事争议案件受案范围，从而为法院受理此类纠纷提供明确依据。

三　不拨付教育经费的行为应具有行政可诉性

虽然《教育法》第五十五条、《教师法》第二十五条与《义务教育法》第四十二条规定了地方政府的教育经费拨付职责，但上述条款在司法实践中是从未被适用的零被引条款。之所以如此，主要是因为法院认为不依法拨付教育经费的行为不具有可诉性。事实上，依法拨付教育经费是法律科以地方政府的强制性义务，因此其不履行法定义务，便违反了法律的强制性规定。如果师生要求地方政府履行法定职责，而其仍拒绝履行或不予答复，那么师生有权提起诉讼吗？法院应当受理吗？

按照霍菲尔德的法律关系理论，[③] 地方政府不依法拨付教育经费的相关

---

① 宋某某与沈阳化工大学人事争议纠纷案，辽宁省沈阳市中级人民法院再审民事裁定书，(2013) 沈中审民终再字第 173 号。

② 胡某某与北京大学人事争议纠纷案，北京市海淀区人民法院一审行政裁定书，(2019) 京 0108 行初 772 号。

③ 参见〔美〕韦斯利·霍菲尔德《基本法律概念》，张书友编译，中国法制出版社，2009，第 3 页。

关系是侵犯教师财产权，同时损及学生受教育权。由此观之，不依法拨付教育经费已侵犯师生的合法权益。因此，权益受损的师生就有权寻求救济，且不依法拨付教育经费的行为在性质上构成行政不作为，属于《行政诉讼法》可以受理的案件情形。当然，将这类行为纳入行政诉讼可能会给地方政府造成一定的压力和诉累，这或许是其长期欠缺可诉性的重要原因。然而，行政诉讼的主要功能就在于救济行政相对人的合法权益，并矫正权力行使的率性和恣意。因此，如果司法尚且放弃监督，那么教育经费的"两个提高"与"三个增长"① 以及教师工资不低于当地公务员平均工资水平的"法律承诺"，便只能依赖地方政府的自觉履行和上级部门的督促鞭策。

第三节 提高教育立法质量是加强教育法律司法适用的必然要求

如前文所述，由于立法技术的原因，"教育法律的很多条文，严格地讲，只是一种宣言性或政策性的立法"，② 导致这些条文天然面临司法适用的困局。事实上，如果法律无法为纠纷解决提供依据，那么即便当事人维权意识再强、受案范围再宽，法律也不适宜作为解纷依据加以援引。因此，要加强教育法律的司法适用，就应按行为规范和裁判规范要求创制法律条文、提升立法质量，否则即便纠纷可诉也不必然带来法律适用，因为某些条款因立法质量不佳注定与适用绝缘。

一 改进教育立法理念，树立法律适用意识

长期以来，无论是学术研究还是立法实务均未将法律适用作为法律运

---

① 本书及学界所言的教育经费的"两个提高"与"三个增长"实际上是《教育法》（2015 年修正）第五十五条和第五十六条的概括性称谓。《教育法》第五十五条规定，"国家财政性教育经费支出占国民生产总值的比例应当随着国民经济的发展和财政收入的增长逐步提高。具体比例和实施步骤由国务院规定。全国各级财政支出总额中教育经费所占比例应当随着国民经济的发展逐步提高"；第五十六条第二款规定，"各级人民政府教育财政拨款的增长应当高于财政经常性收入的增长，并使按在校学生人数平均的教育费用逐步增长，保证教师工资和学生人均公用经费逐步增长"。

② 秦惠民：《走向社会生活的教育法——中国教育法律的适用状况分析》，载劳凯声主编《中国教育法制评论》第 5 辑，教育科学出版社，2007。

行的关键一环予以重视。学界主要关注教育立法供给的不足，对法律运行尤其是司法适用等议题缺乏深入系统研究。如果学理层面忽视法律适用的意义和价值，那么实践层面就会欠缺理论指导。正如学者所言，由于理论认识不足，立法者仅关注法律规范逻辑结构的完整性，而对可诉性欠缺妥善安排，导致在法律制度体系中法律可诉性（有学者将法律适用称为法律可诉性，因此法律可诉性可视作法律适用的另一种表达）规定不够翔实具体，甚至缺乏的现象。[①] 由此可见，适用性不强不是教育法律独有的问题，而是我国法律普遍存在的通病，只是教育法律相较其他法律更严重罢了。因此，看似逻辑自洽、严密周详的教育法律常常在司法实践中出现难以适用的尴尬。

从这个意义上说，教育法律司法适用不佳貌似是立法技术问题，实则与适用理念的缺失不无关系。因为即便立法技术不高，如果立法者具备较强的法律适用理念，就可通过注入适用元素消弭技术瑕疵。由此可见，一旦欠缺法律适用理念，无论立法技术多么先进，也不管法律规定如何逻辑自洽，制定出来的法律只是"看上去挺美"，[②] 难以在现实生活与纠纷解决中发挥应有作用。因此，要加强教育法律的司法适用，首先要求立法者转变立法理念、树立法律适用意识，前瞻性地考虑法律适用问题，改变"大而全""宜粗不宜细"的立法传统，提升教育法律的精细程度和解纷水平。当然，适用理念的树立绝非朝夕之事，尤其是考虑地方立法的广泛性与水平的参差性后更是如此。另外，适用理念的树立也离不开学理支撑，因而亟须改变教育法学研究仅注重法律创制而忽略实施适用的格局，共同推动法律适用性的提升。

二　提升教育立法技术，减少使用宣言性立法

如前文所述，教育法律中的 77 条倡导性规范有 73 条是零被引规范。这类规范通常不设定具体的权利或义务，也欠缺明确的行为模式或法律后果，被西方学者称为叙述性立法（narrative legislation）或象征性立法（symbolic

---

① 参见王晨光《法律的可诉性：现代法治国家中法律的特征之一》，《法学》1998 年第 8 期。
② 刘武俊：《可诉性：法律文本的脉搏——兼论公司法的立法完善》，《法制日报》2000 年 6 月 28 日，第 7 版。

legislation)，我国有学者将其称为宣言性立法或政策性立法。① 由于这类立法旨在宣告国家政策或倡导某种行为，而非设定具体的权利义务关系以及诉诸公堂的法律程序，因此这类立法几乎欠缺法律的规范特征。在英美法系国家，这类立法会通过法院解释和具体判例获得新生，并不妨碍其在法庭或纠纷解决程序中的适用。然而，依法裁判是我国重要的法律原则，导致这类不具备规范特征的立法难以进入司法程序，无法成为说理与裁判的依据。

基于此，应着重从以下方面提升立法质量，为法律适用奠定立法基础。一是注重凝练立法语言，使教育法律用语精确、严谨周密、精练简洁，减少乃至不使用不确定法律概念和政策用语，用法言法语界定权义关系，做到义务条款与责任条款相互对应。二是按照"总则重统领、分则重操作、附则重补充"的原则，提升教育法律的规范性和可操作性。三是在教育立法和修法过程中，要减少乃至杜绝使用宣言性立法或政策性立法。当前，近 1/5 的教育法律条文属宣言性立法或政策性立法，今后应逐步为这类规范设定行为模式和法律后果，或者考虑删去不符合法律规范要求且无关紧要的条款。

三 明确纠纷解决途径，保障学校师生诉权

作为宪法赋予的基本权利，诉权是权利人获取司法救济的前提。② 一旦法律缺乏诉权保障措施，那么法定权利极易沦为"画中之饼"，法律规定也易成为"文本之言"。然而，教育法律仅有 2 个条文规定了诉权和解纷途径。其中，《教师法》第三十九条并未赋予教师诉讼权，《教育法》第四十二条虽赋予受教育者诉讼权，但诉讼范围仅限侵犯人身权、财产权等合法权益的行为，至于受教育权是否可诉则未明确。尽管教育法律规定学校、残疾儿童、民办学校师生分别享有自主办学权、随班就读权、平等法律地位权，但未进一步规定上述权利受侵犯后如何寻求救济，由于规定不明，即便当事人主动起诉也将徒劳无功，导致法定权利难以得到切实的保障和

---

① 参见王晨光《法律的可诉性：现代法治国家中法律的特征之一》，《法学》1998 年第 8 期。
② 参见严仁群《回到抽象的诉权说》，《法学研究》2011 年第 1 期。

救济。由此可见，虽然教育法律列举了很多权利和职权，也设定了诸多义务与责任，但"有权利无诉权""有法律难适用"现象仍然较为突出。

基于此，要加强教育法律的司法适用，就必须明确纠纷解决途径，保障学校及师生诉权。一是要赋予各级各类学校提起申诉和诉讼的权利。为此，可考虑制定"学校法"或修改《教育法》，为学校及其他教育机构创设救济规定，具体可以表述为："学校及其他教育机构对于侵犯其合法权益或者对于行政处理决定不服的，可以向教育行政部门所在地的人民政府或其上级主管部门提起申诉，申诉处理机关应当在三十日内作出调查处理决定；对于申诉处理决定不服或申诉处理机关逾期未作答复的，学校可以以教育行政部门或申诉处理机关为被告提起行政诉讼。"二是修改《教师法》第三十九条，在将申诉作为教师维权主体途径的同时，对影响教师切身利益的行为，如其不服申诉处理决定或申诉处理机关逾期未作答复，就可直接提起诉讼，从而保障教师的诉权。

第四节　提升教育法律素养是加强教育法律司法适用的根本举措

从适用要素来说，当事人主动起诉是启动法律适用的前提，扩大受案范围与提升立法质量可以增强法律的潜在适用，至于能否适用最终则取决于法院是否会加以援引。由此可见，法院如无援引教育法律的意识和行动，即使维权意识再强、受案范围再宽、立法质量再高，具备潜在适用性的教育法律也终难走向司法适用。因此，加强教育法律的司法适用，需要在提高维权意识、扩大受案范围与提升立法质量的同时，提升法官的教育法律素养，避免不熟知相关规定而遗漏法律适用。

一　提升各级法院法官的整体教育法律认知

从相关援引案件可以看出，相较其他法律，法官较少熟知教育法律。事实上，司法实践中，因不知晓教育法律规定而未援引教育法律的诉讼案件比比皆是。在有些纠纷中，虽然教育法律对当事人的权义关系和解纷途径作了明确规定，但由于不熟知相关规定，法官并未援引教育法律来裁决纠纷。有学者对这一现象进行了生动具体的描绘和阐述，其介绍某校长在一起案件中援引《教育法》的相关规定进行辩护，但"法官竟然不屑地说：教育法是什么法，我不知道。"① 应当说，这一法律司法适用的"笑话"不是个别现象，在基层法院和边远贫困地区还尤其普遍，毕竟作为一类领域法，加之教育纠纷相对小众，想让所有法官都熟知教育法律规定难度不小。另外，《学位条例》作为新中国制定的第一部教育法律，由于其名称使用的是"条例"而非"法"，不仅导致一些大学校长和知名学者不知道它是一部教育法律，甚至部分法官也想当然地认为它不是一部法律，从而影响了该法在司法实践中的援引和适用。

如果作为法律适用者的法官都不知晓教育法乃至教育基本法，那其如何依照教育法律裁决纠纷呢？众所周知，明断是非曲直、正确适用法律是法院和法官的职责所在，也是相较其他纠纷解决机构的优势所在，但正确适用法律的前提是熟知相关规定，否则法律适用无从谈起。因此，无论是从公正解决纠纷还是正确适用法律的角度，都亟须提升法官的教育法律认知，为纠纷裁判做好规范储备。为此，应加强教育法律制度的专题教育和系统培训，邀请立法者和教育法学专家解读立法背景与条款内容，加强立法与司法实务部门的互动和联系，研究出版教育法律、法规、规章的汇编读本及条文释义，等等。

二　安排熟知教育法律的法官裁决教育纠纷

20 世纪 90 年代以来，随着公立高等学校与学生的法律关系率先突破"特别权力关系理论"的藩篱，高等学校的开除学籍、退学处理、招生不录取、不颁发毕业证学位证、学位撤销等纠纷逐步被纳入教育行政诉讼受案范围。教育行政诉讼 20 余年的蓬勃发展培养了一批擅长审理教育案件的法官，也涌现了一批积极受理教育案件的法院，他们在很大程度上推动了权利救济的司法进程与教育法治的发展进步。然而，法院系统真正精通教育法律规定并擅长审理教育案件的法官仍然有限。

事实上，作为一类量小特殊的诉讼案件，教育诉讼案件的审理可以说

---

① 李晓燕、巫志刚：《教育法规地位再探》，《教育研究》2014 年第 5 期。

既简单又复杂，说简单是因为诉讼标的明确、涉案金额不大，多数民事案件可以适用简易程序审理。但复杂之处在于断案依据名目繁多且规定烦琐，如教育法律、教育法规、教育规章、地方教育法规规章、教育规范性文件与校规校纪等，这加大了法官的寻法难度，极易遗漏与教育纠纷解决相关的规范。因此，在提升法官队伍整体教育法律素养的同时，安排熟知教育法律且有教育案件审理经验的法官审理教育案件非常必要，可以提升纠纷裁断的专业性以及减轻法官的工作量，进而提升教育诉讼案件审理质量。甚至有全国人大常委会委员提出应在各地中级人民法院中设立专门的教育法庭来处理教育纠纷类案件，以应对教育纠纷的专业性和复杂性等特点。这就要求进一步整合有限资源，抽调业务能力出众的法官集中办理教育案件，定期开展研修培训和专题学习，不断提升业务能力和教育法律素养。与此同时，在选聘新任法官时，可以优先考虑教育法学专业人员，让其负责裁决教育纠纷，充分发挥学科专业优势。

三　重点提升欠发达地区法官的教育法律素养

如前文所述，地域经济发展水平不仅会影响当事人的诉讼观念，也会影响法官的教育法律认知。这就要求我们着重提升欠发达地区法官的教育法律素养。具体而言，一是明确规定教育行政案件受理范围。地方法院对一些教育行政案件是否应当受理仍态度犹疑，欠发达地区法院更为保守，甚至将部分应当受理的纠纷也排除在受案范围外。鉴于此，要改善教育法律在欠发达地区的适用状况，就要明确教育案件尤其是教育行政案件的受理范围，为地方法院提供明确指引，免除受理的后顾之忧。二是着重提升法官的教育法律素养。在实践中，一些欠发达地区的法官不清楚教育法律者并不鲜见。为此，应通过业务培训、系统学习、以案说法、专职审理等多种形式提升法官的教育法律素养，让其熟知教育法律规定，做到依法裁判、准确适法。

第五节　本章小结

加强教育法律的司法适用是教育法治建设的题中之义。本章在基于现实问题并参考影响因素的基础上，提出了加强教育法律司法适用的四条建议：其一，提升学校师生维权意识是加强教育法律司法适用的前提；其二，扩大教育案件受理范围是加强教育法律司法适用的关键；其三，提高教育法律立法质量是加强教育法律司法适用的必然要求；其四，提升法官教育法律素养是加强教育法律司法适用的根本举措。为此，应增强师生诉讼观念，通过制度赋权破解学校维权困局，改进立法理念、提升立法技术、明确解纷途径、保障师生诉权，将开除教师公职、职称评审纠纷与不依法拨付教育经费等行为纳入行政诉讼受案范围，安排熟知教育法律的法官裁决教育纠纷，着重改善欠发达地区的低援引状况。

第八章　通过司法促进立法：以《教师法》
为例的分析

"法与时转则治，治与世宜则有功。"

——韩非子

第一节　问题的提出

司法适用不仅是推动教育法律实施的重要抓手，也可进一步反哺立法，促使教育法律在发现和解决问题中不断走向完善。事实上，由于受到立法语言与立法者阅历等因素的影响，包括教育法律在内的任何制定法都是立法者有限理性的产物，教育法律就是用抽象概括的语言来描绘各种教育法律关系，是剥离具体细节而高度抽象的行为指南，这是最值得称道之处。但教育生活是鲜活的，具体纠纷更是纷繁复杂的，任凭立法者理性再高也无法预见所有纠纷，立法语言的弹性更是拉大了法律规定与教育生活之间的距离，当高度抽象的法律条文适用于具体鲜活的教育纠纷时，法律就会呈现或大或小的问题与漏洞。正因如此，许多看似清晰的法律条文一旦适用于具体纠纷，就会出现问题或者需要解释，这在立法时通常难以察觉，但在具体适用时会不经意暴露。[1]

另外，由于教育生活变动不居和社会关系复杂多变，具有守成倾向的

---

① 参见彭中礼《论法律学说的司法运用》，《中国社会科学》2020年第4期。

成文法在一定程度上会滞后于教育发展和法治进程，这进一步拉大了法律规范与教育生活之间的距离，出现法律漏洞就在所难免，但"不得拒绝裁判"的原则要求法官在没有规定或规定不明的情况下依据法律原则或法治精神裁决纠纷，司法此时既弥补了法条规范的不足，也起到了刺激、催化教育法律修改和完善的作用。正如学者所言，通过司法不断提出新的问题并且在解决问题的过程中发现立法的不足，为立法完善提供实践基础和实践动力。只有立法与司法之间形成良性互动并及时反馈和回应社会需要，一个开放的、动态的回应型法律体系才得以形成。① 由此可见，司法适用不仅可以推动教育法律的实施和适用，更能从适用层面洞察和揭示教育法律的立法问题，不仅让立法为司法提供依据，也令司法促进立法，促使教育法律在发现和解决问题中不断走向完善。

为了更好地说明司法对立法的促进功能，本章将以《教师法》为例进行具体分析。之所以选择《教师法》进行个案分析，主要是考虑：一方面，教育法作为领域法，包括 8 部教育法律，如全部加以探讨恐怕篇幅难以容纳，且未必能够做到精细；另一方面，《教师法》的修订已迫在眉睫，如能从适用层面审视《教师法》的立法问题与不足，不仅可以开拓《教师法》修订研究的新视角，也能为法律修订提供实证支撑和修改建议。基于此，本章选择以《教师法》为例进行个案分析，以期管中窥豹，推动《教师法》的修改完善，同时为其他 7 部教育法律通过司法促进立法的研究进行探路，也为相关法律的修改提供实证支撑与决策参考。《教师法》在适用过程中暴露了哪些问题与漏洞？如何有针对性地修改相关规范？本章拟聚焦探讨这些问题，重在从适用层面揭示现有法条的问题与不足，进而为法律修订提供实证支撑，供立法部门决策参考。

第二节　研究设计

本章基本思路是从援引《教师法》的诉讼案件管窥《教师法》的立法问题，进而为《教师法》的修订完善提供针对性建议。为此，首先需要检

---

①　参见马金芳《人民法院立法建议在法律体系完善中的功能》，《法学》2011 年第 8 期。

索司法实践中援引《教师法》的诉讼案件。根据前文的检索和分析结果可知，司法实践中共有 120 件援引《教师法》的诉讼案件。其次，根据这些援引案件，梳理和分析《教师法》的适用条款，为问题分析找准载体和焦点。统计发现，在《教师法》的 43 条条款中，零被引、低被引与高被引条款分别有 22 条、15 条和 6 条。其中，高被引条款主要有教师权利条款、教师申诉条款、教师义务条款、教师资格制度条款、退休待遇条款与处分解聘条款，《教师法》的司法适用主要围绕上述高被引条款展开。

当然，揭示法律条款的适用状况并非本章核心议题，借此管窥适用条款的立法问题才是落脚所在。基于此，为了从适用层面审视《教师法》的立法问题，本章将以这些适用条款尤其是高被引条款为抓手，聚焦探讨条款适用过程中的争议和焦点，以及法院在规定不明或缺乏规定背景下的裁判策略及解释路径，以期客观揭示适用条款的立法问题与漏洞，为相关条款的修改完善提供参考。

第三节　立法的司法审视：《教师法》的司法适用暴露的立法问题

基于研究设计，逐一研读裁判文书发现，《教师法》中的法律适用、寒暑假带薪休假、体罚责任、处分解聘与教师申诉等条款在适用过程中暴露了一系列问题，亟须立法关注。

一　何谓"教师"：身份外延扩大凸显适用范围局促

适用范围事关法律的调整对象和管控边界，是任何一部法律都必须厘清的前提性问题，《教师法》也不例外。在 20 世纪 90 年代初期，由于市场经济与教育国际化尚处于起步阶段，将法律调整范围限定在各级各类学校、少年宫、电化教育机构、地方教研室等专门从事教育教学工作的教师是合乎时宜的，也符合对教师身份的传统认知。然而，随着经济社会的快速发展与教育需求的日益多元化，现代教育早已突破传统时空界限，各类线上教育与线下培训不断增多，教育教学已不限于学校等场域，教师概念的外延正突破传统学校教育的范畴而不断扩大，教师群体来源的多样化与《教师法》有限适用范围之间的张力逐步显现，法律调节教育生活的能力日益捉襟见肘。

如在"谭某与长沙市创典装饰设计有限公司劳动争议纠纷案"中，当事人就围绕培训机构教师可否适用《教师法》展开了激烈辩论，原告认为自己在被告处实际从事教育教学工作，符合《教师法》关于教师身份的认定，理应享有带薪寒暑假；被告则认为自己属于民办培训机构，不是学校或其他教育机构，原告也不属于在学校或其他教育机构从事教育教学的教师，无权享受带薪寒暑假。① 因此，本案争议的焦点就是培训机构"教师"是否属于《教师法》意义上的"教师"，这就涉及对"其他教育机构"的理解。尽管该法第四十条列举其他教育机构时加了"等"字，但法院在适用该条款时采取了保守解释，认为培训机构不属于《教师法》规定的其他教育机构，从而否认了原告的"教师"身份，驳回了其享受带薪寒暑假的诉讼请求。

虽然法院认为培训机构不属于《教师法》规定的其他教育机构，但培训机构教师能否适用《教师法》的问题暴露了出来。在国家大力整治和规范培训机构的背景下，培训机构从事学科教学的人员越来越具有"教师"身份，"持证上岗"即反映了国家对其身份的新定位与新期待。事实上，如果仅以普通劳动者而不以教师身份要求这类人员，仅适用《劳动法》《劳动合同法》等民事法律，而一概拒绝适用《教师法》，既不利于维护其合法权益，也不利于保障学生、家长及社会的公共利益。同时，随着民办教育分类管理政策的推进，政策制定者越来越倾向于将培训教育机构定位为一类特殊性质的民办学校，这为将培训机构"教师"纳入《教师法》调整范围扫清了制度障碍。因此，如何根据国家对培训机构及其教师的最新定位，重新设计学科培训教师的法律身份，是《教师法》修订亟须回应的问题。

此外，随着教育国际化浪潮的来临，外籍教师是否可以适用《教师法》的问题也亟待立法考量。虽然《教师法》第四十二条指出"外籍教师的聘任办法由国务院教育行政部门规定"，但该法并未就外籍教师可否适用《教

---

① 谭某与长沙市创典装饰设计有限公司劳动争议纠纷案，湖南省长沙市中级人民法院二审民事判决书，（2016）湘 01 民终 2730 号。

师法》的问题作出明晰规定，导致司法实践中经常出现截然不同的判断。在"朱某某与广州市灵格风语言培训学校劳动争议案"中，一审法院认为朱某某虽是外籍教师，但应与一般教师享受同等待遇，遂认定朱某某享受带薪寒暑假；但二审法院完全推翻了一审判决，其认为朱某某持有的是外国专家证而非中国教师资格证，因此不能适用《教师法》的相关规定。[①] 回顾此案不难发现，对于外籍教师可否适用《教师法》的问题，一审法院秉持宽松标准，认为只要取得外国专家证并从事教育教学工作就应适用《教师法》；二审法院则附加了中国教师资格这一标准，但《教师法》第十条将取得教师资格的主体限定为中国公民，这就变相排除了外籍教师取得中国教师资格的可能，导致外籍教师无法适用《教师法》。

由于外籍教师不能适用《教师法》，学校大多依据聘用合同管理外籍教师，但合同拟定的权责失衡引发了不少纠纷。学校及其他教育机构一方面要求外籍教师遵守《教师法》义务，但在其主张权利时又以不具备教师资格为由不予适用教师权利规定，不仅导致权利义务关系处于不对等状态，也不利于科学规范用人关系。尽管外籍教师相较本土教师在薪酬待遇、社会保障、人事政策等方面仍存在差异，但国家对其品行要求与执教规范愈发与本土教师趋同，因此将外籍教师完全排除在适用范围外，既不利于保障外籍教师的合法权益，也将导致教育公共利益受损。虽然《外籍教师聘任和管理办法（征求意见稿）》已向社会公开征求意见，但其并未规定外籍教师的权利义务及是否适用《教师法》等议题，也呼唤《教师法》修订时作出有效回应。

二　薪酬发放的困惑：寒暑假带薪休假引发的纠纷

《教师法》第七条第（四）项规定教师享有寒暑假带薪休假的法定权利，但这一简洁明了的法律规定在具体适用时引发了很多纠纷。纠纷焦点在于寒暑假工资究竟按什么标准发放。是按月平均工资还是按当地最低工资标准抑或合同约定？虽然法院都认可教师享有带薪寒暑假，但对薪酬发

[①] 朱某某与广州市灵格风语言培训学校劳动争议案，广东省广州市中级人民法院二审民事判决书，（2015）穗中法民一终字第 2024 号。

放的标准和条件有不同的判断，导致"同案不同判"的现象屡见不鲜。总的来看，法院大体持有以下四种立场。

第一，55.3%的法院倾向于支持按月平均工资发放寒暑假工资。在"李某俊与安徽华星学校劳动争议案"中，安徽省无为县人民法院认为教师享有寒暑假带薪休假的法定权利，"从立法本意以及保护劳动者合法权益的角度，被告应按照原告的月平均工资发放7月份、8月份的暑假工资"。[①]

第二，7.9%的法院支持按合同约定或学校规定发放寒暑假工资。在"王某与蓝天双语学校劳动争议案"中，湖北省阳新县人民法院认为被告实欠原告5个月的寒暑假工资，该工资标准应按合同约定的600元给付，故被告应支付原告寒暑假工资3000元。[②] 但该标准不仅低于当事人月平均工资水平，也低于当地最低工资标准。在"廖某新与江西江南理工专修学院劳动争议纠纷案"中，江西省新余市渝水区人民法院更是认为依据《教师法》第三十二条规定，江西江南理工专修学院作为社会力量所办学校可以自行确定教师工资待遇，因而认定"寒假仅发基础工资，暑假则按招生情况发放"符合法律规定。[③] 由此引发的讨论是，《教师法》第七条第（四）项与第三十二条究竟是何关系？民办学校可以制定低于公办学校的薪酬标准本无疑义，但其是否可以进一步自己确定寒暑假工资标准呢？如是，那民办学校完全可以通过合同约定或规章制度架空法律规定，当寒暑假工资远低于月平均工资乃至当地最低工资标准时，带薪休假就丧失了应有的意义。因此，如何明晰两个法条之间的关系亟待《教师法》修订时予以回应。

第三，28.9%的法院认为，有约定按约定，如约定低于当地最低工资标准，则按最低工资标准发放寒暑假工资。在"姜某琴与黔东南州民族歌舞艺术学校劳动争议案"中，合同约定姜某琴的非寒暑假期间的工资为2000

---

① 李某俊与安徽华星学校劳动争议案，安徽省无为县人民法院一审民事判决书，（2017）皖0225民初4174号。

② 王某与蓝天双语学校劳动争议案，湖北省阳新县人民法院一审民事判决书，（2013）鄂阳新民三初字第00222号。

③ 廖某新与江西江南理工专修学院劳动争议纠纷案，江西省新余市渝水区人民法院一审民事判决书，（2016）赣0502民初438号。

元/月，寒暑假工资为 1000 元/月，但因寒暑假工资未达到凯里市的最低工资标准 1600 元/月，因此，贵州省凯里市人民法院认定原告的寒暑假工资应按 1600 元/月发放。① 虽然法院及时纠正了寒暑假工资低于当地最低工资标准的做法，但此标准仍低于当事人的月平均工资水平。

第四，7.9% 的法院认为应按月薪比例或基本工资发放寒暑假工资。在"佛山市禅城区白某幼儿园与陈某某劳动争议案"中，在陈某某月工资为 2700 元的情况下，广东省佛山市禅城区人民法院一审判决按基本工资发放寒暑假工资，即 1510 元/月。② 此外，教师享受带薪寒暑假是否以教师资格为要件也是相关案例反映的问题。一些法院认为，从事教育教学工作却未取得教师资格的"教师"不能适用《教师法》，也无从享受带薪寒暑假；另一些法院则认为，只要实际从事教育教学工作，无论有无教师资格证，都可享受带薪寒暑假。因此，寒暑假带薪休假是否以教师资格为要件也需要《教师法》修订时予以明确。

由此可见，尽管教师享有寒暑假带薪休假的法定权利，但由于《教师法》及实施细则未对相关事项作出明确规范，实践中因寒暑假工资引发的纠纷层出不穷。一方面，部分学校钻法律规定不明的漏洞，通过合同约定或规章制度规避法律规定，以于己有利的标准发放寒暑假工资；另一方面，法律规定的粗疏也给司法认定带来了困难，目前寒暑假工资究竟按什么标准发放更多取决于法官的理解和解释，由此也引发了"同案不同判"现象。基于此，建议立法者进一步明确寒暑假带薪休假的薪酬标准和条件，既规避举办者钻法律漏洞而随意削减或克扣教师寒暑假工资，也为司法裁判提供明确依据，减少"同案不同判"现象的发生。

三　操作标准的缺失：体罚行为认定的分歧与争议

尽管《教师法》第三十七条规定了违法体罚的法律责任，但由于体罚和变相体罚是不确定法律概念，加之未对其进行操作性界定，实践中对何

---

① 姜某琴与黔东南州民族歌舞艺术学校劳动争议案，贵州省凯里市人民法院一审民事判决书，（2016）黔 2601 民初 3794 号。
② 佛山市禅城区白某幼儿园与陈某某劳动争议案，广东省佛山市禅城区人民法院一审民事判决书，（2016）粤 0604 民初 7118 号。

种行为构成体罚、何种行为是教育惩戒仍莫衷一是、各执己见。即便对簿公堂，法院也欠缺统一认定标准，如何界定体罚成为案件审理的焦点和难点。总的来看，司法实践逐渐发展出两种判定标准。

一是采纳"行为"标准，即只要对学生身体施加强力并产生暂时性肉体痛苦，不管有无造成人身伤害，皆构成体罚。这一判定标准主要依据汉语语义及通常观念来认定体罚，仅考虑有无作出相关行为，而不考虑行为造成的伤害及社会影响，认定标准相对宽松，如打手心、扇耳光、罚跪、罚站、脚踢等行为皆构成体罚。在"王某达与上海市新中高级中学人事争议案"中，任课教师王某达认为罚站、用试卷卷成筒状击打学生背部、将书扔向学生并击中手臂等行为属于教育惩戒，但学校与法院认为这些行为超过了正常教学提示，系一种发泄情绪的不当行为，遂认定构成体罚。① 另外，在"邱某某与南京市天润城小学人事争议纠纷案"中，邱某某认为对不守课堂秩序的学生进行打骂是在行使教育教学权，但南京市浦口区人民法院认为打骂和要求学生自扇耳光构成体罚，进而支持了学校的解聘决定。②

二是采纳"行为+伤害"的认定标准，即判断某一行为是否构成体罚，不仅要看有无侵犯身体或造成身体痛苦的行为，还要考量受伤程度或社会影响，只有两者同时具备才构成体罚。在"黄某梅与东莞市东安教育投资有限公司劳动争议案"中，黄某梅认为其用木尺管教不守课堂秩序的学生属正当管教，至于其鼻子流血系疏忽大意所致，与体罚有明确界限；但法院认为用木尺击打并致学生流鼻血的行为构成体罚，且其事后无悔改之意，据此支持了学校的解聘决定。③ 在"陈某乐与彭某芹、范县杨集乡中学生命权、健康权、身体权纠纷案"中，彭某芹认为用扫帚柄击打违规违纪学生屁股致其下肢受伤系管理方式不当引发的过失伤害或无意伤害，不属于体

① 王某达与上海市新中高级中学人事争议案，上海市静安区人民法院一审民事判决书，（2018）沪 0106 民初 11718 号。
② 邱某某与南京市天润城小学人事争议纠纷案，南京市浦口区人民法院一审民事判决书，（2013）浦民初字第 1759 号。
③ 黄某梅与东莞市东安教育投资有限公司劳动争议案，广东省东莞市第二人民法院一审民事判决书，（2018）粤 1972 民初 16268 号。

罚；但法院认为这属于殴打，构成体罚。① 由此可见，虽然"行为+伤害"的认定标准综合考量了行为和后果，但从损害后果倒推行为性质也存在弊端：其一，易将未造成伤害的体罚行为排除在外，宽容乃至纵容体罚和变相体罚；其二，易将正当管教引发的意外伤害认定为体罚，导致教师愈发不敢管教学生。

综上所述，由于缺乏对体罚和变相体罚的操作性界定，实践中对何种行为构成体罚仍有歧见，体罚标准的模糊及由此引发的纠纷，一方面导致教师不敢管教学生、谈惩色变，不利于维护正常教育教学秩序及促使学生完成社会化过程；另一方面，为了解除劳动人事关系或进行打击报复，一些学校泛化标准、乱扣体罚"帽子"，以此掩盖"非法"解聘的目的。因此，在教师教育惩戒权已经入法的背景下，如何界定体罚和变相体罚以及明确体罚和惩戒的边界是《教师法》修订亟待回应的问题。

四　规则的不周延：处分解聘规则暴露的法律漏洞

除"体罚学生，经教育不改"外，《教师法》第三十七条还设定了另外两类处分或解聘教师的法定事由：故意不完成教育教学任务给教育教学工作造成损失；品行不良、侮辱学生，影响恶劣。然而，通过分析相关案例发现，这些规则在实践运行中仍存在以下问题。

第一，旷工、自动离职可否归入"故意不完成教育教学任务给教育教学工作造成损失"的范畴。在 13 件涉及教师解聘或辞退的案件中，有 4 件案件是因旷工和自动离职引发，争议焦点集中在旷工与自动离职是否构成教师解聘的合法事由。虽然《教师法》规定可以解聘故意不完成教育教学任务给教育教学工作造成损失的教师，但实践中对旷工与自动离职可否归入此范畴仍有争议。在"符某某诉海南省琼中黎族苗族自治县教育局、海南省琼中黎族苗族自治县人力资源和社会保障局教育辞退纠纷案"中，教育局在因旷工而辞退符某某的过程中，虽援引了《教师法》第三十七条第一项的规定，但其辞退决定主要依据《全民所有制事业单位辞退专业技术

---

① 陈某乐与彭某芹、范县杨集乡中学生命权、健康权、身体权纠纷案，河南省范县人民法院一审民事判决书，（2018）豫 0926 民初 4055 号。

人员和管理人员暂行规定》（人调发〔1992〕18号）第三条第一款和第四条的规定；^① 在"沈某良诉寿县船涨初级中学、寿县清理教育系统在编不在岗人员工作领导组辞退争议案"中，法院更是回避了《教师法》规定，而径直援引《全民所有制事业单位辞退专业技术人员和管理人员暂行规定》第三条与《安徽省实施〈中华人民共和国教师法〉办法》第三十一条等规定进行说理和裁判。^② 然而，这些规范属于规章及以下规范性文件，而辞退和解聘又事关教师切身利益，由其进行规制略显草率且依据不足，亟待《教师法》修订时予以考虑。

第二，教师从事有偿补课被解聘是否有法律依据。在13件援引《教师法》的解聘案件中，有2件案件因有偿补课而起。在"刘某宏与广州市增城区五星学校劳动争议案"中，刘某宏认为《教育部办公厅关于开展治理中小学有偿补课和教师违规收受礼品礼金问题自查工作的通知》等文件虽"严禁中小学校和教师有偿补课"，但这些规定并未包含解除劳动关系的内容，因此不能作为解除双方劳动关系的依据；法院则依据双方签订的《辞退制度》（"下列情况之一者，属不称职教职工无条件辞退……12. 未经允许在校外兼职、兼课或经商者"），认定学校解聘决定符合合同约定。^③ 同样，在"刘某某诉攀枝花市第十九小学劳动争议案"中，法院虽注意到作为解聘依据的《攀枝花市中小学教师职业道德"十禁"补充通知》和《攀枝花市教育局关于对在职教师从事有偿家教的处理办法（试行）》只是规范性文件，进而依照《四川省〈中华人民共和国义务教育法〉实施办法》第三十九条，支持了学校的解聘决定。^④ 然而，上述地方性法规也只禁止教师从事有偿补课，并未规定违反者必须解聘。因此，无论从解聘依据还是论证说理方面，这2起案件都存在瑕疵，存在解聘依据不充分的问题。

---

① 符某某诉海南省琼中黎族苗族自治县教育局、海南省琼中黎族苗族自治县人力资源和社会保障局教育辞退纠纷案，海南省琼中黎族苗族自治县人民法院一审行政裁定书，（2016）琼9030行初9号。

② 沈某良诉寿县船涨初级中学、寿县清理教育系统在编不在岗人员工作领导组辞退争议案，安徽省寿县人民法院一审民事判决书，（2013）寿民二初字第00431号。

③ 刘某宏与广州市增城区五星学校劳动争议案，广东省广州市中级人民法院二审民事判决书，（2019）粤01民终18710号。

④ 刘某某诉攀枝花市第十九小学劳动争议案，四川省攀枝花市西区人民法院一审民事判决书，（2015）攀西民初字第1028号。

第三，违反师德师风可否成为解聘教师的合法事由。随着《新时代中小学教师职业行为十项准则》与《新时代高校教师职业行为十项准则》等师德规范文件的印发，师德"一票否决"成为常态，因违反师德而被解聘的教师越来越多，也考验着教师解聘规则的调整范围。在"蒋某林与上海海事大学人事纠纷案"中，蒋某林因与女学生发生不正当关系而被学校依据《教师法》第三十七条第（三）项与《新时代高校教师职业行为十项准则》第六项予以解聘，上海市浦东新区人民法院虽支持了学校的解聘决定，但并未就不正当关系与品行不良的关系进行阐释，这恰是原告不服解聘决定的理由。① 此外，对于在课堂上发表错误言论、散布虚假信息、学术不端、职务评聘中弄虚作假、收受学生及家长财物等违反师德规范的行为是否可以予以解聘呢？由于法律未作明确规定，且这些行为也不宜归入"品行不良、侮辱学生"等范畴，据此解聘教师也存在解聘依据不充分的问题。由此可见，如何将师德规范上升为法律要求，进而为教师处分和解聘提供充足依据，是《教师法》修订时需要考虑的议题。更何况，《教师法》第三十七条本身就不够严谨且缺乏兜底条款，难以对社会变动及时作出回应，甚至需要法官依据规范性文件进行裁判，不仅增加了裁判难度，也降低了裁判的可接受性。

五　制定法的守成性：救济规则滞后法治发展进程

比照公务员制度进行立法是《教师法》制定时的一大亮点，教师权益救济规则也不例外。由于受到特别权力关系理论的禁锢，排斥司法审查、实行内部申诉是教师权益救济的显著特征。但相较公务员群体，教师群体的构成更为多元，公办学校与其教师的法律关系显著不同于民办学校与其教师的法律关系，高等学校的学术纠纷也迥异于基础教育阶段的人事劳动纠纷，"一刀切"地适用申诉规定明显不符合教师队伍的实际与权益救济的法理。随着特别权力关系理论逐步得到修正尤其是伴随着司法能动的努力，司法实践已突破《教师法》第三十九条规定，开始根据诉讼案由及教师类

---

① 蒋某林与上海海事大学人事纠纷案，上海市浦东新区人民法院一审民事判决书，（2016）沪 0115 民初第 81949 号。

型进行合理分流，而不是一概拒绝受理。

第一，对于民办学校与其教师以及公办学校与编外教师发生的劳动争议，法院直接纳入民事诉讼受案范围，不再要求教师向有关部门申诉。需要指出的是，尽管民办教师与编外教师同时具有教师和劳动者的双重身份，由此也产生了《劳动法》与《教师法》适用的竞合，但法院的基本立场是依据劳动法规裁决实体纠纷，舍弃适用《教师法》第三十九条，即不再要求民办教师或编外教师向有关部门提起申诉。

第二，对于公立学校与在编教师之间的人事争议，法院开始根据争议案由进行类型化处理。《最高人民法院关于人民法院审理事业单位人事争议案件若干问题的规定》（法释〔2003〕13号）指出，"事业单位与其工作人员之间因辞职、辞退及履行聘用合同所发生的争议，适用《中华人民共和国劳动法》的规定处理"，① 这就意味着作为事业单位的公立学校与在编教师发生的这些争议可以交由法院审理，但除此以外的教师人事争议仍被法院拒之门外，并提示当事人向有关部门申诉。目前，公立学校与在编教师因考核、职称评审、养老待遇、开除处分、绩效工资等人事争议仍难进入法院实体审理阶段。

第三，对于学校教师与行政部门发生的行政纠纷，法院仍以《教师法》第三十九条为由拒绝受理，并提示当事人向有关部门申诉。在援引《教师法》的10件涉及教师与行政部门的纠纷中，有9件案件都被法院拒绝受理，理由是这些纠纷应向相关部门申诉而非向法院起诉。在仅有的1件被受理的案件中，也是经当事人反复信访与缠诉后，才由上级法院指定下级法院管辖和审理，涉事教师也最终败诉，反映了教师在与行政机关发生纠纷时"欲诉无门"的境况以及维权的艰难坎坷。

需要注意的是，如不服申诉处理结果或申诉处理机关逾期未作答复，当事人可否进一步提起诉讼呢？对于这个问题，《教师法》虽未规定，但《国家教委关于〈中华人民共和国教师法〉若干问题的实施意见》（以下简称《实施意见》）指出，申诉处理机关逾期未作处理，或者久拖不决的，

---

① 《最高人民法院关于人民法院审理事业单位人事争议案件若干问题的规定》（2003年8月27日），http：//www.molss.gov.cn：8080/trsweb_gov/detail？record=95&channelid=40543，最后访问日期：2019年11月24日。

或者申诉当事人对申诉处理决定不服的，其申诉内容直接涉及人身权、财产权以及其他属于行政复议、行政诉讼受案范围的，可以依法提起行政诉讼或者行政复议。① 然而，在"向某某与洪江市教育局人事争议纠纷案"中，尽管当事人首先提起了申诉并在不服申诉处理决定后才提起诉讼，但法院仍机械适用《教师法》第三十九规定驳回了当事人的起诉，致使《实施意见》中"可以依法提起行政诉讼"的规定处于"空转"状态。② 此案虽是个例，却也反映了《实施意见》因法律位阶和规范陈旧等原因未被适用的真实状态。因此，如何规定及通过何种形式规范不服申诉处理结果或申诉处理机关逾期未作答复的救济途径，也亟待修法时予以明确。

第四节　司法如何促进立法：《教师法》的立法完善与修改建议

立法是司法的基础，司法也可促进立法。通过分析援引案件发现，《教师法》在适用过程中暴露了调整范围局促、寒暑假薪酬标准模糊、体罚行为欠缺界定标准、处分解聘规则不周延及申诉规则滞后法治进程等问题，亟须修改相关条款，以回应教育发展与法治进程的需要。

一　扩大适用范围：将培训机构与外籍教师纳入调整范围

如前文所述，制定于 20 世纪 90 年代初期的《教师法》并未将培训机构教师与外籍教师纳入调整范围，但随着教育市场化与国际化的推进，越来越多的培训机构教师与外籍教师加入教师队伍中，亟待根据教师队伍的变化扩大调整范围，以化解教师来源多样化与有限适用范围之间的张力。当然，要将培训机构教师纳入《教师法》调整，首先需要回答其是否属于《教师法》意义上的教师。只有属于，方可纳入；如不属于，则不宜纳入调整范围。那么，其可否称为教师呢？《教师法》主要从三个维度界定教师，

---

① 《国家教委关于〈中华人民共和国教师法〉若干问题的实施意见》（1995 年 10 月 6 日），http：//www.law-lib.com/law/law_view.asp？id=11815，最后访问日期：2019 年 11 月 26 日。

② 向某某与洪江市教育局人事争议纠纷案，湖南省怀化市中级人民法院二审行政裁定书，（2015）怀中立行终字第 3 号。

即教育教学、专业人员、教师资格。也就是说，要成为《教师法》意义上的教师，既要专职从事教育教学工作，也要取得教师资格。以此为标准进行审视发现，随着教育培训行业市场化程度的加深，培训机构教师大多在培训机构专职从事学科教学和辅导工作，这是其谋生的"饭碗"和主业，专业性也不断彰显。且随着国家大力规范校外培训机构，取得相应教师资格成为行业准入门槛，因此培训机构教师完全符合学理上关于教师的认定。

不仅如此，相关法规政策也倾向于将其认定为教师，如《国务院办公厅关于规范校外培训机构发展的意见》（国办发〔2018〕80号）以及教育部办公厅等《关于健全校外培训机构专项治理整改若干工作机制的通知》（教基厅〔2018〕10号）等文件都将在培训机构从事教育教学工作且拥有教师资格的人员称为"教师"。此外，《民办教育促进法实施条例（修订草案）》指出："本条例所称民办学校包括实施学前教育、学历教育的各级各类民办学校和实施非学历教育的民办培训教育机构、民办职业培训机构。"①也就是说，民办培训教育机构已被相关法规草案定性为一类特殊的民办学校，如该条例得以通过，则为将培训机构教师纳入《教师法》调整范围扫清了制度障碍。综上所述，无论从学理上还是从培训机构的最新定位上，将培训机构教师纳入《教师法》调整范围已时机成熟。

但需要注意的是，培训教育机构相较学校在上课时间和育人性质等方面毕竟存在差异。如从事中小学学科培训的教师一般是在学校正常教学时段之外进行教学辅导，能否享受带薪寒暑假需要结合培训行业的特点进行考量；又如，培训机构相较学校的组织构架与治理体系也有差异，让培训机构教师参与民主管理其实存在多重制度障碍，等等。由此可见，在《教师法》是根据学校教师量身打造的背景下，让培训机构教师完全适用《教师法》，既不现实，也不明智。或许稳妥之举是让培训机构教师参照《教师法》执行，同时对不适宜条款则不予适用，既规范执教行为，也照顾培训行业的特性。基于此，可以考虑在《教师法》第四十一条新增一款作为第二款，即"在培训教育机构从事教育教学和教学辅助的人员，可以根据实

---

① 《中华人民共和国民办教育促进法实施条例》（修订草案），（2018年8月10日），司法部官网，http://www.moj.gov.cn/government_public/content/201808/10/tzwj_38281.html，最后访问日期：2019年12月2日。

际情况参照本法有关规定执行"。

另外，正规外籍教师多数拥有国籍国教师资格或与任教学科相符的学历学位，也专职从事教育教学工作，并取得了中国政府颁发的"外国专家证"，符合学理上关于教师的认定，但纳入《教师法》调整的主要障碍在于第十条与第四十二条的规定。其中，第十条将取得教师资格的主体限定为中国公民，这就意味着外国人不能取得中国教师资格；第四十二条似乎隐含着外籍教师应适用"外籍教师聘任和管理办法"的弦外之音，司法实践也倾向于援引该条款作为排除适用的依据。虽然立法本意可能并不排斥外籍教师适用《教师法》，但立法语言的模糊使外籍教师不能适用《教师法》逐渐成为一项司法惯例，修法时有必要澄清，为司法适用提供明确依据。为此，可以考虑在《教师法》第四十二条增加一款作为第二款，即"外籍教师享有本法规定的权利、履行本法设定的义务，并可根据实际情况参照本法有关规定执行，但外籍教师聘任与管理办法另有规定的，从其规定"。

当然，随着大批"外教"的涌入，外籍教师的教师资格问题也有待前瞻性地考量。如前文所述，在现有教师法律制度下，外籍教师无法取得中国教师资格，相关法规政策也不要求外籍教师取得国籍国的教师资格。如《外籍教师聘任和管理办法（征求意见稿）》第八条仅要求外籍教师具备相应资质、教学技能和工作经历，对国籍国教师资格未作硬性要求，导致部分"外教"实际上处于无证上岗状态，既无法取得中国教师资格，也不具备国籍国的教师资格，这或许会影响外籍教师的教学质量和育人成效。从长远看，要求外籍教师取得教师资格应是大势所趋，不妨前瞻性地考虑此问题，为未来改革预留制度空间。具体而言，可以考虑修改《教师法》第十条，将取得教师资格的主体不限于中国公民，让有意愿和教育教学能力的外籍教师也可申请中国教师资格。与此同时，也可考虑修改《外籍教师聘任和管理办法（征求意见稿）》第八条，规定从事学科教学和外语培训的教师必须取得教师资格，以提高外籍教师准入门槛。

二　明确薪酬标准条件：推动寒暑假带薪休假完全落地

由于立法规定较为笼统原则，实践中对教师寒暑假工资发放产生了巨大分歧，究竟如何发放薪酬才符合带薪寒暑假的本意呢？事实上，立法初衷就是让教师经历高强度工作后能够获得休养和提升，以便更好地投入下学期教育教学工作，其中带薪休假是确保教师心无旁骛地享受假期的必要条件。从这个意义上说，只有让寒暑假工资与正常教学时段的薪酬水平大体持平，才符合带薪寒暑假的本义，才能免除休假的后顾之忧。如按基本工资乃至当地最低工资标准发放寒暑假薪酬，则会让教师担忧生计而无法安心休养，违背带薪休假的本真要义。由此可见，只有比照正常教学时段的薪资水平，才符合立法本意。因此，为促使寒暑假带薪休假能完全落地，可在《教师法》第七条增加一款作为第二款，即"本条第一款第（四）项规定的寒暑假工资按照月平均工资足额发放，任何组织和个人不得通过约定或附加条件等方式削减和克扣寒暑假工资"。

厘清《教师法》第七条第（四）项与第三十二条的关系。尽管第七条赋予了教师寒暑假带薪休假的权利，但第三十二条指出"社会力量所办学校的教师的待遇，由举办者自行确定并予以保障"，如何理解两者关系一度成为案件审理的焦点和难点。有民办学校认为，第三十二条实际上是授权民办学校自定薪酬标准，由此制定了低于当地最低工资标准的寒暑假薪酬体系，部分法院也援引该规定认为学校此举合乎法律规定。从文义解释角度看，既然第三十二条明确规定民办学校教师待遇由举办者自行确定并予以保障，那么寒暑假待遇作为教师待遇的一部分似乎也可由举办者自行确定；但从立法目的与体系解释角度看，上述理解就略显不妥，因该条被置于第六章（待遇）中，但该章其他条款都在强调国家和政府的待遇保障责任。因此，从体系解释角度看，此条的重点乃强调民办学校举办者的待遇保障责任。更何况，如允许民办学校自定寒暑假工资标准，那么寒暑假带薪休假就有可能被民办学校架空，成为削减和克扣寒暑假工资的理由，明显不符合立法的初衷和本意。虽然民办教师的寒暑假工资可能无法与同级别公办教师相比，但只有确保寒暑假工资达到本人月平均工资水平，带薪休假才有实际意义，也是立法应设法达到的目标。基于此，可以考虑修改《教师法》第三十二条，增加但书条款以明确内涵、消解歧义，具体可表述为"社会力量所办学校的教师的待遇，由举办者自行确定并予以保障，但本法及其他法律另有规定的，从其规定"。

当然，寒暑假带薪休假是否可附条件也需要立法予以回应。如享受带薪寒暑假是否以教师资格为要件呢？我们认为不可一概而论，应分情况处理。一方面，对明知对方没有教师资格仍招聘到教师岗位，尔后又以此为由不发放寒暑假工资的行为，应进行否定评价以保障劳动者合法权益，因为此举既违反法律规定，也涉嫌违背诚信原则与信赖利益保护，如果让学校从中获利则会助长这种"违法又损人"的行为。当然，对无证上岗行为也应及时纠正，可采取转岗、限期取得教师资格或解除聘用合同等方式落实法律规定。另一方面，对隐瞒实情或弄虚作假使学校误以为其具有教师资格而招聘到教师岗位的行为，则不应发放寒暑假工资，让其自行承担失信行为的不利后果。基于此，可在《教师法》第十条第一款后增加一款作为第二款，即"从事教育教学工作却未取得教师资格或者所持资格证书与任教学段、学科不符的，应当在任教一年内取得相应教师资格，在此期间可以参照本法规定享受教师权利，但在招聘环节故意隐瞒或弄虚作假者除外"。

另外，寒暑假带薪休假可否附加招生或工龄等要求呢？实践中，有学校规定只有参加招生或达到相应工龄，才可享受带薪寒暑假，这种附条件行为是否有法律依据呢？为此，需要解答的前提性问题是，教师在寒暑假期间是否处于完全休假状态？立法者对此有专门解释，其在强调"学校及其他教育机构应保证教师有足够的时间享受带薪的寒暑假期休假，不能随意占用教师的休假时间"的同时，也指出"在保证教师有足够时间休假的前提下，学校可以组织教师进行总结工作、集体备课或进行短期培训等活动"。① 由此可见，在保证足够休假的前提下，学校可组织教师适当参加教育教学活动，但招生活动不在此列。因此，对不愿参与招生的教师，学校不得随意削减寒暑假工资，更不能将参与招生作为寒暑假工资发放的前置条件。当然，对有意参与者，在足额发放寒暑假工资的前提下，可以另行发放招生补贴或绩效奖励，以调动教师参与招生的积极性，但招生时间以一周左右为宜，不得长期占用寒暑假。需要强调的是，教师自签订聘用合同或正式入职起就可享受带薪寒暑假，学校不得以入职年限或离职时间为

① 李连宁、孙霄兵：《〈中华人民共和国教师法〉条文简释》，《中国民族教育》1994年第4期。

附加条件，至于寒暑假入职尔后又离职者则可通过追究违约责任保障自身合法权益，无须暂扣寒暑假工资。

三　不确定法律概念的操作化：体罚与惩戒的制度设计

实践层面强烈呼吁从立法上区分体罚和惩戒，但两者常常存在交叉加大了立法难度。[①]在如何区分体罚与惩戒的问题上，日本的举措和经验值得借鉴。为了更好区分体罚和惩戒，文部科学省发布了《关于学校教育法第11条规定的儿童学生惩戒·体罚等的参考事例》，既罗列了留堂、站立、值日、布置学习作业与清扫活动等惩戒类型，也列举了典型的体罚行为并进行了分类，如踩踏后背、撞倒坐姿懒散或摇晃双腿的学生、拧脸颊、敲击头部、掷物砸学生、扇耳光等属于"侵犯身体的行为"，而不让如厕、饭点不让进食、长时间保持某种姿势等则属于"造成身体痛苦的行为"，这些行为均构成体罚。"这些例子虽然只是冰山一角，但通过对这些具体事例以及相关情景的公布，有助于教师形成'这种行为属于体罚'的具体规范意识"，[②]也让教师对体罚与惩戒有了更直观和感性的认识。由此可见，日本着重通过界定和列举常见的体罚形式以使惩戒边界更为清晰。此外，《学校教育法第11条规定的关于儿童惩戒·体罚的相关看法》进一步指出，"每个惩戒是否属于体罚，不能单纯依据接受惩戒的儿童和监护人的主观言行来判断，应该考虑上述（1）的各个条件来进行客观判断，特别要充分考虑儿童每个人的情况"。[③]也就是说，要界分体罚和惩戒需要同时考量措施、情景与个人情况，只有存在惩戒必要，措施选择也契合受惩戒者的身心状况且符合比例原则，才能被认定为正当惩戒。

基于此，我国在修订《教师法》时应对体罚进行操作性界定，以便从立法层面将体罚和惩戒区分开来。当前，学界主要从三个维度使用体罚概念：一是狭义说，认为只有对身体施加直接强力并产生暂时性肉体痛苦的

---

① 参见劳凯声等《教育惩戒：价值、边界与规制》（笔谈），《教育科学》2019 年第 4 期。

② 郑超：《教育惩戒与体罚的边界——基于日本经验的比较分析》，《湖南师范大学教育科学学报》2020 年第 1 期。

③ 郑超：《教育惩戒与体罚的边界——基于日本经验的比较分析》，《湖南师范大学教育科学学报》2020 年第 1 期。

行为才构成体罚，如掌掴、脚踹、鞭笞等，接近《教师法》的"体罚"含义；二是中义说，认为只要造成了学生身体痛苦，无论直接还是间接施加于身体均构成体罚，其中间接接触身体的体罚包括但不限于不让如厕、进餐时间不让进食、长时间维持特定姿势等，类似于我国教育立法中的"变相体罚"；三是广义说，将造成身体痛苦、心理压力或精神负担的管教措施均视为体罚，其中造成心理压力或精神负担的管教措施有言语辱骂、讽刺挖苦、人格侮辱等，类似于我国教育立法中的"侮辱学生人格尊严"。鉴于我国教育法律已创设变相体罚、侮辱学生人格尊严等法律概念，因此教育立法应采纳狭义的体罚概念，以让体罚、变相体罚、侮辱学生人格尊严形成相互衔接、不重不漏的法网。

针对司法实践中形成的"行为"与"行为+伤害"两类认定标准，笔者认为采纳"行为"标准较为适宜，即只要对学生身体施加强力并产生了暂时性肉体痛苦，无论有无造成人身伤害或不良影响，皆构成体罚和变相体罚。在释明体罚概念的含义后，有必要列举常见体罚形式并附加兜底规定。另外，鉴于《教师法》并未规定变相体罚的法律责任，修法时也有必要填补法律责任的"漏洞"。基于此，可以考虑修订《教师法》第三十七条第二项，即"体罚与变相体罚学生，经教育不改的"。同时，在本条后新增一条，作为本法第三十八条，即"本法所称体罚与变相体罚是指教师或其他教育工作者违反工作规程，对学生身体施加强力并产生暂时性肉体痛苦的行为，包括但不限于以下行为：（一）直接使用肢体或其他物品打、踢、踩、撞、拧、揪学生的身体部位；（二）让学生长时间维持某种姿势或要求其反复做某事，超过了受罚学生身心承受的限度；（三）造成学生身体痛苦或侵犯身体的其他行为"。

与此同时，为了给教师惩戒提供合法依据，可以考虑在《教师法》第七条增列一项权利作为教师享有的第七项法定权利，即"（七）对无心向学、不守课堂秩序或违反校纪班规的学生，进行批评教育和适当惩戒"。当然，考虑到《教师法》无法对教育惩戒进行事无巨细的规定，可以授权国务院教育行政部门进一步制定"中小学教师实施教育惩戒规则"，重点规范教育惩戒的原则、事由、类型、程序、救济及其与体罚、变相体罚的边界等事项。当前，"中小学教师实施教育惩戒规则"已发布了征求意见稿，但在惩戒类型与适用情形、惩戒程序与救济规则、惩戒与体罚的界分等方面仍有改进空间，需要立法者集思广益、科学立法，为教师正当行使教育惩戒和法院裁决纠纷提供法制保障和行为指引。①

四　回应师德规范新要求：处分与解聘规则的系统修订

《教师法》第三十七条在适用过程中暴露了立法不周延、滞后于时代发展等问题，导致解聘规则难以回应师德规范新要求，引发了解聘依据不充分的问题。另外，一体化立法并未充分考量处分和解聘的各自特性，程序规则的缺失也与法治精神相悖，亟须进行顶层设计和制度创新。

第一，另设专章，全面规范教师处分与解聘事宜。《教师法》制定时，对教师处分与解聘进行了一体化立法，着重规范了三类处分或解聘的情形。然而，处分包括警告、记过、降低岗位等级、撤职和开除，其中开除处分最为严厉并会导致解除聘用关系。就此而言，将开除与解聘置于同一维度似乎无可厚非，但其他处分并不必然导致聘用关系的解除，仅笼统规定违反这三类事由就可给予处分或解聘，既忽略了不同处分类型之间的差异，也可能给"重过轻罚"或"轻过重罚"留出"口子"。显然，对处分与解聘以及开除处分与其他处分分开规范或许更为妥当，更契合法治精神和比例原则。此外，由于教育法律、法规、规章缺乏对教师处分的详细规范，导致学校与教育行政部门主要参照《事业单位工作人员处分暂行规定》等规范进行处分，由此引发了一系列问题：其一，该条例主要适用于公立学校却无法适用于民办学校，致使对民办学校教师的处分暂缺配套规范；其二，学校与教师的法律关系不同于一般事业单位与其工作人员的法律关系，一味让学校与教师适用该规定并未彰显教师职业的特性；其三，《事业单位工作人员处分暂行规定》在法律位阶上属于部门规章，而《教师法》属于全国人大常委会制定的教育法律，舍弃高位阶的特殊规定转而适用低位阶的一般规定，不符合"下位法服从上位法"以及"特殊优于一般"的法理。鉴于处分与解聘事关教师切身利益，需要辅以高密度规范，可以考虑新增

---

① 参见段斌斌、杨晓珉《警惕教育惩戒概念使用的泛化——兼评〈中小学教育惩戒规则（试行）〉》，《湖南师范大学教育科学学报》2021年第1期。

"处分与解聘"章作为第八章，全面规范处分类型、适用情形、处分程序及救济途径等内容，并重点规制开除处分及解聘事由。

第二，将师德规范转化为法律要求，重新设计教师解聘的法定情形。随着从严管理与师德"一票否决"成为常态，因有偿补课、不当言论、学术不端等原因而被解聘者不断增加，但现有法律无法提供充足的解聘依据，由此引发争议，呼吁将师德规范上升为法律要求。然而，不同失范行为确有性质和情节的差异，一律开除或解聘也不符合法治精神和比例原则。鉴于社会对有偿补课、不正当关系、抄袭剽窃等严重学术不端行为深恶痛绝，且这些行为明显有违职业操守，可以考虑作为开除或解聘的法定事由，即"教师有下列情形之一的，由所在学校或教育行政部门给予开除处分或解聘……（四）教师有偿补课或推荐学生进行有偿补习，屡教不改，影响恶劣；（五）与学生发生不正当关系，有任何形式的猥亵、性骚扰行为；（六）存在抄袭剽窃、侵吞他人学术成果等严重的学术不端行为"。同时考虑到立法周延性及学校自主权，可以增加兜底项，即"（七）聘用合同约定且符合法治精神的其他情形"。

第三，引入正当程序理念，为教师处分与解聘提供程序保障。处分与解聘涉及教师切身利益，理应辅以正当程序加以保障，以平衡管理秩序与权益保障之间的张力。然而，20世纪90年代初期，我国"重实体、轻程序"的理念依然根深蒂固，彼时的《教师法》亦难免俗，未设定相应的程序规范。程序规范的缺失既为权力的恣意大开方便之门，也令教师权益面临侵损风险，毕竟"程序的实质是裁断和决定的非人情化，其一切布置都是为了限制恣意、专断和裁量"。[1] 事实上，有些解聘纠纷就因解聘程序缺失而起，因未听取陈述申辩或未合法送达而败诉者更是不乏其例。因此，如何根据处分与解聘的特性，设计相应的程序规则已刻不容缓。在程序规则的设计上，可以重点规范处分与解聘的依据、调查取证、陈述申辩、听证程序、议事规则、决定送达等事项，同时明确不服处分与解聘决定的救济途径，为当事人提供事中、事后的立体保障。

---

[1]　季卫东：《法律程序的意义——对中国法制建设的另一种思考》，《中国社会科学》1993年第1期。

五 救济的类型化：构建适应教师群体的多元解纷机制

随着司法能动的努力，司法实践开始根据教师类型与争议案由进行合理分流，而非机械适用《教师法》第三十九条。为此，教师救济规则的修订应以此为契机，破除"一刀切"规定，充分尊重教师类型的多样化与争议纠纷的不同性质，构建契合教师队伍状况的多元解纷机制。

第一，确立教师申诉制度的主体地位，进一步完善制度设计。虽然教师申诉制度在维护教师合法权益、推动纠纷实质解决方面发挥了一定作用，但也存在规则粗疏、公正性不足及与其他救济渠道衔接不够等问题，因此有学者认为应废止教师申诉制度。[①] 尽管教师申诉制度在实践运行中仍存在诸多问题，但受案范围广、过程便捷、经济高效等优势是其他解纷渠道无法比拟的，且部分校师纠纷过分寻求外部救济可能并不利于纠纷的实质解决，加之复议和诉讼相对局促的受案范围使教师申诉制度仍有存在必要，应让其在纠纷解决中继续发挥"桥头堡"作用并进一步完善制度设计。[②] 鉴于《教师法》不可能事无巨细地规定教师申诉制度，可以授权国务院教育行政部门制定"教师申诉办法"，着重规范教师申诉的组织机构、人员构成、适用范围、议事规则、处理程序、决定种类及与其他救济渠道的衔接等事项，为教师申诉制度的法治化运行提供规范保障。

第二，明确教师劳动争议与部分人事纠纷的可诉性，允许寻求司法救济。目前，法院已将教师劳动争议以及公立学校与在编教师之间因辞职、辞退、履行聘用合同发生的纠纷纳入民事诉讼受案范围，司法已走到立法的前头。司法能动的勇气与努力固然值得赞赏，但作为立法主导的成文法系国家，如何将司法实践的成功经验进行立法确权仍显必要和迫切，也亟待修法时予以确认。当然，除将实践改革成果进行法律确权外，仍需要前瞻性地考虑教师职称评审、聘期考核、开除教师公职等行为的可诉性。如前文所述，这些行为具备行政行为的典型特征，涉及教师切身利益，而现

---

① 参见管华、余若凡《教师申诉制度可以废止吗》，《湖南师范大学教育科学学报》2020年第4期。

② 参见湛中乐、靳澜涛《教师申诉制度运行的法治困境及其出路》，《湖南师范大学教育科学学报》2020年第4期。

有解纷渠道难以有效化解纠纷，且《行政诉讼法》等法律也未将其明确排除在受案范围外，从保障教师合法权益和推动纠纷实质解决的角度，可以考虑赋权当事人寻求司法救济。① 此外，为解决申诉机关逾期不作为或不服申诉处理决定的救济问题，可在现有法条第三十九条的基础上新增一款作为该条第三款，明确规定"教师不服申诉处理决定或申诉处理机关逾期未处理，申诉内容涉及人身权、财产权或其他属于行政诉讼受案范围的，可以依法提起行政诉讼"。

第三，在职称评审、职务评聘、专业评价、学术不端行为认定等领域，探索专业裁量或仲裁机制，提升纠纷解决的专业性和公信力。教师纠纷相较其他纠纷具有一定特殊性，集中表现在教师纠纷的专业性和学术性，如职称评审、职务评聘、学术不端等纠纷因涉及专业判断和学术事项而天然具有排斥外部解纷渠道的倾向。事实上，对于那些涉及专业判断和学术事项的纠纷，让行政人员去明定是非、裁决争议明显强人所难，处理决定也难以让人信服；即便是作为社会公平正义最后一道防线的司法机关，也难以进行实体审查和专业判断，在学术面前司法亦会暴露认知局限。因此，对于那些涉及专业判断和学术裁量的纠纷，应尽量寻求专业裁量或仲裁机制解决。尽管教育仲裁或专业裁量具有专业评判的优势，但其仍处于试点阶段且制度建设仍不健全，因此在将相关纠纷纳入仲裁终局范围的同时，也要授权有关部门研究制定教育仲裁实施细则，明确组织机构、受案范围、人员组成、议事规则与仲裁程序等事项。只有法律授权与制度建设同步推进，方能发挥教育仲裁与专业裁量的制度优势，推动专业和学术纠纷的实质解决。

第五节　本章小结

长期以来，人们认为司法就是一台"自动售货机"，输入的是案情，吐出的是判决，这是对司法机械而被动适用法律的经典嘲讽。因此，人们常

---

① 参见段斌斌《〈高等教育法〉实施二十周年：成就、问题与改进》，《高等教育研究》2020年第2期。

讲立法是司法的基础，没有立法，司法就是"水月镜花"。然而，司法也是考察立法质量的重要窗口，立法质量好不好归根结底要从适用层面检验，更何况任何立法都不可能完美无缺，总会呈现或大或小的问题与漏洞。如"寒暑假带薪休假"这一简洁明了的法律规定适用于具体纠纷时，就产生了薪酬发放的分歧，这在立法时很难察觉，但在适用时会不经意暴露。即便立法不明或规则缺失，"不得拒绝裁判"的原则也要求法官遵循立法精神和法治原则裁决纠纷，这在一定程度上弥补了法律规范性的不足，也在一定程度上刺激、催化了实体法的产生和发展。① 因此，通过司法适用不断发现《教师法》的立法问题与不足，促使立法在发现和解决问题中不断走向完善，是本章的主要研究旨趣。本章以《教师法》为例具体分析了司法如何促进立法，基本思路是从援引《教师法》的诉讼案例管窥《教师法》的立法问题，进而指导相关法条的修改。

通过分析 120 件援引案件发现，《教师法》在适用过程中暴露了五个方面的问题：其一，教师身份外延的扩大凸显了法律调整范围的局促；其二，法律规定的不清晰引发了寒暑假薪酬发放的困惑；其三，操作界定的缺失加大了区分体罚与惩戒的难度；其四，解聘规则的不周延引发了解聘依据的不充分；其五，教师来源多样化与法治发展进程凸显了教师申诉规则的弊端与滞后性。为此，《教师法》的修订应直面问题、精准施策，将外籍教师与培训机构教师纳入法律调整范围、明确寒暑假薪酬发放的标准和条件、对体罚和惩戒进行操作界定、将师德规范转化为法律要求、建构适应教师队伍状况的多元解纷机制。

需要指出的是，本章主要揭示了《教师法》适用条款存在的问题，对未予适用的条款因无援引案例则未加以探讨，但这并不意味着零被引条款就不存在立法问题。恰恰相反，相关研究表明，一些条款之所以成为无人问津的零被引条款，主要是因为法条本身不符合行为规范或裁判规范要求，使其难以成为说理和裁判的依据。② 就此而言，这些零被引条款本身就亟待

① 参见彭中礼《当前民间法司法适用的整体样态及其发展趋势评估》，《山东大学学报》（哲学社会科学版）2010 年第 4 期。
② 参见段斌斌《走向教育生活还是与教育生活脱节：我国教育法律司法适用的现状考察》，《高等教育研究》2019 年第 3 期。

修改，也亟须立法者加以关注。此外，虽然适用层面的审视可以揭示现有
法条的问题与不足，却无法完整反映党中央对教师队伍建设的新要求和新
期待，如提升教师"三个地位"、提高教师资格准入门槛与学历要求等内容
就未在相关案例中显现，所以本章揭示的问题并非《教师法》问题的全部，
也难以成为《教师法》修订的完整指南。因此，要系统修订《教师法》，不
仅要纠正现有法条的问题，也要吸纳政策精神创设新规，保证修法的系统
完整和精准高质，如此才能制定一部满足时代需求、适应教师队伍状况、
契合教育改革发展和法治精神的教师法。

结语：构建动态开放的互动型
教育法律体系仍需加力

> "如果没有法院来阐说和界定真正含义和实际操作，法律就是一纸空文。"

> ——〔美〕亚历山大·汉密尔顿

徒法不足以自行，法律只有借助适用，才能降临尘世，法的价值和功能是依托法律适用尤其是司法适用这一中间环节实现的。教育法律只有通过具体适用，融入纷繁复杂的教育生活，解决现实存在的教育纠纷，才能发挥法律的规范价值和解纷功能，使其从"死的规则"转变为"活的法律"。美国著名法哲学家霍姆斯说，法律的生命在于它在具体事实中的应用，否则法律不过是一堆毫无生气的词语。① 因此，在进一步完善教育法律体系的同时，如何推进教育法律的司法适用是中国教育法治建设面临的重大课题。当然，司法适用的作用不仅在于推动教育法律的实施和适用，更在于从适用层面洞察和审视教育立法的问题与漏洞，进而推动教育法律的修订和完善，构建动态开放的互动型教育法律体系，不仅让立法为司法提供依据，也令司法推动立法，促使立法在发现和解决问题中不断走向完善。

由此可见，司法并不是一台简单的"自动售货机"，不仅吐出"判决"，也可洞察和审视法条适用过程中的问题与漏洞，并提供立法质量"检验报告"，供立法者决策参考。事实上，良好的法治运行系统必然要求立法与司

---

① 转引自王晨光《法律的可诉性：现代法治国家中法律的特征之一》，《法学》1998 年第 8 期。

法频繁互动，司法呼唤立法并要求对法律条文进行解释，立法则在实践中被司法加以检验，从而推动立法的修改完善，进而为司法提供更加科学公正的裁判依据，如此循环往复，形成良性互动，共同推进动态开放的互动型教育法律体系的建设。

基于此，本书将教育法律的司法适用置于中国教育法治运行系统中进行考察，而非孤立研究教育法律的司法适用，希冀通过立法与司法之间的良性互动，探索构建"司法需求—立法动议—司法审视—法条完善—公正裁判"的互动型教育法律体系的具体路径。这体现在篇章结构上就是，既重点探讨了教育法律司法适用的基本理论、实然图景及影响因素，也将法律适用的环节前移至立法阶段，探讨了教育法律司法适用的法制基础及其立法理念。同时，基于司法对立法的反馈和促进功能，以《教师法》为例具体分析了司法如何促进立法。

研究发现，历经40余年的教育法制建设，我国教育法律体系基本成型，为教育法律的司法适用奠定了法制基础。但随着社会转型加快，教育法律滞后于社会发展与法治进程的问题愈发突出，呼唤教育法律尊重选择、促进公平、保障私权、约束公权、直面问题、解决纠纷。司法适用则在约束公权、保障私权、解决纠纷、完善法律、推动法律实施等方面具有重要的法治价值，但受纠纷属性、受案范围、立法质量、主体选择与法律认知等因素的影响，包括教育法律在内的任何法律从来都不可能完全司法适用。通过分析援引教育法律的808件诉讼案件发现，我国教育法律虽有一定程度的司法适用，但其适用状况仍难尽人意，61.20%的教育法律条款处于"悬置"状态，成为无人问津的零被引条款，且其适用主要发生在民事领域，难以匹配教育法律的公法属性，不能解决纷繁复杂的教育纠纷，无法满足权利救济的普遍需要，成为司法适用状况最差的部门法。

除整体适用状况较差外，我国教育法律的司法适用还存在显著的条款差异、案由差别和地域差距，反映了立法质量不高、受案范围狭窄、维权意识不强、法律素养欠佳是导致我国教育法律司法适用难尽人意的重要原因。因此，要加强教育法律的司法适用，就应提升维权意识、扩大受案范围、提高立法质量、提升教育法律素养；而要想通过司法促进立法，则需要以援引教育法律的案件为抓手，聚焦条款适用过程中的争议和焦点，以及法院在规定不明或缺乏规定情况下的裁判策略及解释路径，以客观揭示适用条款存在的问题与漏洞，进而为相关法条的修改提供实证支撑与决策参考。

本书大致描绘了一幅中国教育法律司法适用的整体图景和影响因子地图，可以为立法部门审视教育法律、司法机关裁判教育案件和学界同仁深化教育法律适用研究提供难得的素材和思路上的启发。但受笔者学识及研究主题的限制，本书对有些问题的探讨仍然较为初步，如仅提出了互动型教育法律体系这一理念，但对如何建设、建设路径及具体方法等问题并未给予系统解答，只在结语中作了愿景性的描绘。又如，本书虽以《教师法》为例具体分析了司法如何促进立法，但对其他 7 部教育法律该如何通过司法促进立法则未展开具体分析，需要在未来研究中进一步推进。另外，本书对教育法律司法适用现状和问题的揭示是基于援引教育法律的 808 件诉讼案件，但这 808 件诉讼案件并不代表司法实践的全貌，尽管笔者尽可能网罗所有案例，但受技术条件及文书公开等因素的影响仍难如愿。当然，指望穷尽所有案例，那也是不切实际的乌托邦。由于笔者研究能力有限，书中或许会有一些错误或瑕疵，敬请读者批评指正。同时，也期待更多学界同仁参与其中，为深化教育法律的司法适用，进而构建动态开放的互动型教育法律体系贡献学识和智慧。

参考文献

一 著作类

［1］〔法〕卢梭：《社会契约论》，何兆武译，商务印书馆，2017。

［2］〔法〕孟德斯鸠：《论法的精神》，张雁深译，商务印书馆，2004。

［3］〔美〕E. 博登海默：《法理学：法律哲学与法律方法》，邓正来译，中国政法大学出版社，1999。

［4］〔美〕罗纳德·德沃金：《认真对待权利》，信春鹰、吴玉章译，中国大百科全书出版社，1998。

［5］〔美〕罗斯科·庞德：《通过法律的社会控制》，沈宗灵译，商务印书馆，1984。

［6］〔美〕米基·英伯、泰尔·范·吉尔：《美国教育法》（第 3 版），李晓燕、申素平、陈蔚译，教育科学出版社，2011。

［7］〔美〕内尔达·麦凯布、马莎·麦卡锡、斯蒂芬·托马斯：《教育法学——教师与学生的权利》（第 5 版），江雪梅、茅锐、王晓玲译，中国人民大学出版社，2010。

［8］〔美〕韦斯利·霍菲尔德：《基本法律概念》，张书友编译，中国法制出版社，2009。

［9］〔英〕维恩·莫里森：《法理学：从古希腊到后现代》，李桂林、李清伟、侯健等译，武汉大学出版社，2003。

［10］葛洪义：《法理学》，中国政法大学出版社，1999。

［11］申素平：《教育法学：原理、规范与应用》，教育科学出版社，2009。

［12］舒国滢主编《法理学阶梯》（第 2 版），清华大学出版社，2010。

[13] 夏勇：《走向权利的时代》，中国政法大学出版社，1999。

二 期刊（集刊）论文类

[1] 蔡金花：《论教育法可诉性的提高》，《教育发展研究》2010 年第 3 期。

[2] 曹慧丽、才凤敏：《高校教师职称评审行为纳入行政诉讼案范围的可行性研究》，《江西社会科学》2007 年第 7 期。

[3] 陈聪富、叶普照：《法院诉讼与社会发展》，《深圳大学学报》（人文社会科学版）2001 年第 2 期。

[4] 陈鹏、薛寒：《〈职业教育法〉20 年：成就、问题及展望》，《陕西师范大学学报》（哲学社会科学版）2016 年第 6 期。

[5] 陈至立：《贯彻实施〈高等教育法〉推进我国高等教育事业的改革和发展》，《中国高等教育》1999 年第 2 期。

[6] 陈子季、马陆亭：《着力解决好教育发展不平衡不充分问题》，《人民教育》2017 年第 21 期。

[7] 褚宏启：《教育法的价值目标及其实现路径——现代教育梦的法律实现》，《教育发展研究》2013 年第 19 期。

[8] 段斌斌：《〈普通高等学校学生管理规定〉修订历程及其启示》，《思想理论教育》2017 年第 8 期。

[9] 段斌斌：《教育法"软化"：制度成因与逻辑重构》，载劳凯声、余雅风主编《中国教育法制评论》第 14 辑，教育科学出版社，2017。

[10] 段斌斌：《走向教育生活还是与教育生活脱节：我国教育法律司法适用的现状考察》，《高等教育研究》2019 年第 3 期。

[11] 段斌斌：《〈高等教育法〉实施二十周年：成就、问题与改进》，《高等教育研究》2020 年第 2 期。

[12] 段斌斌、孙霄兵：《从"管理法"迈向"控权法"——基于三版〈普通高等学校学生管理规定〉的文本分析》，《现代大学教育》2017 年第 5 期。

[13] 段斌斌、杨晓珉：《警惕教育惩戒概念使用的泛化——兼评〈中小学教育惩戒规则（试行）〉》，《湖南师范大学教育科学学报》2021 年第

1 期。

［14］冯健鹏：《我国司法判决中的宪法援引及其功能——基于已公开判决文书的实证研究》，《法学研究》2017 年第 3 期。

［15］高明华：《计划经济制度下的政府：权力超越权利》，《经济评论》2000 年第 5 期。

［16］耿宝建：《高校行政案件中的司法谦抑与自制》，《行政法学研究》2013 年第 1 期。

［17］管华：《教育法治四十年：回顾与展望》，《法学评论》2018 年第 4 期。

［18］管华、余若凡：《教师申诉制度可以废止吗》，《湖南师范大学教育科学学报》2020 年第 4 期。

［19］郭庆菊：《高校教师职称评审行为之司法审查》，《学术交流》2011 年第 3 期。

［20］韩民、张力：《〈民办教育促进法〉颁布实施的意义及其政策课题》，《教育研究》2004 年第 4 期。

［21］郝明金：《论可诉性是行政行为的本质属性》，《法学论坛》2006 年第 3 期。

［22］洪建娣、陈峰：《论高校教师职称评审纠纷的司法介入——以化解高校自主权与教师诉权冲突为视角》，《苏州大学学报》（哲学社会科学版）2010 年第 5 期。

［23］侯健：《改革开放四十年教育立法的经验和问题》，《国家教育行政学院学报》2018 年第 12 期。

［24］胡劲松：《德国义务教育立法：主体、内容及其特征——基于各州法律的文本分析》，《华东师范大学学报》（教育科学版）2018 年第 6 期。

［25］黄卉：《一切意外都源于各就各位——从立法主义到法律适用主义》，《读书》2008 年第 11 期。

［26］季卫东：《法律程序的意义——对中国法制建设的另一种思考》，《中国社会科学》1993 年第 1 期。

［27］劳凯声：《改革开放 30 年的教育法制建设》，《教育研究》2008 年第 11 期。

［28］劳凯声等：《教育惩戒：价值、边界与规制》（笔谈），《教育科学》2019年第4期。

［29］李瑰华、姬亚平：《行政立法评估制度论析》，《江西社会科学》2013年第7期。

［30］李连宁、孙霄兵：《〈中华人民共和国教师法〉条文简释》，《中国民族教育》1994年第4期。

［31］李文利：《社会主义市场经济与计划经济下高等教育系统运行机制的本质区别》，《清华大学教育研究》2002年第1期。

［32］李晓燕、巫志刚：《教育法规地位再探》，《教育研究》2014年第5期。

［33］李样举、韩大元：《论宪法之下国家立法具体化功能的实现》，《厦门大学学报》（哲学社会科学版）2013年第3期。

［34］梁洪霞：《我国法院援引宪法说理的实施问题研究》，《政治与法律》2017年第7期。

［35］林孝文：《我国司法判决书引用宪法规范的实证研究》，《法律科学（西北政法大学学报）》2015年第4期。

［36］刘晓静、戴建兵：《从破到立：国家—单位保障向国家—社会保障——中国计划经济转型时期社会保障改革政策评析》，《河北学刊》2018年第5期。

［37］刘延东：《在纪念〈中华人民共和国学位条例〉实施三十周年纪念大会上的讲话》，《学位与研究生教育》2011年第3期。

［38］陆永棣：《从立案审查到立案登记：法院在社会转型中的司法角色》，《中国法学》2016年第2期。

［39］马超、于晓虹、何海波：《大数据分析：中国司法裁判文书上网公开报告》，《中国法律评论》2016年第4期。

［40］聂铄：《1985年—2003年汕头市婚姻家庭诉讼率变迁的法律解释——一种区域法律文化分析》，《法学家》2005年第4期。

［41］彭君：《法律的可诉性与推进中国法治道路》，《广西大学学报》（哲学社会科学版）2012年第3期。

［42］彭中礼：《当前民间法司法适用的整体样态及其发展趋势评估》，

《山东大学学报》（哲学社会科学版）2010 年第 4 期。

［43］彭中礼：《论法律学说的司法运用》，《中国社会科学》2020 年第 4 期。

［44］秦惠民：《从渐进放权走向法治——对高教简政放权的趋势解读》，《探索与争鸣》2017 年第 8 期。

［45］秦惠民：《〈学位条例〉的"立""释""修"——略论我国学位法律制度的历史与发展》，《学位与研究生教育》2019 年第 8 期。

［46］秦惠民：《走向社会生活的教育法——中国教育法律的适用状况分析》，载劳凯声主编《中国教育法制评论》第 5 辑，教育科学出版社，2007。

［47］秦惠民：《论教育纠纷案件的法律适用及其法治推进作用》，《法律适用》2005 年第 10 期。

［48］秦惠民：《当前我国法治进程中高校管理面临的挑战》，《清华大学教育研究》2001 年第 2 期。

［49］秦惠民、谷昆鹏：《对完善我国教育法律体系的思考》，《北京师范大学学报》（社会科学版）2016 年第 2 期。

［50］秦勇：《法学视野中的高校教师职称评审》，《现代大学教育》2006 年第 6 期。

［51］冉井富：《现代进程与诉讼：1978—2000 年社会经济发展与诉讼率变迁的实证分析》，《江苏社会科学》2003 年第 1 期。

［52］任海涛：《教育法学者关于〈教师法〉修改的争鸣》，《湖南师范大学教育科学学报》2019 年第 5 期。

［53］任海涛、张玉涛：《新中国 70 年教育法治的回顾与前瞻》，《教育发展研究》2019 年第 17 期。

［54］申素平：《对我国教育立法的思考》，《中国教育学刊》2018 年第 6 期。

［55］申素平、陈瑶：《论非诉讼纠纷解决机制及其在我国教育领域的适用》，《中国高教研究》2017 年第 1 期。

［56］申素平、段斌斌、贾楠：《新时代我国教育法治建设面临的问题与对策》，《复旦教育论坛》2018 年第 1 期。

［57］申素平、周航、郝盼盼：《改革开放 40 年我国教育法治建设的回顾与展望》，《教育研究》2018 年第 8 期。

［58］苏春景、张济洲：《〈高等教育法〉修改亮点和大学治理法治化》，《中国高等教育》2017 年第 21 期。

［59］苏力：《关于能动司法》，《法律适用》2010 年第 Z1 期。

［60］苏力：《二十世纪中国的现代化和法治》，《法学研究》1998 年第 1 期。

［61］孙霄兵：《教育法律的法理性质及其法学价值》，载劳凯声主编《中国教育法制评论》第 6 辑，教育科学出版社，2009。

［62］王晨光：《法律的可诉性：现代法治国家中法律的特征之一》，《法学》1998 年第 8 期。

［63］王大泉：《新时代教育立法理念与任务的变化》，《中国高教研究》2019 年第 3 期。

［64］王大泉：《教育立法研究对教育立法实践的影响分析》，《华东师范大学学报》（教育科学版）2018 年第 2 期。

［65］王湛：《认真宣传贯彻〈国家通用语言文字法〉，为新世纪社会主义现代化建设事业的发展营造良好的语言文字环境》，《语文建设》2001 年第 1 期。

［66］文军、顾楚丹：《基础教育资源分配的城乡差异及其社会后果——基于中国教育统计数据的分析》，《华东师范大学学报》（教育科学版）2017 年第 2 期。

［67］席涛：《立法评估：评估什么和如何评估（上）——以中国立法评估为例》，《政法论坛》2012 年第 5 期。

［68］喜子：《反思与重构：完善行政诉讼受案范围的诉权视角》，《中国法学》2004 年第 1 期。

［69］谢晖：《独立的司法与可诉的法》，《法律科学》1999 年第 1 期。

［70］徐汉明：《法治的核心是宪法和法律的实施》，《中国法学》2013 年第 1 期。

［71］徐显明：《论"法治"构成要件——兼及法治的某些原则及观念》，《法学研究》1996 年第 3 期。

［72］徐绪卿：《贯彻落实〈民办教育促进法〉新法的若干思考》，《复旦教育论坛》2017年第2期。

［73］薛二勇、傅王倩、李健：《学前教育立法的政策基础、挑战与应对》，《中国教育学刊》2019年第12期。

［74］严仁群：《回到抽象的诉权说》，《法学研究》2011年第1期。

［75］杨克瑞、李双双：《美国教育法的司法执行力——基于"萝莉案"的法学分析》，《复旦教育论坛》2018年第3期。

［76］姚金菊：《未来教育立法的三个面向与转变》，《中国高教研究》2019年第3期。

［77］姚荣：《论我国公立高校教师职称评审权的公法规制》，《高校教育管理》2017年第4期。

［78］叶必丰：《我国高校绩效评估制度之改革——以两类诉讼案件为分析样本》，《法商研究》2013年第5期。

［79］叶阳永、尹力：《教育法的可诉性探析》，《北京师范大学学报》（社会科学版）2012年第5期。

［80］尹力：《〈教师法〉实施10年：守望与期待》，《教育理论与实践》2005年第3期。

［81］余雅风：《教育立法必须回归教育的公共性》，《北京师范大学学报》（社会科学版）2012年第5期。

［82］湛中乐：《论我国教育法规范体系的完善》，《中国高等教育》2019年第8期。

［83］湛中乐：《公民受教育权的制度保障——兼析〈义务教育法〉的制定与实施》，《华南师范大学学报》（社会科学版）2016年第3期。

［84］湛中乐、靳澜涛：《新中国教育立法70年的回顾与展望》，《首都师范大学学报》（社会科学版）2019年第5期。

［85］湛中乐、靳澜涛：《教师申诉制度运行的法治困境及其出路》，《湖南师范大学教育科学学报》2020年第4期。

［86］张千帆：《如何设计司法？法官、律师与案件数量比较研究》，《比较法研究》2016年第1期。

［87］张榕：《司法克制下的司法能动》，《现代法学》2008年第2期。

［88］张翔：《形式法治与法教义学》，《法学研究》2012 年第 6 期。

［89］张勇：《规范性司法解释在法律体系实施中的责任和使命》，《法学》2011 年第 8 期。

［90］赵钢、占善刚：《论社会主义市场经济条件下我国公民应有的诉讼观念》，《中国法学》1998 年第 1 期。

［91］赵颖坤：《公有制、计划经济与立法制度的选择——1949～1966 年间中国立法的经济背景》，《江淮论坛》2008 年第 3 期。

［92］赵中源：《新时代社会主要矛盾的本质属性与形态特征》，《政治学研究》2018 年第 2 期。

［93］郑超：《教育惩戒与体罚的边界——基于日本经验的比较分析》，《湖南师范大学教育科学学报》2020 年第 1 期。

［94］周光礼、黄容霞：《传承与创新——华中科技大学教育科学研究院教育政策与法律研究三十年回顾》，《高等教育研究》2010 年第 9 期。

［95］周光礼、袁伟：《多伦多大学法的修订对我国教育立法的启示》，《江苏高教》2009 年第 1 期。

［96］周佑勇：《法治视野下学位授予权的性质界定及其制度完善——兼述〈学位条例〉修订》，《学位与研究生教育》2018 年第 11 期。

［97］朱同琴：《论教育法体系中的倡导性规范——兼论倡导性规范的一般原理》，《中国人民大学教育学刊》2013 年第 4 期。

三 学位论文类

［1］陈慧青：《中国高校布局结构变革研究》，博士学位论文，厦门大学，2009。

［2］郝明金：《行政行为可诉性研究》，博士学位论文，中国政法大学，2004。

［3］王天林：《侦查行为侵权司法救济研究——以侦查行为的可诉性为中心》，博士学位论文，山东大学，2011。

［4］袁伟：《教育法的运行——社会工程链视野中的义务教育法个案分析》，博士学位论文，华中科技大学，2009。

四 报纸和杂志及电子文献类

［1］《2013 年以来取消的中央指定地方实施的教育行政审批事项清单》，中华人民共和国教育部，http：//www. moe. gov. cn/s78/A02/A02_ztzl/ztzl_xzxk/xzxk_sxqd/201702/t20170209_295925. html。

［2］《国家教委关于〈中华人民共和国教师法〉若干问题的实施意见》，http：//www. law-lib. com/law/law_view. asp？id＝11815。

［3］《教育部关于 2018 年法治政府建设年度工作情况的报告》，中华人民共和国教育部，http：//192. 168. 73. 130/m. sohu. com/a/305943297＿243614。

［4］刘武俊：《可诉性：法律文本的脉搏》，《法制日报》2000 年 6 月 28 日，第 7 版。

［5］《全国高等学校名单》，中华人民共和国教育部，http：//www. moe. gov. cn/srcsite/A03/moe_634/201706/t20170614_306900. html。

［6］《新闻追踪：青岛三考生告教育部违宪诉状》，搜狐网，http：//news. sohu. com/42/01/news146510142. shtml。

［7］《依法治教实施纲要（2016—2020 年）》，中华人民共和国教育部，http：//www. ndrc. gov. cn/fzgggz/fzgh/ghwb/gjjgh/201706/t20170615＿850957. html。

［8］佚名：《1949 年–2017 年，中国人口 5. 4 亿—13. 9 亿，城镇化率 10. 64%—58. 52%》，https：//baijiahao. baidu. com/s？id＝1592514726052894807&wfr＝spider&for＝pc。

［9］《指导案例 38 号：田永诉北京科技大学拒绝颁发毕业证、学位证案》，中华人民共和国最高人民法院，http：//www. chinacourt. org/article/detail/2014/12/id/1524355. shtml。

［10］《中华人民共和国民办教育促进法实施条例》（修订草案），中华人民共和国司法部，http：//www. moj. gov. cn/government＿public/content/201808/10/tzwj_38281. html。

［11］《最高人民法院关于人民法院审理事业单位人事争议案件若干问题的规定》，中华人民共和国最高人民法院，http：//www. molss. gov. cn：

8080/trsweb_gov/detail？ record＝95&channelid＝40543。

五　外文文献类

［1］A. G. Osborne, *Legal Issues in Special Education*, Boston：Allyn and Bacon, 1996.

［2］Christian Wolischlager, "Civil Litigation and Modernization：The Work of Municipal Courts of Bremen, Germany, in Five Centuries, 1549－1984," *Law and Society Review*, 1990（2）：261－281.

［3］F. Van Loon & E. Langerwerf, "Socieconomic Development and the Evolution of Litigation Rates of Civil Courts in Belgium：1835－1980," *Law & Society Review*, 1990（2）：283－295.

［4］Hemann Kantorowicz, *The Definition of Law*, Cambridge University Press, 1958.

［5］Jose Toharia, "Economic Development and Litigation：The Case of Spain, In Grossman Joel B. and Austin Sarat, Litigation in Federal Courts：A Comparative Perspective, *Law and Society Review*, 1975（9）：323.

［6］Micheal Imber, Tyll Van Geel, *Education Law*, Lawrence Erlbaum Associates Inc. , 2011.

［7］Nelda H. Cambron-McCabe, Martha M. McCarthy, Stephen B. Thomas, *Public School Law：Teachers' and Students' Rights*, Pearson Education Inc. , 2014.

六　裁判文书类

［1］艾某某与重庆医科大学教育处理决定案，重庆市渝中区人民法院一审行政判决书，（2014）中区法行初字第00010号。

［2］白某诉北京教育考试院招生录取纠纷案，北京市第一中级人民法院二审行政裁定书，（2016）京01行终449号。

［3］白某诉南开大学请求确认不予录取为硕士研究生的行为违法案，天津市第一中级人民法院二审行政判决书，（2013）一中行终字第171号。

［4］白土店中心学校、白土店乡西李村小学与杨某某人身损害赔偿纠

纷案，河南省信阳市中级人民法院二审民事判决书，（2012）信中法民终字第 1269 号。

［5］ 柏某诉中国人民解放军第一八一医院劳动争议纠纷案，广西壮族自治区桂林市象山区人民法院一审民事判决书，（2012）象民初字第 1303 号。

［6］ 柏某与济南市市中区教育局行政管理纠纷案，山东省济南市市中区人民法院一审行政判决书，（2015）市行初字第 207 号。

［7］ 包头市九原区哈业胡同中心校与姬某某、张某某排除妨害纠纷案，包头市九原区人民法院一审民事判决书，（2015）包九原民初字第 1445 号。

［8］ 贝儿好（北京）科技有限责任公司与广州盛成文化传播有限公司名誉权纠纷案，北京市第三中级人民法院二审民事判决书，（2014）三中民终字第 04050 号。

［9］ 北京巨擘达物业管理有限责任公司与北京华夏明枫经贸有限公司房屋租赁合同纠纷案，北京市第一中级人民法院二审民事判决书，（2016）京 01 民终 167 号。

［10］ 北京正中沅保洁服务有限公司与北京丽奇华紫科贸有限公司合伙协议纠纷案，北京市大兴区人民法院一审民事判决书，（2013）大民初字第 13251 号。

［11］ 宾县第四中学与王某某、黄某、姜某某健康权纠纷案，黑龙江省哈尔滨市中级人民法院一审民事判决书，（2014）哈民少初字第 28 号。

［12］ 曹某甲与曹某乙、叶某某保证合同纠纷案，上海市虹口区人民法院一审民事判决书，（2013）虹民一（民）初字第 195 号。

［13］ 曹某雷与沛县双城外国语学校民间借贷纠纷案，江苏省徐州市中级人民法院二审民事判决书，（2015）徐民终字第 00611 号。

［14］ 长春市第一五四中学与杨某某教育机构责任纠纷案，吉林省长春市中级人民法院二审民事判决书，（2015）长民二终字第 87 号。

［15］ 常某某与广州市黄埔区庙头学校人格权纠纷案，广东省广州市黄埔区人民法院一审民事判决书，（2014）穗黄法民少初字第 3 号。

［16］ 陈某甲、陈某乙等与邵某某合伙协议纠纷案，河北省秦皇岛市中级人民法院二审民事裁定书，（2015）秦民终字第 1545 号。

[17] 陈某静与陈某琦、张某珍、陈某俊、陈某聪、陈某实幼儿园确权纠纷案，海南省三亚市中级人民法院二审民事判决书，（2017）琼 02 民终 159 号。

[18] 陈某乐与彭某芹、范县杨集乡中学生命权、健康权、身体权纠纷案，河南省范县人民法院一审民事判决书，（2018）豫 0926 民初 4055 号。

[19] 陈某某诉北京大学博士招考违法案，北京市海淀区人民法院一审行政裁定书，（2016）京 0108 行初 125 号。

[20] 陈某某诉清华大学博士招考违法案，北京市海淀区人民法院一审行政裁定书，（2016）京 0108 行初 126 号。

[21] 陈某某与如东县教育局、如东县人力资源和社会保障局劳动和社会保障行政批准案，江苏省南通市中级人民法院二审行政判决书，（2013）通中行终字第 0062 号。

[22] 陈某某与射阳县明达双语小学劳动合同纠纷案，江苏省射阳县人民法院一审民事判决书，（2015）射民初字第 00386 号。

[23] 陈某某与盐城市教育培训与服务中心、陕西师范大学教育培训合同纠纷案，江苏省盐城市中级人民法院二审民事判决书，（2015）盐民终字第 00289 号。

[24] 陈某与防城港市防城区第二小学劳动争议案，广西壮族自治区防城港市防城区人民法院一审民事判决书，（2015）防民初字第 1078 号。

[25] 陈某与人民教育出版社有限公司、重庆新华传媒有限公司产品责任纠纷案，重庆市渝中区人民法院一审民事判决书，（2015）中区法民初字第 11552 号。

[26] 陈某与王某某房屋租赁合同纠纷案，湖北省老河口市人民法院一审民事判决书，（2014）鄂老河口民初字第 01385 号。

[27] 程某某、聂某某与温州市鹿城区浦巴罗克琴行生命权、健康权、身体权纠纷案，浙江省温州市中级人民法院二审民事判决书，（2016）浙 03 民终 1896 号。

[28] 程某某与平阳县萧振高级中学劳动争议案，浙江省平阳县人民法院一审民事判决书，（2016）浙 0326 民初 288 号。

[29] 成某某与周某、高某某委托合同纠纷案，西安市雁塔区人民法院

一审民事判决书，（2012）雁民初字第 01007 号。

［30］初某某与中煤龙化哈尔滨矿业有限公司劳动争议案，黑龙江省依兰县人民法院一审民事判决书，（2015）依民初字第 310 号。

［31］慈利县金慈实验小学与张家界硕鸿实业（鞋业）有限公司、慈利县零阳镇双安社区居民委员会租赁合同纠纷案，湖南省张家界市中级人民法院二审民事判决书，（2014）张中民一终字第 22 号。

［32］崔某某与中国地质大学教育行政管理纠纷案，湖北省武汉市中级人民法院二审行政裁定书，（2016）鄂 01 行终 180 号。

［33］大方县教育局非诉执行审查案，贵州省大方县人民法院一审行政裁定书，（2016）黔 0521 行审 34 号。

［34］大连海智诺教育科技有限公司与佟某萍、孟某霞、王某君教育培训合同纠纷案，辽宁省大连市中级人民法院二审民事判决书，（2016）辽 02 民终 6246 号。

［35］邓某平与温州新星学校及第三人郑某返、李某团、叶某敏出资人资格确认纠纷案，浙江省苍南县人民法院一审民事判决书，（2015）温苍商初字第 430 号。

［36］丁某某等与张某某合同纠纷案，北京市昌平区人民法院一审民事判决书，（2014）昌民（商）初字第 12574 号。

［37］杜某某与山东女子学院教育行政管理纠纷案，山东省济南市中级人民法院二审行政判决书，（2016）鲁 01 行终 6 号。

［38］范某某诉北京市房山区教育委员会教育行政管理纠纷案，北京市第二中级人民法院二审行政裁定书，（2016）京 02 行终 99 号。

［39］樊某某诉宜宾市翠屏区三江宝贝幼儿园劳动争议纠纷案，四川省宜宾市翠屏区人民法院一审民事判决书，（2015）翠屏民初字第 796 号。

［40］费某甲与上海市杨浦区教育局教育行政管理纠纷案，上海市杨浦区人民法院一审行政判决书，（2015）杨行初字第 151 号。

［41］冯某虎与繁昌东方幼儿园、沈某民办学校出资人身份确认纠纷案，安徽省芜湖市中级人民法院一审民事判决书，（2014）芜中民二初字第 00053 号。

［42］佛山市禅城区白某幼儿园与陈某某劳动争议案，广东省佛山市禅

城区人民法院一审民事判决书，（2016）粤 0604 民初 7118 号。

［43］符某某诉海南省琼中黎族苗族自治县教育局、海南省琼中黎族苗族自治县人力资源和社会保障局教育辞退纠纷案，海南省琼中黎族苗族自治县人民法院一审行政裁定书，（2016）琼 9030 行初 9 号。

［44］付某某诉南京中昊文化教育培训中心教育培训合同纠纷案，南京市江宁区人民法院一审民事判决书，（2014）江宁淳民初字第 724 号。

［45］付某某、徐某与芜湖市镜湖区经济发展改革委员会案，安徽省芜湖市中级人民法院二审行政判决书，（2014）芜中行终字第 00078 号。

［46］付某与刘某某委托合同纠纷案，山东省淄博高新技术产业开发区人民法院一审民事判决书，（2013）新商初字第 412 号。

［47］高某红与马某凌返还原物纠纷案，青海省西宁市城西区人民法院一审民事判决书，（2015）西民一初字第 1845 号。

［48］高某某与福建化工学校劳动争议案，福建省厦门市中级人民法院二审民事判决书，（2014）厦民终字第 1319 号。

［49］高某某与陕西国际商贸学院行政管理纠纷案，陕西省咸阳市中级人民法院二审行政判决书，（2015）咸中行终字第 00016 号。

［50］高某与李某某、安某某、西吉县震湖中学健康权纠纷案，宁夏回族自治区西吉县人民法院一审民事判决书，（2014）西民初字第 772 号。

［51］高某与伊宁市凡高现代美术培训基地教育培训合同纠纷案，新疆维吾尔自治区高级人民法院伊犁哈萨克自治州分院二审民事判决书，（2014）伊州民二终字第 192 号。

［52］顾某某与中南财经政法大学教育管理纠纷案，湖北省武汉市中级人民法院二审行政裁定书，（2014）鄂武汉中行终字第 00091 号。

［53］官某某、郭某某诉翁源县龙仙第一小学等人身保险合同纠纷案，广东省翁源县人民法院一审民事判决书，（2016）粤 0229 民初 480 号。

［54］广州工商学院与梁某某合同纠纷案，广东省广州市花都区人民法院一审民事判决书，（2016）粤 0114 民初 1269 号。

［55］广州工商学院与唐某某合同纠纷案，广东省广州市花都区人民法院一审民事判决书，（2016）粤 0114 民初 1276 号。

［56］广州市荔湾区芳华小学、广州市荔湾区芳华初级中学与吕某丕合

同纠纷案，广东省广州市中级人民法院二审民事判决书，（2015）穗中法民二终字第 950 号。

［57］广州市天河区东泰学校与李某某劳动争议案，广州市天河区人民法院一审民事判决书，（2013）穗天法民一初字第 3155 号。

［58］桂林市立信业余财经培训学校与邓某薇、中国民主建国会桂林市委员会占有物返还纠纷案，广西壮族自治区桂林市秀峰区人民法院一审民事判决书，（2011）秀民重字第 3 号。

［59］郭某明与北京市朝阳区金地老君堂实验学校企业出资人权益确认纠纷案，北京市第三中级人民法院二审民事裁定书，（2015）三中民终字第 10557 号。

［60］郭某某与天津市教育局招生考试院纠纷案，天津市第一中级人民法院二审行政判决书，（2015）一中行终字第 0046 号。

［61］韩某某与武汉大学教育行政管理纠纷案，湖北省武汉市中级人民法院二审行政裁定书，（2015）鄂武汉中行终字第 00667 号。

［62］韩某某与武汉大学教育行政管理纠纷案，湖北省武汉市武昌区人民法院一审行政裁定书，（2015）鄂武昌行初字第 00063 号。

［63］何某某与广东省科技职业技术学校教育合同纠纷案，广东省广州市中级人民法院二审民事判决书，（2014）穗中法少民终字第 215 号。

［64］何某某与华中科技大学教育管理纠纷案，湖北省武汉市洪山区人民法院一审行政判决书，（2008）洪行初字第 81 号。

［65］何某某与莫某某变更抚养关系纠纷案，阳江市江城区人民法院一审民事判决书，（2014）阳城法民一初字第 571 号。

［66］贺某某与宁波市鄞州职业高级中学人事争议案，浙江省宁波市中级人民法院二审民事判决书，（2015）浙甬民一终字第 801 号。

［67］何某某与增城市新塘中学健康权纠纷案，广东省高级人民法院再审民事裁定书，（2016）粤民申 593 号。

［68］洪某某诉重庆市涪陵区教育委员会不履行申诉处理法定职责案，重庆市涪陵区人民法院一审行政判决书，（2013）涪法行初字第 00067 号。

［69］胡某某与张家界市永定区教育局教育行政管理纠纷案，湖南省张家界市中级人民法院二审行政裁定书，（2016）湘 08 行终 20 号。

［70］胡某某与浙江省杭州第十四中学、杭州市教育局人事争议案，浙江省高级人民法院再审民事判决书，（2015）浙民提字第56号。

［71］滑某进、李某峰合伙纠纷案，河北省石家庄市中级人民法院二审民事判决书，（2016）冀01民终6782号。

［72］黄某梅与东莞市东安教育投资有限公司劳动争议案，广东省东莞市第二人民法院一审民事判决书，（2018）粤1972民初16268号。

［73］黄某某与巴东县教育局、巴东县民族职业高级中学人事争议案，湖北省巴东县人民法院一审民事判决书，（2017）鄂2823民初2427号。

［74］黄某某与佛山市三水区教育局教育行政管理纠纷案，广东省佛山市中级人民法院二审行政裁定书，（2014）佛中法立行终字第24号。

［75］黄某某与宁波市海曙区教育局教育行政管理纠纷案，宁波市海曙区人民法院一审行政裁定书，（2014）甬海行初字第23号。

［76］黄某某与宁陵县逻岗镇王解庄村民委员会、赵某某合同纠纷案，河南省宁陵县人民法院一审民事判决书，（2016）豫1423民初129号。

［77］黄某某与莆田市秀屿区教育局、第三人莆田市秀屿区月塘初级中学教育行政管理纠纷案，福建省莆田市荔城区人民法院一审行政裁定书，（2016）闽0304行初64号。

［78］嵇某某诉建湖县人力资源和社会保障局、建湖县教育局、第三人建湖县实验小学人事争议纠纷案，江苏省建湖县人民法院一审民事判决书，（2013）建民初字第0803号。

［79］季某某与河北省教育厅教育行政管理纠纷案，河北省石家庄市中级人民法院一审行政判决书，（2015）石行初字第00267号。

［80］嵇某某与建湖县人力资源和社会保障局、建湖县教育局人事争议案，江苏省盐城市中级人民法院二审民事判决书，（2014）盐民终字第1126号。

［81］季某某与罗某某民间借贷纠纷案，江苏省南京市中级人民法院二审民事判决书，（2013）宁民终字第50号。

［82］济南外国语学校与权某等人身损害赔偿纠纷案，山东省济南市中级人民法院二审民事判决书，（2015）济民四终字第238号。

［83］郑某某诉漯河市政府案，河南省漯河市中级人民法院一审行政裁

定书，（2014）溧行初字第 30 号。

[84] 贾某某与荆门市东宝区小太阳托管中心、郑某某健康权纠纷案，湖北省荆门市东宝区人民法院一审民事判决书，（2014）鄂东宝民一初字第 00090 号。

[85] 贾某强奸罪案，山东省茌平县人民法院一审刑事判决书，（2014）茌少刑初字第 4 号。

[86] 建德市育才高级中学与宋某某劳动争议案，浙江省建德市人民法院一审民事判决书，（2016）浙 0182 民初 00433 号。

[87] 姜某某与广州市白云区人民政府行政不作为案，广东省广州市中级人民法院一审行政判决书，（2014）穗中法行初字第 241 号。

[88] 姜某某与张某某买卖合同纠纷案，吉林省通化市中级人民法院二审民事判决书，（2015）通中民二终字第 190 号。

[89] 姜某琴与黔东南州民族歌舞艺术学校劳动争议案，贵州省凯里市人民法院一审民事判决书，（2016）黔 2601 民初 3794 号。

[90] 蒋某林与上海海事大学人事纠纷案，上海市浦东新区人民法院一审民事判决书，（2016）沪 0115 民初第 81949 号。

[91] 蒋某某诉湘南学院教育行政行为案，湖南省郴州市苏仙区人民法院一审行政判决书，（2014）郴苏行初字第 3 号。

[92] 蒋某某与徐州君聚堂文化传播有限公司委托合同纠纷案，徐州市鼓楼区人民法一审院民事判决书，（2016）苏 0302 民初 2572 号。

[93] 江口县华强混凝土搅拌有限公司与江口县净山展望双语学校、卫某某买卖合同纠纷案，贵州省江口县人民法院一审民事判决书，（2014）江民商字第 13 号。

[94] 江某某与贾某某物权保护纠纷案，江苏省盐城市中级人民法院二审民事判决书，（2014）盐民终字第 3204 号。

[95] 江苏省工会职业技术学校与孔某某合作协议纠纷案，南京市栖霞区人民法院一审民事判决书，（2012）栖商初字第 395 号。

[96] 界首市西城街道办事处小郭寨村民委员会诉陈春林房屋租赁合同纠纷案，安徽省界首市人民法院一审民事裁定书，（2014）界民一初字第 01545 号。

［97］ 金华市华香包装有限公司与金华市婺州民办艺术学校纠纷案，浙江省金华市中级人民法院二审民事判决书，（2013）浙金商终字第 673 号。

［98］ 金某与桐梓县娄山关镇再思学校劳动争议纠纷案，贵州省桐梓县人民法院一审民事判决书，（2015）桐法民初字第 152 号。

［99］ 康某兰与周某萍、陈某谋、周某毅转让合同纠纷案，广西壮族自治区桂林市中级人民法院二审民事判决书，（2014）桂市民一终字第 268 号。

［100］ 康某某与桂林电子科技大学开除学籍处分决定案，广西壮族自治区桂林市中级人民法院二审行政判决书，（2014）桂市行终字第 201 号。

［101］ 垦利县万得福小额贷款股份有限公司与王某青等金融借款合同纠纷案，山东省垦利县人民法院一审民事判决书，（2012）垦胜商初字第 83 号。

［102］ 孔某明与曲阜市教育和体育局、曲阜市奎文培训学校、曲阜市职业中等专业学校建设工程施工合同纠纷案，山东省曲阜市人民法院一审民事判决书，（2014）曲商初字第 625 号。

［103］ 蓝某某与河池市第二高级中学劳动争议案，广西壮族自治区河池市金城江区一审人民法院民事判决书，（2016）桂 1202 民初 751 号。

［104］ 乐清市绿色上网培训中心与乐清市芙蓉镇人民政府、乐清市国土资源局、乐清市住房和城乡规划建设局城建行政强制纠纷案，浙江省温州市中级人民法院二审行政判决书，（2015）浙温行终字第 417 号。

［105］ 雷某与南京工业大学浦江学院撤销行政处罚案，江苏省南京市中级人民法院二审行政判决书，（2015）宁行终字第 464 号。

［106］ 李某某与吴川市振文镇低垌小学建设工程施工合同执行纠纷案，广东省吴川市人民法院执行裁定书，（2015）湛吴法执异字第 8 号。

［107］ 李某甲、张某甲非法经营、诈骗罪案，河南省渑池县人民法院一审刑事判决书，（2016）豫 1221 刑初 3 号。

［108］ 李某某与上海虹口区艺术合子美术进修学校其他合同纠纷案，上海市虹口区人民法院一审民事裁定书，（2015）虹民二（商）初字第 851 号。

［109］ 李某某与中南财经政法大学劳动争议案，湖北省武汉东湖新技

术开发区人民法院一审民事裁定书，（2015）鄂武东开民二初字第00572号。

[110] 李某俊与安徽华星学校劳动争议案，安徽省无为县人民法院一审民事判决书，（2017）皖0225民初4174号。

[111] 李某与夏邑县第一高级中学、永安财产保险股份有限公司商丘中心支公司教育机构责任纠纷案，河南省夏邑县人民法院一审民事判决书，（2014）夏民初第02585号。

[112] 李某某与广州市番禺区教育局教育行政管理纠纷案，广东省广州市中级人民法院二审行政判决书，（2013）穗中法行终字第728号。

[113] 李某诉长沙市岳麓区教育局不履行法定职责案，湖南省长沙市岳麓区人民法院一审行政判决书，（2014）岳行初字第00122号。

[114] 李某龙与潘某秋、吴某云、游某恩房屋租赁合同纠纷案，苏州市吴中区人民法院一审民事判决书，（2013）吴木民初字第0453号。

[115] 李某睿与东莞市南城品库培训中心、张某曜合同纠纷案，广东省东莞市第一人民法院一审民事判决书，（2013）东一法民二初字第5839号。

[116] 李某某、邓某某等与广东理工学院、肇庆兖州旅游发展有限公司生命权纠纷案，广东省肇庆市中级人民法院二审民事判决书，（2015）肇中法民三终字第442号。

[117] 李某某诉王某某、李某某生命权、健康权、身体权纠纷案，河北省吴桥县人民法院一审民事判决书，（2015）吴民初字第396号。

[118] 李某某与彭某某变更抚养关系纠纷案，宁城县人民法院一审民事判决书，（2015）宁民初字第05230号。

[119] 李某某与王某某、祁县东观镇晓义中学身体权纠纷案，山西省祁县人民法院一审民事判决书，（2012）祁民初字第457号。

[120] 李某某与佛山市顺德区容桂中学教育机构责任纠纷案，广东省佛山市中级人民法院二审民事判决书，（2015）佛中法民一终字第137号。

[121] 李某某与麻城市龙池中心学校劳动争议纠纷案，湖北省麻城市人民法院一审民事裁定书，（2015）鄂麻城民一初字第00435号。

[122] 李某诉常德市三间实验学校劳动争议纠纷案，湖南省常德市武

陵区人民法院一审民事判决书，（2016）湘 0702 民初 2566 号。

[123] 廖某新与江西江南理工专修学院劳动争议纠纷案，江西省新余市渝水区人民法院一审民事判决书，（2016）赣 0502 民初 438 号。

[124] 廖某诉华东理工大学不履行授予学士学位法定职责案，江西省高级人民法院二审行政判决书，（2015）赣行终字第 16 号。

[125] 梁某某与南京航空航天大学教育行政管理纠纷案，南京铁路运输法院一审行政裁定书，（2016）苏 8602 行初 1214 号。

[126] 梁某某诉阜阳市聚信百货有限公司劳动争议纠纷案，安徽省阜阳市颍泉区人民法院一审民事判决书，（2015）泉民一初字第 00347 号。

[127] 林某某与重庆大学学位证纠纷案，重庆市沙坪坝区人民法院一审行政判决书，（2013）沙法行初字第 00003 号。

[128] 林某京与林口县中华文武学校民间借贷纠纷案，黑龙江省牡丹江市中级人民法院再审民事判决书，（2014）牡监民再终字第 3 号。

[129] 林某某与福州市鼓楼区金起点教育咨询有限公司教育培训合同纠纷案，福建省福州市中级人民法院二审民事判决书，（2014）榕民终字第 583 号。

[130] 临邑永兴学校与孟某某劳动争议案，山东省德州市中级人民法院一审民事判决书，（2014）德中民终字第 313 号。

[131] 柳州市柳南区人民政府与黎某某房屋租赁合同纠纷案，柳州铁路运输法院一审民事判决书，（2015）柳铁民初字第 82 号。

[132] 刘某与居某某委托合同纠纷案，江苏省江阴市人民法院一审民事判决书，（2014）澄徐民初字第 0173 号。

[133] 刘某某与乐陵市教育局教育行政处分纠纷案，山东省乐陵市人民法院一审行政裁定书，（2015）乐行初字第 4 号。

[134] 刘某某与石河子大学不服教育行政行为纠纷案，新疆维吾尔自治区高级人民法院生产建设兵团分院再审行政裁定书，（2015）新兵行监字第 00014 号。

[135] 刘某宏与广州市增城区五星学校劳动争议案，广东省广州市中级人民法院二审民事判决书，（2019）粤 01 民终 18710 号。

[136] 刘某某诉攀枝花市第十九小学劳动争议案，四川省攀枝花市西

区人民法院一审民事判决书，（2015）攀西民初字第 1028 号。

[137] 刘某某与北京大学附属中学新疆分校劳动争议案，新疆维吾尔自治区昌吉市人民法院一审民事判决书，（2015）昌民一初字第 01421 号。

[138] 刘某某与张某某、张某甲等机动车事故责任纠纷案，山东省沂南县人民法院一审民事判决书，（2012）沂南民初字第 2092 号。

[139] 刘某诉武某某、赫章县哲庄乡娃多小学、中国大地财产保险股份有限公司毕节中心支公司健康权纠纷案，贵州省赫章县人民法院一审民事判决书，（2015）黔赫民初字第 74 号。

[140] 刘某某与广州市教育局教育行政管理纠纷案，广东省广州市中级人民法院二审行政判决书，（2014）穗中法行终字第 1272 号。

[141] 刘某某与西安数字科技技师学院劳动争议纠纷案，西安市灞桥区人民法院一审民事判决书，（2013）灞民初字第 00655 号。

[142] 刘某某与济南市大地职业培训学校教育培训合同纠纷案，山东省济南市中级人民法院二审民事判决书，（2014）济民一终字第 154 号。

[143] 刘某某与邓某乐、邓某华等保险合同纠纷案，湖北省钟祥市人民法院一审民事判决书，（2013）鄂钟祥柴民一初字第 00079 号。

[144] 刘某某等与魏某某、魏某峰、刘某辉、李某英、田某光健康权纠纷案，山东省济南市中级人民法院二审民事判决书，（2015）济少民终字第 7 号。

[145] 龙某与井冈山大学开除学籍处罚纠纷案，江西省吉安市中级人民法院二审行政判决书，（2013）吉中行终字第 35 号。

[146] 楼某甲与楼某乙抚养费纠纷案，浙江省东阳市人民法院一审民事判决书，（2014）东南民初字第 115 号。

[147] 娄某某与张某某健康权纠纷案，河南省许昌市中级人民法院二审民事判决书，（2014）许民终字第 231 号。

[148] 陆某丽与谢某贵、张某鸣等民间借贷纠纷案，安徽省合肥市蜀山区人民法院民一审事判决书，（2016）皖 0104 民初 1911 号。

[149] 陆某煌、陆某红等与平果高级中学教育机构责任纠纷案，广西壮族自治区平果县人民法院一审民事判决书，（2016）桂 1023 民初 1826 号。

[150] 吕某某与慈溪市教育局教育行政管理纠纷案，浙江省慈溪市人

民法院一审行政判决书，（2015）甬慈行初字第 54 号。

[151] 吕某某与五邑大学教育行政管理纠纷案，广东省江门市江海区人民法院一审行政判决书，（2015）江海法行初字第 71 号。

[152] 六安市万景机动车检测有限公司与俞某某劳动争议案，安徽省六安市中级人民法院二审民事判决书，（2015）六民一终字第 00788 号。

[153] 罗某与杜某抚养费纠纷案，广东省佛山市禅城区人民法院一审民事判决书，（2015）佛城法槎民初字第 299 号。

[154] 罗某某诉杭州市上城区教育局不履行法定职责案，杭州市上城区人民法院一审行政判决书，（2009）杭上行初字第 62 号。

[155] 罗某某与古丈县第一中学确认合同效力纠纷案，湖南省湘西土家族苗族自治州中级人民法院二审民事判决书，（2016）湘 31 民终 273 号。

[156] 马某与邢台市合欣人力资源有限公司劳动争议案，河北省邢台市桥西区人民法院一审民事判决书，（2015）西民初字第 2954 号。

[157] 马某某与新疆大学教育行政管理纠纷案，新疆维吾尔自治区乌鲁木齐市水磨沟区人民法院一审行政判决书，（2015）水行初字第 89 号。

[158] 马某某与巧家县第四中学教育机构责任纠纷案，云南省巧家县人民法院一审民事判决书，（2016）云 0622 民初 1275 号。

[159] 马某诉阜阳市颍东区教育局教育行政处理案，安徽省阜阳市中级人民法院二审行政判决书，（2015）阜行终字第 00060 号。

[160] 孟某甲挪用资金、职务侵占案，河南省郑州市中原区人民法院一审刑事判决书，（2014）中刑初字第 87 号。

[161] 孟某某与湖北省教育厅行政管理纠纷案，湖北省武汉市中级人民法院二审行政裁定书，（2014）鄂武汉中行终字 00059 号。

[162] 闵某不服舒城县教育局选址批复纠纷案，安徽省舒城县人民法院一审行政判决书，（2014）舒行初字第 00009 号。

[163] 沐阳梦溪中学、郝某某等申请撤销仲裁裁决案，江苏省宿迁市中级人民法院一审民事裁定书，（2014）宿中民仲审字第 0123 号。

[164] 南部县第二小学与衡某某劳动争议案，四川省南部县人民法院一审民事判决书，（2015）南民初字第 1271 号。

[165] 南京视觉艺术职业学院与夏某某劳动合同纠纷案，江苏省南京

市中级人民法院二审民事判决书，（2015）宁民终字第 1739 号。

[166] 聂某某与河海大学教育行政处理决定案，江苏省南京市中级人民法院二审行政判决书，（2014）宁行终字第 142 号。

[167] 宁波东钱湖旅游度假区仁达子弟学校与李某某劳动争议案，浙江省宁波市中级人民法院一审民事裁定书，（2015）浙甬仲撤字第 68 号。

[168] 宁波东钱湖旅游度假区仁达子弟学校与邬某某劳动争议案，浙江省宁波市中级人民法院一审民事裁定书，（2015）浙甬仲撤字第 79 号。

[169] 宁乡县特殊学校诉宁乡县教育局教育行政处罚案，湖南省宁乡县人民法院一审行政判决书，（2013）宁行初字第 00009 号。

[170] 牛某某与李某某委托合同纠纷案，陕西省西安市长安区人民法院一审民事判决书，（2015）长安民初字第 03187 号。

[171] 农安县高家店镇中学执行行为异议案，吉林省农安县人民法院执行裁定书，（2015）农执异字第 7 号。

[172] 区某某与广州市王氏软件科技有限公司服务合同纠纷案，广州市海珠区人民法院一审民事判决书，（2014）穗海法民二初字第 182 号。

[173] 潘某某诉海城市博兴高级中学、海城市教育局健康权纠纷案，辽宁省海城市人民法院一审民事判决书，（2014）海民未初字第 00048 号。

[174] 庞某某与遵义市红花岗区教育局教育行政管理案，贵州省遵义市红花岗区人民法院一审行政判决书，（2014）红行重字第 1 号。

[175] 彭某某与温州职业技术学院人事争议案，浙江省温州市中级人民法院二审民事裁定书，（2013）浙温民终字第 413 号。

[176] 平南县阳光中学不服平南县教育局作出的不予核发新的办学许可证决定案，广西壮族自治区平南县人民法院一审行政判决书，（2012）平行初字第 23 号。

[177] 钱某某、余某某与淳安县实验小学生命权纠纷案，浙江省淳安县人民法院一审民事判决书，（2008）淳民一初字第 1079 号。

[178] 覃某某与陈某某离婚后财产纠纷案，湖南省张家界市中级人民法院二审民事判决书，（2015）张中民一终字第 120 号。

[179] 覃某某、李某某与宣汉县教育科技知识产权局、宣汉县凤林乡中心校、中国人民财产保险股份有限公司宣汉分公司生命权、健康权、身

体权纠纷案，四川省宣汉县人民法院一审民事判决书，（2016）川 1722 民初 931 号。

［180］邱某某与南京市天润城小学人事争议纠纷案，南京市浦口区人民法院一审民事判决书，（2013）浦民初字第 1759 号。

［181］任某甲诉任某乙、汶上县恒辉石材制品厂提供劳务者受害责任纠纷案，山东省汶上县人民法院一审民事判决书，（2015）汶民一初字第 1658 号。

［182］任某某诉华东理工大学教育行政纠纷案，上海市第一中级人民法院二审行政判决书，（2014）沪一中行终字第 257 号。

［183］三亚江南学校与周某劳动合同纠纷案，海南省三亚市中级人民法院二审民事判决书，（2015）三亚民二终字第 108 号。

［184］上诉人王某某与被上诉人哈密市高级中学、哈密市教育局、哈密市人力资源和社会保障局劳动争议纠纷案，新疆维吾尔自治区哈密地区中级人民法院二审民事裁定书，（2015）哈中民一终字第 180 号。

［185］上海佳华企业发展有限公司诉上海佳华教育进修学校股东知情权纠纷案，上海市第一中级人民法院二审民事判决书，（2016）沪 01 民终 4642 号。

［186］上海沃尔得投资有限公司诉于某泳特许经营合同纠纷案，上海市第一中级人民法院二审民事判决书，（2014）沪一中民五（知）终字第 133 号。

［187］上诉人田某某诉被上诉人沈阳工程学院不履行颁发学位证职责纠纷案，辽宁省沈阳市中级人民法院二审行政判决书，（2016）辽 01 行终 297 号。

［188］上官某某、唐某凤与董某某、新钢中学健康权纠纷案，江西省新余市中级人民法院二审民事判决书，（2016）赣 05 民终 7 号。

［189］申某某与镇雄蓄菁学校劳动争议案，云南省镇雄县人民法院一审民事判决书，（2016）云 0627 民初 2584 号。

［190］深圳市汇博苑企业管理顾问有限公司与陈某虹教育培训合同纠纷案，广东省深圳市中级人民法院二审民事判决书，（2015）深中法民终字第 2862 号。

［191］沈某良诉寿县船涨初级中学、寿县清理教育系统在编不在岗人员工作领导组辞退争议案，安徽省寿县人民法院一审民事判决书，（2013）寿民二初字第 00431 号。

［192］石某与湖北中医药大学教育行政管理纠纷案，湖北省高级人民法院再审行政裁决书，（2015）鄂行申字第 00048 号。

［193］上诉人祥云祥华中学与被上诉人郭×教育培训合同纠纷案，云南省大理白族自治州中级人民法院二审民事判决书，（2014）大中民终字第616 号。

［194］宋某某与沈阳化工大学人事争议纠纷案，辽宁省沈阳市中级人民法院再审民事裁定书，（2013）沈中审民终再字第 173 号。

［195］苏州市吴中区教育局非诉执行申请财产保全案，苏州市吴中区人民法院执行裁定书，（2014）吴非诉行保字第 0001 号。

［196］苏州市吴中区教育局非诉执行审查案，苏州市吴中区人民法院执行裁定书，（2014）吴非诉行审字第 0008 号。

［197］遂宁市美佳欣园林工程有限公司与遂宁东辰荣兴国际学校承揽合同纠纷案，四川省遂宁市船山区人民法院一审民事判决书，（2015）船山民初字第 1166 号。

［198］孙某某与尹某某不当得利纠纷案，广东省中山市第一人民法院一审民事判决书，（2016）粤 2071 民初 924 号。

［199］孙某某与北京市工商行政管理局海淀分局教育行政管理纠纷案，北京市海淀区人民法院一审行政裁定书，（2015）海行初字第 350 号。

［200］孙某某与连云港猴嘴中学人事争议案，连云港市连云区人民法院一审民事裁定书，（2014）港民初字第 1652 号。

［201］谭某与长沙市创典装饰设计有限公司劳动争议纠纷案，湖南省长沙市中级人民法院二审民事判决书，（2016）湘 01 民终 2730 号。

［202］唐某某与东莞市黄某某的日用品店买卖合同纠纷案，广东省东莞市第三人民法院一审民事判决书，（2016）粤 1973 民初 12255 号。

［203］唐某某与山东省长岛中学、长岛县教育体育局人事争议案，山东省烟台市中级人民法院二审民事裁定书，（2015）烟民一终字第 1071 号。

［204］田永诉北京科技大学拒绝颁发毕业证、学位证案，北京市海淀

区人民法院一审行政判决书，（1998）海行初字第 142 号。

［205］天津市河北区育才实验幼儿园与王某某企业出资人权益确认纠纷案，天津市河北区人民法院一审民事裁定书，（2014）北民初字第 3014 号。

［206］天水江南印画传媒有限公司与董某劳动争议纠纷案，甘肃省天水市中级人民法院二审民事判决书，（2015）天民三终字第 44 号。

［207］通渭县人民检察院诉刘某某犯过失致人重伤罪案，甘肃省通渭县人民法院一审刑事附带民事判决书，（2015）通刑初字第 59 号。

［208］涂某与北京市教育委员会教育行政管理纠纷案，北京市西城区人民法院一审行政判决书，（2015）西行初字第 173 号。

［209］万某某与平阳县萧振高级中学劳动争议案，浙江省平阳县人民法院一审民事判决书，（2016）浙 0326 民初 285 号。

［210］王某达与上海市新中高级中学人事争议案，上海市静安区人民法院一审民事判决书，（2018）沪 0106 民初 11718 号。

［211］王某霞、石 XX 与被告王某芳合同纠纷案，河南省郑州市二七区人民法院一审民事判决书，（2014）二七民二初字第 410 号。

［212］王某与武汉市光谷第三初级中学教育机构责任纠纷案，湖北省武汉东湖新技术开发区人民法院一审民事判决书，（2015）鄂武东开民一初字第 01470 号。

［213］王某军与海州双语学校运输合同纠纷案，连云港市海州区人民法院一审民事判决书，（2014）海商巡初字第 0106 号。

［214］王某某与烟台大学行政确认纠纷案，山东省烟台市中级人民法院二审行政判决书，（2016）鲁 06 行终 8 号。

［215］王某与兰某某变更抚养权纠纷案，辽宁省沈阳市中级人民法院二审民事判决书，（2014）沈中少民终字第 00122 号。

［216］王某某与武陟中学教育机构责任纠纷案，武陟县人民法院一审民事判决书，（2014）武民一初字第 00047 号。

［217］王某某与赵某、西平县师灵镇师灵小学健康权纠纷案，河南省西平县人民法院一审民事判决书，（2015）西民重字第 0006 号

［218］王某某、汪某某与丰县人民路小学生命权纠纷案，江苏省丰县

人民法院一审民事判决书，（2015）丰民初字第 0161 号。

［219］王某某诉沈阳市满族中学人事争议案，沈阳市沈河区人民法院一审民事判决书，（2015）沈河民六初字第 443 号。

［220］王某某诉南充市高坪区教育局不履行确认、申报职级和职称法定职责案，四川省南充市中级人民法院二审行政判决书，（2015）南行终字第 31 号。

［221］王某某与清华大学附属中学永丰学校劳动争议案，北京市海淀区人民法院一审民事判决书，（2016）京 0108 民初 26754 号。

［222］王某某与中国石化集团胜利石油管理局劳动争议纠纷案，山东省东营市中级人民法院二审民事判决书，（2015）东民一终字第 99 号。

［223］王某某与西南合中心小学、平安财产保定中心支公司生命权、健康权、身体权纠纷案，河北省定州市人民法院一审民事判决书，（2014）定民初字第 2770 号。

［224］王某某与嘉兴市教育局行政复议案，浙江省嘉兴市南湖区人民法院一审行政判决书，（2015）嘉南行初字第 33 号。

［225］王某某与新疆农业大学教育行政管理纠纷案，新疆维吾尔自治区乌鲁木齐市水磨沟区人民法院一审行政判决书，（2016）0105 行初 1 号。

［226］王某某诉大庆市优胜教育培训学校、孙某某、赵某教育培训合同纠纷案，黑龙江省大庆高新技术产业开发区人民法院一审民事判决书，（2016）黑 0691 民初 946 号。

［227］王某某与陈某、老河口市高级中学房屋租赁合同纠纷案，湖北省襄阳市中级人民法院二审民事判决书，（2015）鄂襄阳中民三终字第 00075 号。

［228］王某甲与王某乙合同纠纷案，江苏省丰县人民法院一审民事判决书，（2015）丰民初字第 1332 号。

［229］王某与涿州市松林店中学教育机构责任纠纷案，河北省保定市中级人民法院二审民事判决书，（2015）保民二终字第 716 号。

［230］汪某与巢湖学院教育管理纠纷案，安徽省合肥市中级人民法院二审行政判决书，（2015）合行终字第 00087 号。

［231］威胜中学借款合同纠纷案，山西省长治市中级人民法院再审民

事判决书，（2014）长民再初字第 001 号。

［232］温州市白鹿外国语高级中学与孙某劳动争议案，温州市鹿城区人民法院一审民事判决书，（2014）温鹿民初字第 273 号。

［233］温州市鹿城区藤桥镇哆来咪幼儿园与温州市鹿城区教育局行政受理案，温州市鹿城区人民法院一审行政判决书，（2015）温鹿行初字第 102 号。

［234］翁某某与徐某、叶某某确认合同无效纠纷案，浙江省衢州市衢江区人民法院一审民事判决书，（2015）衢廿商初字第 153 号。

［235］吴某某与长沙环球职业中专学校、湖南欧雅教育科技有限公司、湖南长沙彬山实业有限公司、何某某、钟某某民间借贷纠纷执行异议案，湖南省长沙市中级人民法院执行裁定书，（2014）长中民执异字第 00415 号。

［236］吴江市润泰商业有限公司与苏州市吴江区人力资源与社会保障局行政确认纠纷案，江苏省苏州市中级人民法院二审行政判决书，（2015）苏中行终字第 00012 号。

［237］吴某甲与李某离婚纠纷案，湖南省长沙市岳麓区人民法院一审民事判决书，（2013）岳民初字第 01806 号。

［238］吴某某与宁波大榭开发区社会发展保障局教育行政管理纠纷案，浙江省宁波市中级人民法院二审行政判决书，（2014）浙甬行终字第 140 号。

［239］吴某某、宋某某与浙江省淳安县威坪中学生命权纠纷案，浙江省淳安县人民法院一审民事判决书，（2008）淳民一初字第 1349 号。

［240］吴某与北京市东城区教育委员会教育行政管理纠纷案，北京市第二中级人民法院二审行政裁定书，（2015）二中行终字第 746 号。

［241］吴某与中山市高等中专学校招生委员会办公室、中山市第一中学、中山市实验中学教育行政决定案，广东省中山市中级人民法院二审行政判决书，（2015）中中法行终字第 11 号。

［242］吴某某与方某某、刘某某等机动车交通事故责任纠纷案，安徽省安庆市大观区人民法院一审民事判决书，（2015）观民一初字第 00714 号。

［243］伍某、黄某某与东莞市光明中学生命权纠纷案，广东省东莞市第一人民法院一审民事判决书，（2013）东一法民一初字第 5568 号。

［244］伍某某与湖南江南机器实业有限公司教育机构责任纠纷案，湖南省湘潭市雨湖区人民法院一审民事判决书，（2016）湘 0302 民初 254 号。

［245］武汉同济培训学校不服武汉市硚口区教育局做出的行政处罚决定案，湖北省武汉市硚口区人民法院一审行政判决书，（2016）鄂 0104 行初 3 号。

［246］西北工业学校与高某某人身损害赔偿纠纷案，陕西省咸阳市中级人民法院二审民事判决书，（2013）咸民终字第 00871 号。

［247］厦门市广播电视大学与福建省海西经贸信息职业培训合同纠纷案，福建省厦门市思明区人民法院一审民事判决书，（2015）思民初字第 10642 号。

［248］向某某与洪江市教育局人事争议纠纷案，湖南省怀化市中级人民法院二审行政裁定书，（2015）怀中立行终字第 3 号。

［249］向某甲诉徐某乙、陈某丙健康权纠纷案，重庆市万州区人民法院一审民事判决书，（2015）万法民初字第 03163 号。

［250］肖某与中国科学院大学教育行政纠纷案，北京市石景山区人民法院一审行政判决书，（2015）石行初字第 93 号。

［251］肖某某、黄某某与全某某合同纠纷案，广西壮族自治区桂林市中级人民法院二审民事判决书，（2014）桂市民一终字第 370 号。

［252］肖某某与谢某某、涂某某合同纠纷案，湖南省长沙市天心区人民法院一审民事判决书，（2015）天民初字第 02581 号。

［253］谢某与太原理工大学开除学籍决定案，太原市万柏林区人民法院一审行政判决书，（2015）万行初字第 00003 号。

［254］新疆石河子工程技术学校与王某劳动争议纠纷案，新疆生产建设兵团第八师中级人民法院二审民事判决书，（2015）兵八民一终字第 389 号。

［255］新宁县中心学校与郑某某劳动合同纠纷案，湖南省新宁县人民法院一审民事判决书，（2015）宁民一初字第 79 号。

［256］邢某某与谢某、张某某等民间借贷纠纷案，安徽省合肥市蜀山

区人民法院一审民事判决书，（2016）皖 0104 民初 1967 号。

[257] 熊某某诉四川省内江市第一中学生命权、健康权、身体权纠纷案，四川省内江市东兴区人民法院一审民事判决书，（2014）内东民初字第 1472 号。

[258] 熊某某与江口县净山展望双语学校、卫某某买卖合同纠纷案，贵州省江口县人民法院一审民事判决书，（2014）江民初字第 615 号。

[259] 熊某某诉何某某、吴某某合同纠纷案，广西壮族自治区永福县人民法院一审民事判决书，（2015）永民初字第 23 号。

[260] 徐某某诉北京市教育委员会不履行法定职责案，北京市第二中级人民法院二审行政裁定书，（2016）京 02 行终第 424 号。

[261] 徐某某与清华大学博士招生纠纷案，北京市第一中级人民法院二审行政裁定书，（2015）一中行终字第 00547 号。

[262] 徐某某与信阳市浉河区人力资源和社会保障局人力资源和社会保障机关行政奖励不作为纠纷案，信阳市平桥区人民法院一审行政判决书，（2014）平行初字第 101 号。

[263] 徐某某与东莞市教育局、东莞市石碣镇中心小学教育行政处理纠纷案，广东省东莞市中级人民法院二审行政判决书，（2013）东中法行终字第 115 号。

[264] 徐某某与滨海电子中等专业学校劳动合同纠纷案，江苏省盐城市中级人民法院二审民事判决书，（2014）盐民终字第 02928 号。

[265] 徐某某与商河县教体局纠纷案，山东省商河县人民法院一审行政判决书，（2015）商行初字第 4 号。

[266] 徐某某与杞县县直中学借款合同纠纷案，河南省杞县人民法院一审民事判决书，（2015）杞民初字第 308 号。

[267] 许某某与戴某委托合同纠纷案，北京市第三中级人民法院二审民事判决书，（2015）三中民（商）终字第 12339 号。

[268] 许某甲与姬某甲、夏邑县圣源学校教育机构责任纠纷案，河南省夏邑县人民法院一审民事判决书，（2016）豫 1426 民初 840 号。

[269] 许某强与咸某佐、咸某林等健康权纠纷案，山东省费县人民法院一审民事判决书，（2015）费民初字第 1171 号。

[270] 许某某与李某某侵权责任纠纷案，北京市第一中级人民法院二审民事判决书，（2014）一中少民终字第 1863 号。

[271] 盱眙县实验小学与盱眙县都梁中学、盱眙县第一小学合作经营合同纠纷案，江苏省盱眙县人民法院一审民事判决书，（2015）盱商初字第 0117 号。

[272] 严某某诉商洛市商州区板桥镇人民政府劳动行政决定案，陕西省洛南县人民法院二审行政裁定书，（2015）洛南行初字第 00073 号。

[273] 杨某某与百色市职业教育中心教育行政管理纠纷案，广西壮族自治区百色市右江区人民法院一审行政裁定书，（2015）右行初字第 34 号。

[274] 杨某与玉溪市红塔区北城中学教育机构责任纠纷案，云南省玉溪市红塔区人民法院一审民事判决书，（2016）云 0402 民初 1376 号。

[275] 杨某某与宋某明、宋某新机动车交通事故责任纠纷案，广东省东莞市第三人民法院一审民事判决书，（2016）粤 1973 民初 4273 号。

[276] 杨某某与济南大学学位证颁发行政审核案，山东省济南市中级人民法院二审行政判决书，（2011）济行终字第 29 号。

[277] 杨某某诉徐州市现代影视与播音主持艺术研究院、陈某委托合同纠纷案，徐州市云龙区人民法院一审民事判决书，（2014）云民初字第 1885 号。

[278] 杨某某与湖南省常德芷兰实验学校教育机构责任纠纷案，湖南省常德市武陵区人民法院一审民事判决书，（2015）武民初字第 02130 号。

[279] 杨某某诉鹤岗市煤城小学健康权纠纷案，黑龙江省鹤岗市向阳区人民法院一审民事判决书，（2014）向民初字第 6 号。

[280] 杨某某与上海市人民政府信息公开案，上海市高级人民法院二审行政判决书，（2014）沪高行终字第 4 号。

[281] 姚某某与岳某某财产损害赔偿纠纷案，江苏省高级人民法院二审民事裁定书，（2015）苏民终字第 60 号。

[282] 叶某梅与安徽森海园林景观建设集团有限公司、安徽文达电子有限公司、安徽文达信息工程学院民间借贷纠纷案，安徽省合肥高新技术产业开发区人民法院一审民事判决书，（2015）合高新民一初字第 00828 号。

[283] 易某某与米某某、南京创冠不动产经纪有限公司房屋买卖合同纠纷案，南京市玄武区人民法院一审民事判决书，（2015）玄民初字第620号。

[284] 殷某某与中国传媒大学教育行政管理纠纷案，北京市朝阳区人民法院一审行政判决书，（2015）朝行初字第340号。

[285] 余某丽与广州市王氏软件科技有限公司教育培训合同纠纷案，广东省广州市中级人民法院二审民事判决书，（2015）穗中法民一终字第4537号。

[286] 余某某与邓某某确认合同无效纠纷案，福建省明溪县人民法院一审民事判决书，（2014）明民初字第205号。

[287] 于某某与恒大足球学校合同纠纷案，广东省清远市清新区人民法院一审民事判决书，（2017）粤1803民初615号。

[288] 于某某与沈阳古特教育信息咨询有限公司教育培训服务合同纠纷案，辽宁省沈阳市中级人民法院二审民事判决书，（2016）辽01民终5646号。

[289] 岳某甲与北京市公安局海淀分局纠纷案，北京市第一中级人民法院一审行政判决书，（2015）一中行终字第719号。

[290] 余某某与湖北民族学院行政许可纠纷案，湖北省恩施土家族苗族自治州中级人民法院二审行政判决书，（2014）鄂恩施中行终字第00089号。

[291] 袁某某与广州市南沙区新垦学校生命权、健康权、身体权纠纷案，广东省广州市南沙区人民法院一审民事判决书，（2015）穗南法万民初字第39号。

[292] 袁某与黄石市铜都小学劳动争议案，黄石市下陆区人民法院一审民事判决书，（2014）鄂下陆民初字第00842号。

[293] 袁某某与武城县教育局人事争议纠纷案，山东省武城县人民法院一审民事判决书，（2015）武民初字第762号。

[294] 袁某虹与马某丽合同纠纷案，江苏省南京市浦口区人民法院一审民事判决书，（2015）浦江民初字第1193号。

[295] 翟某某与李某某、黄某某教育机构责任纠纷案，山东省昌邑市

人民法院一审民事判决书，（2015）昌民初字第 333 号。

［296］曾某某与平阳县萧振高级中学劳动争议案，浙江省平阳县人民法院一审民事判决书，（2016）浙 0326 民初 284 号。

［297］张某某与宁波市鄞州区教育局行政许可纠纷案，浙江省宁波市中级人民法院二审行政判决书，（2014）浙甬行终字第 212 号。

［298］张某某与宝清县教育局劳动人事争议纠纷案，黑龙江省宝清县人民法院一审民事裁定书，（2017）黑 0523 民初 372 号。

［299］张某某与济宁医学院教育行政管理纠纷案，山东省济宁高新技术产业开发区人民法院一审行政判决书，（2014）济高新区行初字第 19 号。

［300］张某与三台县永明镇人民政府教育行政许可纠纷案，四川省绵阳市涪城区人民法院一审行政裁定书，（2014）涪行初字第 52 号。

［301］张某某诉北京市工商行政管理局丰台分局不履行查处法定职责案，北京市丰台区人民法院一审行政判决书，（2015）丰行初字第 62 号。

［302］张某超与陈某杰确认合同无效纠纷案，金华市婺城区人民法院一审民事判决书，（2015）金婺北商初字第 654 号。

［303］张某某诉鼎和梅州支公司、饶某某、潘某某机动车交通事故责任纠纷案，广东省平远县人民法院一审民事判决书，（2014）梅平法仁民初字第 25 号。

［304］张某某与郑某甲、郑某乙、佟某某、唐山市丰南区大新庄镇寺坨小学健康权纠纷案，河北省唐山市丰南区人民法院一审民事判决书，（2016）冀 0207 民初 1021 号。

［305］张某某与青岛市人民政府行政复议案，山东省青岛市市南区人民法院一审行政判决书，（2013）南行初字第 18 号。

［306］张某某与仁化县教育局、仁化县民政局等抚恤金行政给付案，广东省韶关市中级人民法院二审行政判决书，（2014）韶中法行终字第 79 号。

［307］张某某与广东工商职业学院劳务合同纠纷案，广东省肇庆市中级人民法院二审民事判决书，（2015）肇中法民二终字第 122 号。

［308］张某某与淮安市人民小学劳动争议案，淮安市清浦区人民法院一审民事判决书，（2015）浦民初字第 01171 号。

［309］张某某与开平市赤水镇中心小学人事争议案，广东省江门市中级人民法院二审民事判决书，（2014）江中法民四终字第 97 号。

［310］张某某与李某甲、李某乙等纠纷案，山东省青岛市中级人民法院二审民事判决书，（2014）青少民终字第 9 号。

［311］张某某与惠州仲恺高新区陈江吉山学校、中国平安财产保险股份有限公司广东分公司生命权、健康权、身体权纠纷案，广东省惠州市惠城区人民法院一审民事判决书，（2015）惠城法仲民初字第 242 号。

［312］张某某与鲁东大学行政处罚案，山东省烟台市芝罘区人民法院一审行政判决书，（2016）鲁 0602 行初 6 号。

［313］张某某与新疆大学教育管理纠纷案，新疆维吾尔自治区乌鲁木齐市水磨沟区人民法院一审行政判决书，（2015）水行初字第 88 号。

［314］张某瑞诉逯某娥确认合同无效纠纷案，宝鸡市金台区人民法院一审民事判决书，（2016）陕 0303 民初 570 号。

［315］张某英、汤某雯诉解某莹合同纠纷案，吉林省白山市浑江区人民法院一审民事判决书，（2014）浑民二初字第 729 号。

［316］章某某与李某、杨某某合伙协议纠纷案，浙江省温州市中级人民法院二审民事裁定书，（2015）浙温商终字第 2724 号。

［317］赵某某与青岛市某小学健康权纠纷案，山东省青岛市市北区人民法院一审民事判决书，（2014）北少民初字第 450 号。

［318］赵某诉亳州师专附属小学城南新区校区不当得利纠纷案，安徽省蒙城县人民法院一审民事裁定书，（2015）蒙民一初字第 04298 号。

［319］赵某某诉河北科技师院要求履行法定职责案，河北省秦皇岛市海港区人民法院一审行政判决书，（2013）海行初字第 85 号。

［320］赵某与李某某买卖合同纠纷案，西安市灞桥区人民法院一审民事判决书，（2011）灞民初字第 1400 号。

［321］浙江巨鹰集团股份有限公司与浙江普达海控股集团有限公司、浙江普达海文化产业有限公司等企业借贷纠纷案，浙江省象山县人民法院一审民事判决书，（2015）甬象商初字第 598 号。

［322］郑某某与莆田市秀屿区教育局行政处分案，福建省莆田市秀屿区人民法院一审行政裁定书，（2014）秀行初字第 7 号。

［323］郑某某与朱某某监护权纠纷案，安徽省宿松县人民法院一审民事裁定书，（2017）皖 0826 民初 906 号。

［324］郑某乙与张某某、张某甲等机动车交通事故责任纠纷案，山东省沂南县人民法院一审民事判决书，（2012）沂南民初字第 1676 号。

［325］郑某某诉浙江省教育厅不履行法定职责案，杭州市下城区人民法院一审行政判决书，（2010）杭下行初字第 21 号。

［326］中国银行股份有限公司东莞厚街支行与东莞市日惠实业有限公司、王某莉、刘某尧、尹某新金融借款合同纠纷案，广东省高级人民法院申请再审民事裁定书，（2013）粤高法民二申字第 1010 号。

［327］忠源针织厂与汇特利公司加工承揽合同纠纷案，南京市六合区人民法院一审民事判决书，（2013）六民初字第 215 号。

［328］仲某某与杨某合同纠纷案，黑龙江省大庆市中级人民法院二审民事裁定书，（2015）庆商终字第 310 号。

［329］周某某诉北华大学不授予学士学位纠纷案，吉林省吉林市中级人民法院二审行政判决书，（2013）吉中行终字第 96 号。

［330］周某某与朱某某民间借贷纠纷案，江苏省南京市中级人民法院再审民事裁定书，（2014）宁民监字第 40 号。

［331］周某 1 与中山市教育和体育局教育行政管理纠纷案，广东省中山市第一人民法院一审行政裁定书，（2016）粤 2071 行初 492 号。

［332］周某某与广东省教育厅不予受理决定案，广东省广州市中级人民法院一审行政判决书，（2015）穗中法行初字第 83 号。

［333］朱某某与东莞市黄某某好贸易商行买卖合同纠纷案，广东省东莞市第三人民法院一审民事判决书，（2016）粤 1973 民初 6682 号。

［334］朱某某与东莞市黄某某育儿母婴用品店买卖合同纠纷案，广东省东莞市第三人民法院一审民事判决书，（2016）粤 1973 民初 6683 号。

［335］朱某某与广州市灵格风语言培训学校劳动争议案，广东省广州市中级人民法院二审民事判决书，（2015）穗中法民一终字第 2024 号。

［336］朱某某诉北京市教育委员会行政不作为案，北京市第二中级人民法院二审行政裁定书，（2016）京 02 行终 382 号。

［337］朱某某与周某某、关某某委托合同纠纷案，江苏省南京市中级

人民法院二审民事判决书，（2013）宁民终字第 1961 号。

［338］朱某某申请信息公开案，黑龙江省哈尔滨市道里区人民法院一审行政判决书，（2016）黑 0102 行初 47 号。

［339］祝某某诉上海中华职业技术学院教育纠纷案，上海市第一中级人民法院二审行政判决书，（2014）沪一中行终字第 398 号。

［340］卓某某与四川省教育厅教育行政管理纠纷案，四川省成都市中级人民法院二审行政裁定书，（2012）成行终字第 78 号。

［341］卓某某与嘉兴市南湖区教育文化体育局行政处罚案，浙江省嘉兴市南湖区人民法院一审行政判决书，（2014）嘉南行初字第 16 号。

［342］左某与重庆江北东方金子塔儿童潜能培训学校、夏某裴教育培训合同纠纷案，重庆市江北区人民法院一审民事判决书，（2015）江法少民初字第 00063 号。

［343］邹某某与北京大学名誉权纠纷案，北京市第一中级人民法院二审民事判决书，（2014）一中民终字第 09328 号。

［344］邹某某诉隆回县教育局、隆回县高平镇金枫村村民委员会等建设工程合同纠纷案，湖南省隆回县人民法院一审民事判决书，（2015）隆民一初字第 476 号。

致　谢

　　本书是在我的博士学位论文基础上进一步修改和打磨而成的，几经易稿，方得成书。今年是我从事教育法学研究的第十年，这十年来一直深耕这一领域，聚焦教育法的基本理论及实践动态，其中教育法律的司法适用是近年来的学术兴奋点。古人云："十年磨一剑"，此"剑"或许难以称为"宝剑"，但确实久经磨砺。当然，由于本人学识有限，书中难免存在不足和缺憾，但作为个人出版的第一本学术专著，权当是对十年学术生涯的阶段性总结。在拙著即将付梓之际，千言万语，化作感谢。

　　感谢中国人民大学教育学院提供平台和学术资源，感谢学院全体教师的悉心关怀与谆谆教诲。在博士三年的求学生涯中，有幸聆听了申素平教授、秦惠民教授、周光礼教授、李立国教授、项贤明教授、程方平教授、周详副教授、严平副教授、罗云副教授、叶阳永助理教授等老师的课程和学术讲座，各位老师的学术品位及对学术孜孜不倦的追求让人钦佩。

　　感谢硕、博期间的指导教师：胡劲松教授、孙霄兵教授和申素平教授，三位恩师都是我国著名的教育法专家，在教育法学研究领域颇有建树和声望。感谢胡老师"严苛"的学术训练，引领我走进教育法学研究的殿堂，其不凡的人格魅力与深刻细腻的学术风格让我深为叹服。孙老师是我国教育法制建设的亲历者和见证者，不仅主持和参与了多部教育法律的制定和修改，而且在公务繁忙之余仍笔耕不辍、著书立说，发表了一系列充满洞见的学说观点。每次交谈，都能感受到恩师的教育法治情怀和对现实问题的关注，这直接影响了我的博士学位论文选题。申老师不仅优雅睿智、光彩照人，学术研究也高屋建瓴、高端大气，多次受邀参加国家教育立法和政策制定工作，对学生更是关怀备至、悉心指导、提携后学，在博士学位论文的选题和写作上给予了诸多建设性意见。

感谢学位论文答辩委员会提出宝贵意见，让我对论文有了重新定位，改进了薄弱章节，促成了拙著成文。感谢华中科技大学教育科学研究院提供优良平台和宽松环境，感谢学院领导及各位前辈对"青椒"的关心和帮扶，让我迅速融入新环境、完成身份转变，特别感激陈院长慷慨解囊，给予部分出版资助，促成书稿顺利出版。感谢社会科学文献出版社出版拙著，感谢本书责编芮素平老师以及参与本书编校的老师们所付出的辛勤劳动。感谢教育学院 2015 届博士班的同窗们，难忘共话学术理想、畅聊未来人生的惬意情景。感谢我的师兄姚荣博士，其在论文选题、写作、职业生涯规划等方面给予了诸多建设性意见。感谢杨晓珉同学在书稿交付前所作的格式调整。

最后，感谢我的家人，感谢父母、岳父岳母对我生活上的关照与学业上的支持，没有你们背后默默的付出，我就无法如期完成学业和博士学位论文。同时，感谢妻子无怨无悔地陪我走过每一段青葱岁月。在我攻读博士学位期间，妻子独自承受家庭经济压力，无怨无悔、鼎力支持；在我陷入困境时，总是相伴左右、不离不弃；面对独自带娃的艰辛和苦楚，任劳任怨、默默付出。感谢可爱女儿带来的生活乐趣和心灵慰藉，方知学术之外，还有生活。唯有勤勉工作、多出精品力作，方能报之一二。当然，前文的致谢难免挂一漏万，最后的"最后"感谢所有给予我关心、支持和帮助的各位师友。

段斌斌

2021 年 8 月 17 日晚于华中科技大学教科院办公室

图书在版编目（CIP）数据

中国教育法律的司法适用 / 段斌斌著. -- 北京 ：
社会科学文献出版社，2021.9
ISBN 978-7-5201-9016-9

Ⅰ.①中…　Ⅱ.①段…　Ⅲ.①教育法-法律适用-中
国　Ⅳ.①D922.165
中国版本图书馆 CIP 数据核字（2021）第 184266 号

中国教育法律的司法适用

著　　者／段斌斌

出 版 人／王利民
责任编辑／芮素平
责任印制／王京美

出　　版／社会科学文献出版社·联合出版中心（010）59367281
　　　　　　地址：北京市北三环中路甲 29 号院华龙大厦　邮编：100029
　　　　　　网址：www.ssap.com.cn
发　　行／市场营销中心（010）59367081　59367083
印　　装／三河市龙林印务有限公司

规　　格／开本：787mm × 1092mm　1/16
　　　　　　印张：14.5　字数：228 千字
版　　次／2021 年 9 月第 1 版　2021 年 9 月第 1 次印刷
书　　号／ISBN 978-7-5201-9016-9
定　　价／99.00 元